T0108197

Henning Graf Reventlow (Hg.)

# Weisheit, Ethos und Gebot

Weisheits- und Dekalogtraditionen in
der Bibel und im frühen Judentum

Mit Beiträgen von
Axel Graupner, Ulrich Kellermann,
Hermann von Lips, Dieter Sänger und
Werner Zager

Neukirchener

Biblisch-Theologische Studien 43

Herausgegeben von
Ferdinand Hahn, Hans-Joachim Kraus †,
Werner H. Schmidt und Wolfgang Schrage

Die Deutsche Bibliothek – CIP-Einheitsaufnahme

**Weisheit, Ethos und Gebot**: Weisheits- und
Dekalogtraditonen in der Bibel und im frühen Judentum /
Henning Graf Reventlow (Hg.) –
Neukirchen-Vluyn: Neukirchener, 2001
   (Biblisch-Theologische Studien; 43)
   ISBN 3–7887–1832–3


© 2001
Neukirchener Verlag
Verlagsgesellschaft des Erziehungsvereins mbH
Neukirchen-Vluyn
Alle Rechte vorbehalten
Druckvorlage: Axel Graupner
Umschlaggestaltung: Hartmut Namislow
Gesamtherstellung: Breklumer Druckerei Manfred Siegel KG
Printed in Germany
ISBN 3–7887–1857–9
ISSN 0930–4800

# Vorwort

Die in diesem Band gesammelten Vorträge sind auf den beiden letzten Zusammenkünften der Projektgruppe „Biblische Theologie" der Wissenschaftlichen Gesellschaft für Theologie vom 15. – 17. März 1999 und vom 13. – 15. März 2000 auf der Ebernburg in Bad Münster am Stein/Ebernburg gehalten worden. Die Tagung stand 1999 unter dem Thema „Weisheit und Ethik" und 2000 unter dem Thema „Dekalog und Dekalogrezeption". Nachdem die Arbeit der Projektgruppe auf Verlangen des Vorstands der Wissenschaftlichen Gesellschaft mit dem Jahre 2000 eingestellt wurde, war es ihr Wunsch, Ergebnisse ihrer Tätigkeit noch einmal der Öffentlichkeit vorzustellen. Dazu boten sich diese beiden Zusammenkünfte auch deshalb an, weil ihrer beider Thematik einander eng benachbart und die zweite als Weiterführung der ersten gedacht war. Noch einmal bewährte sich die für die Projektgruppe charakteristische innovative gemeinsame Arbeit auf dem Gebiet des Alten und Neuen Testaments sowie der zwischentestamentlichen frühjüdischen Literatur.

Die Referate von Werner Zager und Hermann von Lips wurden 1999, die Referate von Axel Graupner, Dieter Sänger und Ulrich Kellermann im Jahre 2000 gehalten. Außerdem trug Hans Strauß im Jahre 1999 eine Interpretation des Kapitels Hiob 31 vor. Da diese in seinem Hiob-Kommentar (BK XVI/2, im gleichen Verlag) bereits vorliegt, konnte, auch aus Gründen unvermeidlicher Umfangsbegrenzung, auf einen erneuten Abdruck verzichtet werden. Den Referaten folgte jeweils eine ausführliche Diskussion, die protokolliert wurde, aber aus Platzgründen hier nicht wiedergegeben werden kann.

Herr Dr. Volker Hampel, Verlagsleiter des Neukirchener

*Vorwort*

Verlags, erklärte sich spontan bereit, die Veröffentlichung der Beiträge zu ermöglichen. Ihm und den Herausgebern der Biblisch-Theologischen Studien sei für ihre Unterstützung herzlich gedankt. Ein besonderer Dank gilt Herrn Dr. Axel Graupner für die Erstellung der Druckvorlage.

Bochum, den 15. Oktober 2000

Henning Graf Reventlow

# Inhalt

Vorwort      V

Werner Zager .............................................. 1
Weisheitliche Aspekte in der Bergpredigt

Hermann von Lips ....................................... 29
Jüdische Weisheit und griechische Tugendlehre
Beobachtungen zur Aufnahme der Kardinaltugenden in
hellenistisch-jüdischen Texten (Aristeasbrief, Sapientia
Salomonis, 4. Makkabäerbuch)

Axel Graupner ............................................ 61
Die zehn Gebote im Rahmen alttestamentlicher Ethik
Anmerkungen zum gegenwärtigen Stand der Forschung

Dieter Sänger ............................................ 97
Tora für die Völker – Weisungen der Liebe
Zur Rezeption des Dekalogs im frühen Judentum und Neuen
Testament

Ulrich Kellermann ....................................... 147
Der Dekalog in den Schriften des Frühjudentums
Ein Überblick

Stellenregister (Auswahl) ............................... 227

# Werner Zager

# Weisheitliche Aspekte in der Bergpredigt

Auf den ersten Blick mag dieses Thema seine Brisanz nicht gleich zu erkennen geben. Wenn man sich aber darauf einläßt, wird bald deutlich, welche grundlegenden exegetischen Fragestellungen damit verbunden sind. Zum einen stoßen wir dabei auf die Frage, ob es sich bei der Logienquelle ursprünglich um eine „Art ‚Prophetenbuch‛"[1] oder um eine Sammlung von weisheitlichen Instruktionsreden[2] gehandelt hat; denn der Grundstock der Bergpredigt, wie er sich aus Lk 6,20–49 und den Paralleltexten in Mt 5 – 7 rekonstruieren läßt, wird von Anfang an zu Q gehört haben[3]. Zum anderen konfrontiert uns eine konsequent durchgeführte form- und traditionsgeschichtliche Untersuchung der einzelnen Überlieferungseinheiten der Bergpredigt mit der Rückfrage nach dem historischen Jesus – und zwar speziell mit der Frage, ob Jesus als Weisheitslehrer aufgetreten ist. Mit dieser Frage beschäftigt sich eingehend die Würzburger Habilitations-

---

1 Migaku Sato, Q und Prophetie. Studien zur Gattungs- und Traditionsgeschichte der Quelle Q (WUNT II/29), Tübingen 1988, S. 409; s. auch ders., Q: Prophetie oder Weisheit? Ein Gespräch mit J. M. Robinson, in: EvTh 53 (1993), S. 389–404.
2 Vgl. John S. Kloppenborg, The Formation of Q: Trajectories in Ancient Wisdom Collections (Studies in Antiquity and Christianity), Philadelphia ²1989, S. 317–325; s. auch James M. Robinson, Die Logienquelle: Weisheit oder Prophetie? Anfragen an Migaku Sato, Q und Prophetie, in: EvTh 53 (1993), S. 367–389.
3 Im Unterschied zu Kloppenborg hebt Ronald A. Piper als Vorstufen der „programmatischen Rede" Q 6,20b–49 drei Kompositionseinheiten voneinander ab: Q 6,27–36; Q 6,37–42; Q 6,43–45 (vgl. Ronald A. Piper, Wisdom in the Q-tradition: The Aphoristic Teaching of Jesus [MSSNTS 61], Cambridge 1989, S. 36–51.78–86).

schrift von MARTIN EBNER, die 1998 unter dem Titel „Jesus – ein Weisheitslehrer? Synoptische Weisheitslogien
im Traditionsprozeß"[4] im Druck erschienen ist und mit
der ich mich im Laufe des Vortrags noch auseinanderset-
zen werde. Dabei schließe ich mich hinsichtlich des Verständnisses von alttestamentlich-jüdischer Weisheit der
von JUTTA HAUSMANN gegebenen Definition an:

„Bei der Rede von Weisheit [sc. geht es] einerseits vorwiegend um
lebenspraktisches Wissen, das gelingendes Leben des einzelnen
wie auch das Zusammenleben von Menschen ermöglicht. ... Zum
andern greift weisheitliches Denken Grenzerfahrungen menschlicher Existenz auf und versucht, diese in kritische Relation zu bringen mit den Aussagen der eher am gewohnten, üblichen, alltägli-
chen Ablauf orientierten Erfahrungsweisheit, wie auch mit dem
Handeln Gottes ...."[5]

Ich möchte das Thema unter folgenden Gesichtspunkten
behandeln: Zunächst wollen wir uns einen Überblick über
die reiche Fülle an weisheitlichen Elementen verschaffen,
die die Bergpredigt in sich vereinigt. Danach soll anhand
von drei Textanalysen das Verhältnis von Weisheit und
Ethik innerhalb der Bergpredigt bestimmt werden. Zum
Schluß wird dann noch eine Beantwortung der von
EBNER aufgeworfenen Frage gewagt: „Jesus – ein Weisheitslehrer?"

1. Weisheitliche Elemente in der Bergpredigt – ein Überblick
Der erzählerische Rahmen der Bergpredigt in Mt 5,1f und
7,28f stellt Jesus als den Lehrenden dar. So nimmt Jesus
nicht nur durch das Sich-Hinsetzen die bei Juden und
Griechen typische Haltung des Lehrers ein[6], sondern sein

---

4   In der Reihe „Herders biblische Studien", Bd. 15, Freiburg i.
Br. / Basel / Wien / Barcelona / Rom / New York 1998.
5   Jutta Hausmann, „Weisheit" im Kontext alttestamentlicher
Theologie. Stand und Perspektiven gegenwärtiger Forschung, in:
Bernd Janowski (Hg.), Weisheit außerhalb der kanonischen Weisheitsschriften (Veröff. der Wiss. Gesellschaft für Theologie, Bd.
10), Gütersloh 1996, S. (9–19) 9.
6   Vgl. Carl Schneider, Art. κάθημαι κτλ., in: ThWNT III, Stuttgart 1938, S. (443–447) 446,1–5.

Sprechen wird auch explizit als ein διδάσκειν bezeichnet (Mt 5,2; 7,29). In Anlehnung an Mk 1,22 heißt es, daß er die Volksmenge als einer lehrte, der Vollmacht hat im Gegensatz zu ihren Schriftgelehrten (Mt 7,29). Zwar wird der Bergprediger damit noch nicht ausdrücklich als *Weisheits*lehrer gekennzeichnet, aber einen Hinweis darauf, daß er gerade auch als ein solcher aufzufassen ist, bietet die Parabel vom Hausbau am Ende der Rede (Mt 7,24–27). Indem hier das Tun oder Nichttun der eben in der Bergpredigt gehörten Worte Jesu darüber entscheidet, ob ein Mensch klug oder töricht ist, werden damit indirekt die Worte der Bergpredigt als Weisheitsworte charakterisiert. So darf doch als treffender Kommentar zur Hausbau-Parabel gelten, was wir aus Prov 1,32f entnehmen können:

„... ihr Abfallen [sc. von der weisheitlichen Unterweisung] tötet die
  Toren,
und ihre Selbstsicherheit verdirbt die Nerven.
Wer aber auf mich [sc. die Weisheit] hört, wird in Sicherheit wohnen,
ungestört sein von bösem Verderben."[7]

Jedoch nicht nur die Parabel am Ende, sondern auch die Reihe von neun Makarismen, mit denen die Bergpredigt eröffnet wird (Mt 5,3–12), unterstreicht den weisheitlichen Charakter des Textes insgesamt: Der Makarismus findet sich außer in Psalmen[8] insbesondere innerhalb der Weisheitsliteratur[9]. Freilich basieren solche weisheitlichen Makarismen auf dem Tun-Ergehen-Zusammenhang, weshalb etwa im Proverbienbuch der Mann, der Weisheit gefunden hat, glücklich gepriesen wird, weil die Weisheit

---

7  Übers. nach: Otto Plöger, Sprüche Salomos (Proverbia) (BK XVII), Neukirchen-Vluyn 1984, S. 12.
8  Ps 1,1; 2,12; 32 (LXX: 31),1f; 33 (LXX: 32),12; 34 (LXX: 33),9; 40 (LXX: 39),5; 41 (LXX: 40),1; 65 (LXX: 64),5; 84 (LXX: 83),5f.13; 89 (LXX: 88),16; 94 (LXX: 93),12; 106 (LXX: 105),3; 112 (LXX: 111),1; 119 (LXX: 118),1f; 127 (LXX: 126),5; 128 (LXX: 127),1f; 137 (LXX: 136),8f; 144 (LXX: 143),15; 146 (LXX: 145),5.
9  Prov 3,13; 8,34 (LXX: 32); 28,14; Koh 10,17; Sap 3,13; Sir 14,1f.20; 25,8f; 28,19; 31,8; 34,15; 48,11; 50,28.

für ihn in der Rechten langes Leben und in der Linken
Reichtum und Ehre bereithält (vgl. Prov 3,13.16). Um
den Tun-Ergehen-Zusammenhang trotz zuwiderlaufender
Lebens- und Welterfahrung zu wahren, wurde dieser dann
in der Apokalyptik eschatologisiert und die im Makarismus thematisierte Verheißung ins Eschaton verlagert[10].
Genauso, nämlich im Sinne einer solchen eschatologischen Weisheit, sind auch die in den Nachsätzen der
Bergpredigt-Makarismen ausgesprochenen Zusagen zu
verstehen.
Wenn in Mt 5,13–16 die Jüngergemeinschaft in metapho-
rischer Rede als „Salz der Erde" und „Licht der Welt"
tituliert wird, kommt hier ebenfalls die Weisheit zum
Zuge, indem dieses den Anhängerinnen und Anhängern
Jesu zugesprochene Sein und der damit verknüpfte ethische Anspruch mit Hilfe von weisheitlichen Sentenzen
näher entfaltet wird.
Jesu grundsätzliche Bejahung des alttestamentlichen Gesetzes in Mt 5,17–19 fügt sich gut in eine weisheitliche
Rede ein, wird doch in Sir 24,23–27 die Weisheit mit
dem Gesetz geradezu gleichgesetzt, in dem in paradiesi-
scher Fülle die Weisheit strömt. Allerdings legt der Bergprediger in den sich anschließenden Antithesen (Mt 5,21–
48) das Gesetz nicht eigentlich aus, sondern bringt es zur
„Erfüllung". Da die alttestamentliche Rechtsordnung
noch nicht voll dem Willen Gottes entspricht, überbietet
er diese durch die radikal formulierte weisheitliche Mahnung, in der Gottes eigentlicher Wille zur Geltung
kommt[11].
Zu den meisten Antithesen finden sich inhaltlich eine
ganze Reihe von weisheitlichen Parallelen, wobei ich
mich auf die wichtigsten konzentrieren werde. Der ersten
Antithese in Mt 5,21f, die nicht erst das Tötungsdelikt,
sondern bereits den Zorn gegenüber dem Nächsten mit
der Gerichtsdrohung belegt, ist vergleichbar die Logien-
reihe in Sir 34,20–22, die denjenigen, der dem Armen den

---

10  Vgl. äthHen 58,2; 82,4; 99,10.
11  Vgl. Ulrich Luz, Das Evangelium nach Matthäus. 1. Teilbd.:
Mt 1–7 (EKK I/1), Zürich / Einsiedeln / Köln / Neukirchen-Vluyn
1985, S. 256.

Lebensunterhalt wegnimmt, als Mörder brandmarkt. Oder es sei an den Ausspruch des Rabbi Eliezer ben Hyrkan erinnert: „Wer seinen Nächsten haßt, siehe, der gehört zu den Blutvergießern."[12] Die an die Antithese angehängte Mahnung, sich vor dem Opfer im Tempel mit dem Bruder zu versöhnen (Mt 5,23f), steht im Einklang mit der in der Weisheitsliteratur begegnenden Bevorzugung des Ethos gegenüber dem Kultus, wie sie etwa in Prov 21,3 zum Ausdruck kommt: „Gerechtigkeit und Recht tun ist wertvoller für Jahwe als Schlachtopfer."[13]

Auch für die zweite Antithese, die vom Ehebruch (Mt 5,27f), und für die folgenden Mahnworte über Verführungen (Mt 5,29f) läßt sich ein weisheitlicher Hintergrund ausmachen. So gehören in den Bereich der Weisheit das Motiv des Verführens bzw. Hurens mit den Augen[14] sowie die Gattung des komparativen *ṭōb*-Spruchs[15].

Zwar kennt die Weisheit kein Schwurverbot, wie es in der vierten Antithese (Mt 5,33–37) ausgesprochen wird, aber immerhin wird in Sir 23,7–11 Kritik am vielen Schwören und an dem damit einhergehenden Mißbrauch des Gottesnamens laut[16].

Das Verbot der Wiedervergeltung in der fünften Antithese (Mt 5,38–42) hat als solches eine direkte Parallele in Prov 24,29, wo es heißt: „Sag' nicht: ‚Wie er mir getan hat, so will ich ihm tun. Ich will ihm vergelten gemäß seinem Tun'."[17]. Eine Entsprechung zu den in Mt 5,39b–

---

12  Derek Erez 10 (Bill. I, S. 282); vgl. auch slavHen 44,2f.

13  Übers. nach: O. Plöger, Sprüche (s. Anm. 7), S. 241.

14  Von seiten des Mannes: PsSal 4,4f; TestIss 7,2; Jub 20,4; von seiten der Frau: Sir 26,9.11.

15  Vgl. Dieter Zeller, Die weisheitlichen Mahnsprüche bei den Synoptikern (FzB 17), Würzburg 1977, S. 74f; Graydon F. Snyder, The *Tobspruch* in the New Testament, in: NTS 23 (1977), S. 117–120.

16  Vgl. neben Sir 27,14 auch den in pScheb 6,37a,54 (Bill. I, S. 329) tradierten Spruch: „Ob rein (unschuldig), ob schuldig, laß dich auf keinen Schwur ein!"

17  Übers. nach: O. Plöger, Sprüche (s. Anm. 7), S. 285. – Vgl. ferner Hi 31,29f; Prov 20,22; s. auch Lev 19,18. – Angeführt seien noch zwei Parallelen aus der altorientalischen Weisheit. In den akkadischen „Counsels of Wisdom" wird im Sinne der Konfliktvermeidung der Rat gegeben:

42 angemahnten positiven Verhaltensweisen fehlt hier jedoch.

Was schließlich die sechste Antithese, die von der Feindesliebe (Mt 5,43–47), betrifft, so begegnet zwar kein unmittelbares Pendant in der Weisheitsliteratur, aber es wird doch in Prov 24,17f die Schadenfreude über den Sturz des Feindes abgewiesen, wenn auch aufgrund der Überlegung, daß JHWH als Strafe für die Schadenfreude seinen Zorn vom Feind abwenden könnte. Weiter in Richtung einer Überwindung des Bösen durch das Gute, wozu Paulus in Röm 12,21 aufruft, geht das Mahnwort Prov 25,21f:

„Wenn dein Hasser hungrig ist, speise ihn mit Brot,
und wenn er durstig ist, tränke ihn mit Wasser.
Denn Feuerkohlen legst du auf sein Haupt,
und Jahwe wird es dir vergelten."[18]

Das dem Feind erwiesene Gute soll zu dessen Beschämung führen und ihn zur Reue bewegen[19]. Die Motivation der Feindesliebe in Mt 5,45, daß Gott seine Sonne über Böse und Gute aufgehen und über Gerechte und Ungerechte regnen läßt, argumentiert weisheitlich, indem sie auf Erfahrungswissen zurückgreift.

Auch die drei Frömmigkeitsregeln der Bergpredigt (Mt 6,1–4.5–8.16–18) sind von weisheitlichem Denken be-

---

„Unto your opponent do not evil;
Your evildoer recompense with good;
Unto your enemy let justice [be done];
unto your oppressor ...
Let him rejoice over you, ... return to him.
Let not your heart be induced to do evil." (ANET³, S. 426)
Und in der ägyptischen „Lehre" des Papyrus Insinger findet sich die Sentenz (23,6):
„Es ist schöner, jemanden zu segnen,
als dem Leid zuzufügen, der dich beleidigt hat."
(TUAT III, S. 306; beide Texte zit. von Hans Strauß, Hiob, 2. Teilbd.: Hiob 19,1 – 42,17 [BK XVI/2], Neukirchen-Vluyn 2000, S. 229)
18  Übers. nach: O. Plöger, Sprüche (s. Anm. 7), S. 295.
19  Vgl. dazu Karl-Wilhelm Niebuhr, Weisheit als Thema biblischer Theologie, in: KuD 44 (1998), S. (40–60) 46.

stimmt. Und zwar trifft dies für den sich durchhaltenden Gedanken zu, daß vor JHWHs Augen nichts verborgen bleibt – sei es gut oder böse – und JHWH dem Täter entsprechend vergilt. Zur Verdeutlichung möchte ich folgende Weisheitstexte anführen:

(3) „Überall sind Jahwes Augen;
sie beobachten Böse und Gute.
(11) Totenreich und Unterwelt liegen (offen) vor Jahwe,
um wieviel mehr die Herzen der Menschenkinder."[20]
(Prov 15,3.11)

(15) „Ihre Wege sind vor ihm alle Zeit,
nicht verborgen sind sie vor seinen Augen.
(19) Alle ihre Werke sind vor ihm wie vor der Sonne,
und seine Augen sind gerichtet auf ihre Wege.
(20) Nicht sind verborgen ihre Ungerechtigkeiten vor ihm,
und alle ihre Sünden sind vor dem Herrn.
(21) Der Herr ist gerecht, und er kennt das, was er erschaffen hat,
weder verläßt er sie, noch vergißt er sie und läßt sie allein.
(22) Das Erbarmen eines Mannes ist wie ein Siegelring, den er
trägt,
und das Wohlverhalten eines Menschen bewahrt er auf wie einen
Augapfel.
Seinen Söhnen und Töchtern läßt er Umkehr zuteil werden.
(23) Danach wird er sich erheben und ihnen vergelten,
und ihre Vergeltung bringt er auf ihr Haupt."[21]
(Sir 17,15.19–23)

Ereignet sich in den genannten alttestamentlich-jüdischen Weisheitstexten die Vergeltung innerweltlich, so handelt es sich in der Bergpredigt dagegen um den Vollzug des eschatologischen Gerichts, das mit der Realisierung des Reiches Gottes einhergeht[22]. Die mit der zweiten Fröm-

---

20  Übers. nach: O. Plöger, Sprüche (s. Anm. 7), S. 177.
21  Übers. nach: Georg Sauer, Jesus Sirach (Ben Sira) (JSHRZ III/5), Gütersloh 1981, S. 547f. – Vgl. ferner Sir 23,18–21.
22  Vgl. Mt 5,3.8.10.12.22.29; 6,10.33; 7,1f.13f.21–23.24–27. – Zu Mt 6,2–4 vgl. speziell Ginza R I 104 (S. 17,27ff): „Wenn ihr Almosen gebt, meine Auserwählten, so bezeugt es nicht. Bezeugt ihr es einmal, so wiederholt es nicht. Gebet ihr mit eurer Rechten, so saget es nicht eurer Linken. Gebet ihr mit eurer Linken, so saget es nicht eurer Rechten." (zit. nach: Georg Strecker, Die Bergpredigt, Göttingen 1984, S. 105 Anm. 17)

migkeitsregel verknüpfte Mahnung zu kurzem, auf Phra-
sen verzichtendes Beten (Mt 6,7f) könnte in einem weisheitlichen Kontext verortet werden. Neben Sir 7,14 sei
insbesondere an Koh 5,1b erinnert: „... Gott ist im Himmel und du bist auf der Erde, darum seien deiner Worte
wenige."[23] Jedoch die Begründung ist jeweils eine völlig
andere: bei Kohelet der unüberbrückbare Abstand zwischen Gott und Mensch und in der Bergpredigt die unbe-
dingte Erhörungsgewißheit (vgl. auch Mt 6,25–33). Das
sich anschließende, sozusagen als Modellgebet fungie-
rende Vaterunser (Mt 6,9–13) hat zwar mit der Anrede
Gottes als Vater ein Element, das auch öfter in der jüdischen Weisheitsliteratur vorkommt[24], aber es ist damit
noch kein weisheitlicher Text. Anders verhält es sich mit
dem Doppellogion vom Vergeben (Mt 6,14f), das in seinem Kontext an die Vergebungsbitte im Vaterunser anknüpft. Auf dieses Logion sowie auf die Spruchkompositionen vom Nicht-Sorgen (Mt 6,25–34) und Nicht-Richten (Mt 7,1–5) werde ich im zweiten Teil des Vortrags
näher eingehen.
Die Mahnung, sich keine irdischen Schätze zu sammeln,
sondern vielmehr himmlische, d.h. einen Schatz von guten Taten, in Mt 6,19–21 könnte genauso in einer jüdischen Weisheitsschrift stehen. Das beweist die Parallele
in Sir 29,9–13:

(9) „Um des Gebotes willen nimm dich des Armen an,
und entsprechend seiner Not schicke ihn nicht leer von dir fort.
(10) Gib dein Silber des Bruders und Freundes wegen verloren,
und laß es nicht rosten unter dem Stein bis zum Verderben.
(11) Setze deinen Schatz ein entsprechend den Geboten des Höch-
   sten,
und er wird dir mehr einbringen als Gold.

---

23  Übers. nach: Walther Zimmerli, Das Buch des Predigers Sa-
lomo, in: Helmer Ringgren, Walther Zimmerli u. Otto Kaiser,
Sprüche / Prediger / Das Hohe Lied / Klagelieder / Das Buch
Esther (ATD 16), Göttingen [3]1981, S. (121–249) 183.
24  Vgl. Sir 23,1.4; 51,10; Sap 2,16; 14,3. – Vgl. dazu Angelika
Strotmann, Mein Vater bist du (Sir 51,10). Zur Bedeutung der Va-
terschaft Gottes in kanonischen und nichtkanonischen frühjüdischen Schriften (FTS 39), Frankfurt a.M. 1991.

(12) Schließe ein das Erbarmen unter deine Schätze,
und dieses wird dich herausreißen aus allem Übel.
(13) Besser als ein mächtiger Schild und besser als eine große
Lanze
wird es vor dem Feinde für dich kämpfen."[25]

Wie wir dem zitierten Weisheitstext entnehmen können, ist solches Sammeln von himmlischen Schätzen untrennbar mit dem Lohngedanken verbunden; nur so erscheint es ja erst sinnvoll. Anders als im Sirachbuch ist aber in der Bergpredigt wiederum an die im Endgericht erfolgende Belohnung gedacht (vgl. Mt 5,12; 6,1).
Das Bildwort vom Auge (Mt 6,22f) gehört zweifellos ebenfalls in den Bereich der Weisheit, wie seine rationale Argumentation zu erkennen gibt, die etwa so nachgezeichnet werden kann:

„Aus einem lichten Herzen, d[em] Zentrum des Leibes als Person, kommt ein aufrichtiger Blick, aus einem finsteren Herzen ein böser Blick. Der böse Blick sieht voll Gier und Neid in die Welt, der aufrichtige Blick voll Freude und Güte. Ist der Mensch in seinem Blick böse und als Person finster, dann umfängt ihn unentrinnbare Finsternis ..."[26]

Das Mahnwort vom Schätzesammeln und das Bildwort vom Auge münden in das Logion vom Doppeldienst (Mt 6,24), gemäß dem Gottesdienst und Mammonsdienst einander radikal ausschließen. Auch wenn die Armut in der Weisheit nicht gerade glorifiziert wird, so kommt doch dem Reichtum kein Wert an sich zu. Darum überrascht es nicht, daß wir sowohl in der jüdischen als auch in der paganen Sentenzenliteratur auf Mt 6,24 verwandte Aussa-

---

25 Übers. nach: G. Sauer, Jesus Sirach (s. Anm. 21), S. 575.
26 Walter Grundmann, Weisheit im Horizont des Reiches Gottes. Erwägungen zur Christusbotschaft und zum Christusverständnis im Lichte der Weisheit in Israel, Stuttgart 1988, S. 284. – Als weisheitliche Parallele sei genannt TestBenj 4,2: „Der gute Mensch hat kein finsteres Auge; denn er hat Erbarmen mit allen, auch wenn sie Sünder sind, ja auch wenn sie über ihn beratschlagen zum Bösen." (Übers. nach: Emil Kautzsch [Hg.], Die Apokryphen und Pseudepigraphen des Alten Testaments, Bd. II, Darmstadt [4]1975, S. 503) Vom gütigen Blick des Auges spricht Prov 22,9.

gen treffen. So heißt es etwa in einem Philo-Fragment:

„Es ist unmöglich, daß gemeinsam besteht die Liebe zur Welt mit
  der Liebe zu Gott,
so wie es unmöglich ist, daß Licht und Finsternis gemeinsam miteinander bestehen."[27]

Auf die Spruchkompositionen vom Nicht-Sorgen (Mt
6,25–34) und vom Nicht-Richten (Mt 7,1–5), mit denen
wir uns gleich näher befassen werden, folgt in Mt 7,6 das
weisheitliche Mahnwort, das dazu anhält, das Heilige
nicht zu entweihen. Allerdings fällt es schwer, dessen ge-
nauen Sinngehalt im Kontext der Bergpredigt zu erfassen[28]. M.E. könnte dem Mahnwort die Funktion zukom-
men, die sich anschließende Gebetsunterweisung (Mt
7,7–11) vor dem Spott der Toren, d.h. der Ungläubigen
und Skeptiker, zu schützen, indem sie nur den Weisen,
d.h. den Glaubenden, anvertraut wird. Die sich in der Gebetsunterweisung aussprechende Erhörungsgewißheit ist
Teil weisheitlicher Frömmigkeit, die noch nicht durch die
Krise der Skepsis erschüttert worden ist. Dabei werden in
Sir 2,6–9 wie in Mt 7,7f Mahnung und Verheißung aufeinander bezogen:

(6) „Glaube an ihn [sc. den Herrn], und er wird sich deiner anneh-
    men;
und hoffe auf ihn, so wird er ebnen deine Wege.
(7) Die ihr den Herrn fürchtet, wartet auf sein Erbarmen
und neigt euch nicht ab, damit ihr nicht fallt.
(8) Die ihr den Herrn fürchtet, glaubt an ihn,
und nicht wird dahinfallen euer Lohn.

---

27  Zit. nach: Klaus Berger / Carsten Colpe (Hg.), Religionsgeschichtliches Textbuch zum Neuen Testament (TNT 1), Göttingen /
Zürich 1987, S. 266. – Vgl. ferner aus den Sentenzen des Pythago-
ras, Nr. 110: „Es ist unmöglich, daß derselbe Mensch das Vergnügen liebt und den Körper und Gott. Denn wer das Vergnügen liebt,
liebt auch den Körper. Wer aber den Körper liebt, liebt auch das
Geld. Wer aber das Geld liebt, ist notwendig auch ungerecht. Der
Ungerechte aber ist gegenüber Gott die Heiligkeit verletzend, gegenüber den Menschen das Gesetz verletzend ..." (zit. nach: K.
Berger / C. Colpe [Hg.], (s.o.), S. 101)
28  Vgl. dazu D. Zeller, Mahnsprüche (s. Anm. 15), S. 137–139;
U. Luz, Matthäus I (s. Anm. 11), S. 381f.

(9) Die ihr den Herrn fürchtet, hofft auf Gutes
und auf ewige Zufriedenheit und auf Erbarmen.
Denn eine ewige Gabe mit Freuden ist sein Lohn."[29]

Sowohl Jesus Sirach als auch der Bergprediger begründen ihren Aufruf zu Gottvertrauen und zuversichtlichem Beten jeweils mit Hilfe von Erfahrungswissen. Während nämlich Jesus Sirach in der Gestalt rhetorischer Fragen auf Gotteserfahrungen in der Vergangenheit rekurriert, die Gottes Verläßlichkeit beweisen (Sir 2,10), wendet der Bergprediger in Mt 7,11 „das Schlußverfahren *a minori ad maius* an: Wenn schon menschliche Eltern die Bitten ihrer Kinder erhören, um wieviel mehr wird der himmlische Vater Erhörung schenken"[30]. Es könnte nun leicht der Eindruck entstehen, als würden hier negative Welt- und Lebenserfahrungen einfach ausgeblendet. Doch trifft dies weder für das Sirachbuch noch für die Bergpredigt zu. Die frühjüdische Weisheitsschrift versteht solche Divergenzerfahrungen als Versuchungen, in denen der Gläubige sich bewähren muß. Und innerhalb der Bergpredigt wird im Vaterunser immerhin die Bitte ausgesprochen, daß Gott uns nicht in Versuchung führen und von dem Bösen erlösen möge (Mt 6,13).
Schließlich hat die Goldene Regel in Mt 7,12 vom Aufbau der Bergpredigt her gesehen die Funktion, die Gesetzesauslegung Jesu abzuschließen und zugleich auf den Begriff zu bringen[31]. Dies ist insofern auffällig, als hier mit einem Weisheitssatz – es handelt sich um einen ursprünglich aus der paganen Umwelt stammenden und vom hellenistischen Judentum rezipierten Weisheitssatz[32] – der Inhalt des Gesetzes und der Propheten zusammengefaßt wird, wobei letztere wahrscheinlich als Ausleger des Gesetzes aufgrund ihrer Kenntnis der mündlichen Tora in den Blick genommen werden[33]. Weiterhin fällt

---

29   Übers. nach: G. Sauer, Jesus Sirach (s. Anm. 21), S. 510.
30   G. Strecker, Bergpredigt (s. Anm. 22), S. 155.
31   Vgl. Hans Weder, Die „Rede der Reden". Eine Auslegung der Bergpredigt heute, Zürich 1985, S. 230.
32   Vgl. K.-W. Niebuhr, Weisheit (s. Anm. 19), S. 47-49 (Lit.).
33   Vgl. W. Grundmann, Weisheit (s. Anm. 26), S. 265 mit Anm. 44.

auf, daß damit der Grundgehalt von Gesetz und Propheten und folglich auch der Bergpredigt auf das rechte ethische Verhalten konzentriert wird, ohne daß das Gottes-
verhältnis ausdrücklich thematisiert wird.

Wie wir bereits bei der Parabel vom Hausbau (Mt 7,24–
27) am Anfang unseres Überblicks über weisheitliche
Elemente in der Bergpredigt gesehen haben, lassen sich
auch für die übrigen auf die Goldene Regel folgenden
Schlußmahnungen weisheitliche Bezüge ausmachen: Das
in dem Mahnwort von den beiden Pforten und Wegen
(Mt 7,13f) begegnende Zwei-Wege-Motiv ist der Weis-
heitsüberlieferung vertraut, was beispielsweise aus Prov
12,28 hervorgeht:

„Auf dem Pfad der Gerechtigkeit (findet sich) Leben,
aber der Weg der Toren (führt) zum Tod."[34]

Allerdings werden in der Bergpredigt wie in der Apokalyptik, die ja auch das Zwei-Wege-Motiv benutzt[35], die
Ziele, zu denen der eine oder andere Weg führt, ins
Eschatologische transponiert: Die Alternative lautet ewiges Leben oder ewiges Verderben bzw. Reich Gottes oder
Gehenna[36]. Der Vergleich eines Menschen mit einem
Baum, wie er der Warnung vor falschen Propheten (Mt
7,15–20) zugrunde liegt, ist in weisheitlicher Tradition
beliebt[37]. Recht nahe kommt unserer Stelle Sir 27,6f:

(6) „Entsprechend der Pflege eines Baumes wird die Frucht gera-
      ten,
so auch der Gedanke entsprechend dem Wollen eines Menschen.

---

34  Übers. nach: O. Plöger, Sprüche (s. Anm. 7), S. 146. – Vgl.
auch Prov 4,14f.18f; 28,6.18; Sap 5,6f.
35  Vgl. ÄthHen 91,18f; 94,1–4; slavHen 30,15; IV Esr 7,6–8;
syrBar 85,12f; 1 QS III,20–26; IV,15–18.
36  Aus Mt 5,29f ist zu schließen, daß mit ἀπώλεια das ewige
Verderben in der Gehenna gemeint ist. Und im Kontext des Matthäusevangeliums ist ζωή als Gegenüber zur Gehenna Mt 18,8f;
19,16f; 25,34.46 zufolge gleichbedeutend mit ζωὴ αἰώνιος bzw.
βασιλεία (τοῦ θεοῦ).
37  Vgl. die genannten Texte bei Joachim Gnilka, Das Matthäusevangelium. I. Teil: Kommentar zu Kap. 1,1–13,58 (HThK I/1),
Freiburg i.Br. / Basel / Wien 1986, S. 274f.

(7) Vor der Beratung lobe niemanden;
denn sie bedeutet Prüfung der Menschen."[38]

In der Bergpredigt wird jedoch der wahre oder falsche
Prophet nicht an seinen Worten – selbst das an sich richtige Kyrios-Bekenntnis kann trügen (s. Mt 7,21–23) –,
sondern an seinen Taten erkannt. Worauf in den Schlußmahnungen alles abzielt, ist das Tun des Willens Gottes,
den Jesus in der Bergpredigt in Vollmacht verkündigt hat.

## 2. Weisheit und Ethik in der Bergpredigt

Nun stellt sich die Frage: Kann die Ethik der Bergpredigt
einfach unter Weisheit subsumiert werden, wenn auch als
eine eigentümliche Gestalt frühjüdischer Weisheit? Oder
divergiert das in der Bergpredigt propagierte Ethos nicht
auch mit dem, wie man es in der alttestamentlich-jüdischen Weisheit antrifft? Diesen Fragen werden sich die
folgenden drei Textanalysen stellen – und zwar sowohl
auf der Stufe der matthäischen Komposition der Bergpredigt als auch auf der Stufe der ursprünglichen Traditionseinheiten, deren Rückführung auf den historischen Jesus
jeweils geprüft werden muß.

### 2.1. Das Doppellogion von der Vergebung

Das Doppellogion Mt 6,14f ist als ein antithetischer Par-
allelismus gestaltet, der im Sinne eines Vergeltungs-
grundsatzes einem bestimmten menschlichen Tun den
entsprechenden Lohn bzw. die entsprechende Strafe zu-
weist. Gegenüber dem verwandten Mahnwort Mk 11,25
handelt es sich bei unserem Text um eine unabhängige
Tradition, wobei die Frage der traditionsgeschichtlichen
Priorität wohl offenbleiben muß[39]. Innerhalb der Bergpredigt fungiert Mt 6,14f als Begründung der Vergebungsbitte im Vaterunser: „Und vergib uns unsere Schulden,
wie auch wir vergeben haben unseren Schuldnern" (in Mt

---

38  Übers. nach: G. Sauer, Jesus Sirach (s. Anm. 21), S. 571.
39  Vgl. Werner Zager, Gottesherrschaft und Endgericht in der
Verkündigung Jesu. Eine Untersuchung zur markinischen Jesus-
überlieferung einschließlich der Q-Parallelen (BZNW 82), Berlin /
New York 1996, S. 228f mit Anm. 310 u. 311.

6,12 steht die Aoristform ἀφήκαμεν im Unterschied zum
Präsens der Lukasfassung). Dieser Zusammenhang entscheidet nicht zuletzt darüber, ob das der zwischenmenschlichen Vergebung korrespondierende Verzeihen
Gottes ein gegenwärtiges Geschehen meint oder sich erst
im Endgericht ereignen soll. Worauf zielt aber dann die
Bitte um Vergebung im matthäischen Vaterunser? Da die
beiden anderen Wir-Bitten dieses Gebetstextes nicht
eschatologisch-zukünftig zu deuten sind[40], legt sich dies
auch für die mittlere Wir-Bitte nahe, die sich also auf den
hier und jetzt erfolgenden Erlaß begangener Sünden-
schulden bezieht[41]. Das bedeutet, daß Mt 6,14f die in dieser Weltzeit geschehende göttliche Vergebung thematisiert.
Damit reiht sich das Logion in weisheitliches Denken ein
und ist vergleichbar mit der Spruchkombination Sir 28,2–
7, aus der die Verse 2–4 angeführt seien:

(2) „Vergib das Unrecht deinem Nächsten,
dann werden dir, wenn du darum bittest, auch deine Sünden vergeben werden.
(3) Wenn ein Mensch seinem Mitmenschen gegenüber Zorn bewahrt,
wird er dann vom Herrn Heilung finden können?
(4) Wenn einer für einen Menschen, der ihm gleich ist, kein Mitleid
hat,
wie kann er dann für seine eigenen Sünden bitten?"[42]

Im Rahmen weisheitlichen Weltordnungsdenkens wird
hier die dem menschlichen Tun entsprechende göttliche
Vergeltung innerweltlich gedacht: Gottes Vergebung geschieht je und je in dieser Zeit und Welt.
Sehr nahe – sowohl vom Inhalt als auch von der Form her
– kommen Mt 6,14f folgende weisheitlichen Grundsätze
aus der rabbinischen Literatur, nach denen sich Gottes
Erbarmen bzw. Vergeben oder Nicht-Erbarmen bzw.

---

40  Vgl. Anton Vögtle, Der „eschatologische" Bezug der Wir-Bitten des Vaterunser, in: Jesus und Paulus (FS Werner Georg Küm-
mel), hg. v. E. Earle Ellis u. Erich Gräßer, Göttingen 1975, S. 344–
362; U. Luz, Matthäus I (s. Anm. 11), S. 345–349.
41  Siehe A. Vögtle, (s. Anm. 40), S. 353f.
42  Übers. nach: G. Sauer, Jesus Sirach (s. Anm. 21), S. 573.

Nicht-Vergeben bereits jetzt in Entsprechung zu dem jeweiligen Handeln des Menschen ereignet:

„Solange du dich über die Geschöpfe erbarmst,
erbarmt man sich deiner vom Himmel her.
Erbarmst du dich nicht der Geschöpfe,
erbarmt man sich deiner nicht vom Himmel her."[43]
(SifDev 13,18)

„... immer, wenn du dich über die (anderen) erbarmst,
erbarmt sich der Erhabene (= Gott) über dich;
wenn du dich nicht erbarmst,
erbarmt sich der Erhabene nicht über dich."[44]
(yBQ 8,10[7])

„Wer sich seiner Mitmenschen erbarmt,
dessen erbarmt man sich im Himmel;
wer sich seiner Mitmenschen nicht erbarmt,
dessen erbarmt man sich auch nicht im Himmel."[45]
(bShab 151b)

Es bleibt allerdings zu beachten, daß Matthäus das Doppellogion von der Vergebung – genauer gesagt: dessen negativen Teil – auch als Vergeltungsgrundsatz im eschatologischen Gericht begreifen konnte: Der von ihm gebildete und an die Parabel vom unbarmherzigen Knecht angehängte Vers Mt 18,35 droht den Christen ewige Bestrafung an, wenn sie nicht bereit sind, dem Mitchristen zu vergeben[46]. Zwar wird hier die geforderte Vergebung auf die Situation der christlichen Gemeinde hin konkretisiert, während nach der Bergpredigt die vergebende Liebe

---

43  Übers. nach: Hans Bietenhard, Der tannaitische Midrasch Sifre Deuteronomium. Übers. u. erklärt (JudChr 8), Bern / Frankfurt a.M. / Nancy / New York 1984, S. 285.
44  Übers. nach: Gerd A. Wewers, Bavot, Pforten (ÜTY IV/1–3), Tübingen 1982, S. 136.
45  Übers. nach: Lazarus Goldschmidt, Der Babylonische Talmud neu übertragen, Bd. I, Frankfurt a.M. ⁴1996, S. 922. – S. auch TestSeb 8,3.
46  Vgl. Werner Zager, Jesus von Nazareth. Von der theologischen Notwendigkeit der Frage nach dem historischen Jesus und unseren exegetischen Möglichkeiten, sie zu beantworten, in: ders., Jesus und die frühchristliche Verkündigung. Historische Rückfragen nach den Anfängen, Neukirchen-Vluyn 1999, S. (1–33) 14.23.

allen Menschen zugewendet werden soll[47], aber der
Rückbezug auf Mt 6,14f ist deutlich[48]. Matthäus hat
offenbar das Doppellogion von der Vergebung *auch*
eschatologisch verstanden. Dies steht im Einklang mit der
Beobachtung, daß die in den Frömmigkeitsregeln verhei-
ßene göttliche Vergeltung (Mt 6,4.6.18) vom Endgericht
erwartet wird.
Nimmt man Mt 6,14f als selbständige Sprucheinheit, so
ist eine eschatologische Deutung – wie wir gerade am
Beispiel des Matthäus gesehen haben – durchaus möglich. Jedoch legen die angeführten weisheitlichem Denken verpflichteten Parallelen, die sich noch durch weitere
rabbinische Texte vermehren ließen[49], es nahe, daß Gottes Vergeben bzw. Nicht-Vergeben ursprünglich als sein
gegenwärtiges Handeln verstanden wurde. Im Munde des
historischen Jesus könnte man sich den Doppelspruch
von der Vergebung als weisheitliche Sentenz vorstellen,
die sich in Kohärenz mit Mt 6,12 par. Lk 11,4 befindet.
Absichern läßt sich dies aber nicht, weil der Nachsatz zur
Vergebungsbitte im Vaterunser – „wie auch wir vergeben
haben unseren Schuldnern" – eventuell erst sekundär hin-
zugefügt worden ist[50]. Ebenso möglich wie eine Herkunft
von Jesus selbst ist, daß unser Doppellogion erst in einer
christlichen Gemeinde geprägt oder – falls es aus dem
Judentum stammt – von ihr unter die Autorität Jesu gestellt wurde[51].

## 2.2. Die Logienkomposition vom Nicht-Richten
Die Logienkomposition Mt 7,1–5 besteht aus drei Elementen: der Mahnung, nicht zu richten (V 1), den beiden

---

47   Vgl. G. Strecker, Bergpredigt (s. Anm. 22), S. 130.
48   Gemeinsamer Wortbestand: ἐὰν μὴ ἀφῆτε, ὁ πατὴρ ὁ
οὐράνιος.
49   tBQ 9,29f; PesR 38 (164b); TanB וירא § 30.
50   Vgl. A. Vögtle, Bezug (s. Anm. 40), S. 345–347.360f.
51   Daß es in Mt 6,14f nicht nur um das innergemeindliche Problem der Vergebung geht – wie in Mk 11,25; Kol 3,12f und Eph
4,32 –, sondern die Vergebung gegenüber dem Mitmenschen überhaupt thematisiert wird, kann nicht als besondere Akzentsetzung
Jesu ausgewertet werden, da hier Übereinstimmung mit den jüdischen Parallelen besteht.

völlig parallel aufgebauten talionartigen Grundsätzen vom Richten und Messen, die der Begründung dienen (V 2), und dem Spruch vom Splitter und Balken, zusammengesetzt aus zwei rhetorischen Fragen und einer Mahnung (V 3–5). Könnte bereits der Umstand, daß der erste der beiden Grundsätze im Unterschied zu den übrigen Logien im Lukasevangelium nicht überliefert ist, darauf hindeuten, daß V 2a auf matthaische Redaktion zurückgeht, so wird diese Vermutung durch folgende Beobachtung erhärtet: Die terminologischen Verbindungen zu V 1 (κρίνετε, κριθῆναι) und zu V 2b (ἐν ᾧ) sowie die syntaktische Parallelität von V 2a und V 2b sprechen dafür, daß V 2a eine sekundäre Überleitung ist von V 1 zu V 2b[52].

Die traditionsgeschichtliche Analyse von Mt 7,1.2b–5 muß bei dem Numeruswechsel von der 2. Person Plural zur 2. Person Singular zwischen den Versen 2b und 3 einsetzen, der eine Nahtstelle anzeigt[53]. Auch inhaltliche Gründe sprechen dafür, daß V 3–5 an V 1.2b angeschlossen worden ist:

„Jetzt geht es nicht mehr um das Verurteilen des Sünders, sondern um die nötige Vorsicht beim Zurechtweisen ... Dabei argumentiert das singularische Stück mit der Unverhältnismäßigkeit von eigener und fremder Schuld und schweigt von dem V. 1.2b angedrohten Gericht Gottes. Umgekehrt ist dort nicht ausdrücklich gesagt, daß der Verurteilende wegen eigener Schuld doch nur im Gericht Verdammung zu erwarten hätte."[54]

Wie ist dieser Befund zu deuten? Es gibt zwei Möglichkeiten: „Entweder lief V. 3–5 einmal selbständig um oder V. 1.2b wurde ... erweitert, als man das Richten durch die in der Gemeinde aktuellere Problematik der brüderlichen Rüge konkretisierte. Da der Einsatz mit Fragen bei einem selbständigen Spruch ungewohnt ist", wird der zweiten

---

52  Siehe Jürgen Sauer, Rückkehr und Vollendung des Heils. Eine Untersuchung zu den ethischen Radikalismen Jesu (Theorie und Forschung, Bd. 133; Philosophie und Theologie, Bd. 9), Regensburg 1991, S. 234.
53  Vgl. J. Sauer, (s. Anm. 52), S. 237.
54  D. Zeller, Mahnsprüche (s. Anm. 15), S. 114.

Möglichkeit der Vorzug zu geben sein[55]. Was die weitere traditionsgeschichtliche Analyse der Logienkomposition betrifft, so handelt es sich bei V 1.2b um eine sekundäre Kombination zweier ursprünglich selbständiger Sprüche. V 2b bildet nämlich eine zusätzliche Motivation der bereits durch den Finalsatz ἵνα μὴ κριθῆτε (V 1b) hinreichend begründeten Aufforderung μὴ κρίνετε (V 1a)[56]. Hinzu kommt, daß das Logion vom Messen außer in Mt 7,2b auch in Mk 4,24c, Lk 6,38c und I Clem 13,2 erscheint, und zwar in unterschiedlichen Kontexten[57]. Es gilt nun, für die drei Traditionseinheiten Mt 7,1, 7,2b und 7,3–5 jeweils das Verhältnis zur Weisheit zu bestimmen. Indem das Mahnwort Mt 7,1 „eine Talion zwischen menschlichem und göttlichem Richten" aufstellt[58], läßt es sich durchaus im Rahmen altorientalischer Weisheit überhaupt verstehen.

„Die Weisheitslehre warnt schon von jeher vor dem abschätzigen Wort, und zwar nicht nur weil es sich als Bumerang erweisen könnte, sondern gerade aus theologischer Einsicht: Wer einen Menschen verbal aus der Gemeinschaft ausstößt, hat mit der Vergeltung des Gottes zu rechnen, der allein diese Gemeinschaft hütet. Das gilt natürlich zunächst vom verleumderischen Reden, aber auch vom unnachsichtigen Rächen und Richten."[59]

Aus dem Bereich der jüdischen Weisheit kommt als Parallele zu Mt 7,1 Sir 28,1a in Betracht:

ὁ ἐκδικῶν παρὰ κυρίου εὑρήσει ἐκδίκησιν.
(„Wer Rache übt, wird vom Herrn Rache erfahren.")[60]

---

55  Ebd.
56  Vgl. J. Sauer, Rückkehr (s. Anm. 52), S. 238.
57  Vgl. dazu W. Zager, Gottesherrschaft (s. Anm. 39), S. 175–177.
58  Siehe D. Zeller, Mahnsprüche (s. Anm. 15), S. 115.
59  Ebd.
60  Vgl. auch als Entsprechungstext bRHSh 16b (2. Jh. n.Chr.): „Wer seinen Nächsten denunziert, wird zuerst bestraft." (zit. nach: Rudolf Bultmann, Die Geschichte der synoptischen Tradition. Mit einem Nachwort von Gerd Theißen [FRLANT 29], Göttingen [10]1995 [[2]1931; [1]1921], S. 111)

Mit gleicher Schärfe wird hier dem Menschen die Rache untersagt wie in Mt 7,1 das Richten. Anders als in Sir 28,1a soll sich aber die in Mt 7,1 angedrohte göttliche Vergeltung entsprechend dem Kontext der Bergpredigt[61] nicht innerweltlich, sondern eschatologisch ereignen. Der weisheitliche Tun-Ergehen-Zusammenhang bleibt die Basis für die ethische Mahnung, auch wenn er letztlich nur durch den Vollzug des Endgerichts gewahrt werden kann. Zu Recht darf als unmittelbare Parallele zu Mt 7,2b der rabbinische Grundsatz Sota 1,7 par. gelten:

„Mit welchem Maß ein Mensch mißt, mißt man ihm."

Dabei handelt es sich um eine weisheitliche Sentenz, die von Hause aus eine Erfahrungstatsache des zwischenmenschlichen Bereichs zur Sprache bringt, aber auch zur Deutung der Geschichte Israels benutzt werden kann[62]. Von der Sache her findet sich der Grundsatz „Maß gegen Maß" bereits in der Sapientia Salomonis[63]. Anders als dort aber ist das Logion vom Messen innerhalb der Bergpredigt – wie auch sonst in der frühchristlichen Überlieferung – eschatologisch aufzufassen[64]; d.h. man hat die in der Apodosis ausgesprochene Vergeltung auf das Endgericht bezogen. Interessant ist, daß auch der rabbinische Grundsatz im Fragmententargum zu Gen 38,26 eine endzeitliche Interpretation erfahren hat[65]. Möglicherweise greift der Spruch vom Splitter und Balken in Mt 7,3–5 eine sprichwörtliche Redensart auf, mit

---

61   S. das in Anm. 22 genannte Stellenmaterial.
62   Vgl. Bill. I, S. 444–446; Hans Peter Rüger, „Mit welchem Maß ihr meßt, wird euch gemessen werden", in: ZNW 60 (1969), S. (174–182) 175f.179–181.
63   Sap 11,15f; 12,23(–25); 18,4f.
64   Lediglich für Mk 4,24c ist dies nicht eindeutig gesichert (vgl. W. Zager, Gottesherrschaft [s. Anm. 39], S. 175f).
65   Im Fragmententargum zu Gen 38,26 heißt es: „Mit welchem Maß ein Mensch auf Erden mißt, mißt man ihm im Himmel; sei es ein gutes Maß oder sei es ein böses Maß. Und wohl jedem Menschen, der gute Werke hat und nicht beschämt wird in der zukünftigen Welt. Es ist mir besser, ich werde in verlöschendem Feuer verbrannt, als daß ich in Feuer, das Feuer verzehrt, verbrannt werde." (zit. nach: H. P. Rüger, Maß [s. Anm. 62], S. 178)

der man im jüdischen Volk in weisheitlicher Manier auf
die zwar in Lev 19,17b gebotene, aber als selbstgerecht
empfundene Zurechtweisung des Nächsten reagierte[66].
Auf jeden Fall kennen nicht nur die Rabbinen, sondern
auch die Griechen und Römer eine Vielzahl von bildhaften Mahnungen, die die Priorität der Selbstkritik gegenüber jeglicher Kritik an anderen einschärfen[67].

Stellen wir uns noch der Frage, ob die drei eben bespro-
chenen Überlieferungseinheiten auf den historischen Jesus zurückgeführt werden können. Sieht man von verein-
zelten Stimmen ab – wie etwa der von JÜRGEN SAUER[68] –,
so wird innerhalb der Exegese weithin mit m.E. guten
Gründen Jesu absolutes Verbot des Richtens in Mt 7,1 als
authentisch beurteilt. Zwar begegnet das Verbot des
Richtens auch in jüdischen[69] und frühchristlichen Texten[70], aber Mt 7,1 unterscheidet sich von diesen durch die
finale Begründung, die auf das offenbar unmittelbar be-
vorstehende Endgericht abhebt, welches zu radikaler
Verhaltensänderung drängt[71]. Mt 7,1 als prophetisch-

---

66  Vgl. bAr 16b: „Es wird gelehrt: R. Tryphon sagte: Es würde
mich wundern, wenn es in diesem Zeitalter jemand geben sollte,
der Zurechtweisung annimmt. Sagt man zu einem: nimm den
Splitter, der zwischen deinen Augen, so erwidert er: nimm du den
Balken, der zwischen deinen Augen." (Übers. nach: L. Goldschmidt, Der Babylonische Talmud [s. Anm. 45], Bd. XI, Frankfurt
a.M. [4]1996, S. 694) und bBB 15b: „Ferner sagte R. Johanan: Es
heißt [sc. Ruth 1,1]: ‚es war zur Zeit als die Richter richteten'; ein
Zeitalter, das seine Richter richtete. Wenn jemand zu einem sagte:
nimm fort den Splitter zwischen deinen Augen, so erwiderte ihm
dieser: nimm fort den Balken zwischen deinen Augen." (Übers.
nach: L. Goldschmidt, Der Babylonische Talmud, Bd. VIII, Frankfurt a.M. [4]1996, S. 59). – S. dazu D. Zeller, Mahnsprüche (s. Anm.
15), S. 116.
67  Vgl. D. Zeller, Mahnsprüche (s. Anm. 15), S. 116f; K. Berger /
C. Colpe (Hg.), Religionsgeschichtliches Textbuch (s. Anm. 27), S.
103f.
68  Vgl. J. Sauer, Rückkehr (s. Anm. 52), S. 238f; s. auch die
abwägenden, mit seinem eigenen Urteil zurückhaltenden Äußerun-
gen bei D. Zeller, Mahnsprüche (s. Anm. 15), S. 117.
69  Vgl. außer Sir 28,1a noch die von D. Zeller, Mahnsprüche (s.
Anm. 15), S. 116f genannten jüdischen Parallelen.
70  Vgl. I Kor 4,5; Jak 4,11f.
71  Vgl. G. Strecker, Bergpredigt (s. Anm. 22), S. 148.

eschatologischer Umkehrruf kann also weder einfach den
Talion-Sprüchen jüdischer Weisheit noch den frühchristlichen Mahnungen subsumiert werden, die dazu anhalten,
das Richteramt Gottes oder Christi zu respektieren. Auch
selbst wenn Lukas die ursprüngliche Fassung mit
μὴ κρίνετε, καὶ οὐ μὴ κριθῆτε (Lk 6,37a) bewahrt haben sollte, wird in diesem Mahnwort auf jeden Fall zeit-
genössische jüdische Kritik an verurteilendem Richten
„zu einem absoluten Verbot mit eschatologischem Bezug
radikalisiert"[72]. Genügt somit unser Logion dem von
GERD THEISSEN formulierten „historischen Plausibilitätskriterium"[73], so wird die Authentie noch dadurch abgesichert, daß es mit Jesu Basileia-Verkündigung kohäriert,
für die das Endgericht kein Fremdfaktor, sondern konsti-
tutiver Bestandteil ist[74].
Ob der historische Jesus das eschatologisch verstandene
Logion vom Messen (Mt 7,2b) gebraucht hat, kann nicht
eindeutig entschieden werden. Wie die bis in Wörtliche
gehenden Übereinstimmungen mit den rabbinischen Parallelen zeigen, ist die vom Plausibilitätskriterium geforderte „kontextuelle Individualität"[75] in bezug auf das antike Judentum nicht gegeben. Dagegen besteht Kohärenz
zur als authentisch anzusehenden Parabel vom unbarmherzigen Knecht (Mt 18,23b–34)[76]: Der Herr vergilt dem
unbarmherzigen Knecht mit dem gleichen Maßstab, den
dieser zuvor gegenüber seinem Mitknecht angelegt hat.
Da der Spruch vom Splitter und Balken (Mt 7,3–5) wohl
ursprünglich nicht isoliert tradiert wurde, sondern als redaktionelle Ergänzung im Laufe des Überlieferungspro-

---

72  Siehe Bernd Kollmann, Jesu Verbot des Richtens und die Ge-
meindedisziplin, in: ZNW 88 (1997), S. (170–186) 173.
73  Vgl. in Kürze Gerd Theißen / Annette Merz, Der historische
Jesus. Ein Lehrbuch, Göttingen 1996, S. 118 sowie die ausführliche
Darstellung bei Gerd Theißen / Dagmar Winter, Die Kriterienfrage
in der Jesusforschung. Vom Differenzkriterium zum Plausibilitätskriterium (NTOA 34), Freiburg, Schweiz / Göttingen 1997, S. 176–
217.
74  Vgl. W. Zager, Gottesherrschaft (s. Anm. 39), bes. S. 311–
316.
75  Siehe G. Theißen / A. Merz, Jesus (s. Anm. 73), S. 119.
76  Vgl. W. Zager, Jesus (s. Anm. 46), S. 22–26.

zesses der Logienquelle zu Mt 7,1.2b hinzugekommen ist, und darüber hinaus eine geläufige sprichwörtliche Redensart verarbeitet, scheidet er als Wort des historischen Jesus aus[77].

## 2.3. Die Logienkomposition vom Nicht-Sorgen

Die Mahnrede vom Nicht-Sorgen (Mt 6,25–34 par. Lk 12,22–32) hat Matthäus der Logienquelle entnommen, wo sie allerdings nicht zur ersten programmatischen Rede (Q 6,20–49) gehört, sondern sich thematisch an die Aufforderung anschließt, sich angesichts eines synagogalen Gerichtsverfahrens nicht zu sorgen (Q 12,11f). Im Hinblick auf die von MARTIN EBNER aufgeworfene Frage, ob Jesus ein Weisheitslehrer war, der ich mich am Ende meines Vortrags stellen möchte, werde ich mich im Folgenden darauf konzentrieren, eine ursprüngliche Fassung der Mahnrede zu rekonstruieren, deren Beziehung zur Weisheit zu reflektieren und schließlich die Authentizitätsproblematik zu erörtern.

Was die Rekonstruktion des Q-Textes anbelangt, herrscht innerhalb der Forschung weithin Einvernehmen[78]. Die einzig wesentliche Veränderung, die Matthäus gegenüber seiner Vorlage vorgenommen hat, besteht in seiner Einfügung von καὶ τὴν δικαιοσύνην αὐτοῦ in Mt 6,33[79]. Der Q-Text der Mahnrede, der ansonsten im wesentlichen in die Bergpredigt eingegangen ist, enthält – wie ODA WISCHMEYER gezeigt hat – gemäß seiner antithetischen Grundstruktur eine doppelte Mahnung:

---

77  Vgl. D. Zeller, Mahnsprüche (s. Anm. 15), S. 117.

78  Vgl. z.B. Athanasius Polag, Fragmenta Q. Textheft zur Logienquelle, Neukirchen-Vluyn 1979, S. 60.62; Paul Hoffmann, Der Q-Text der Sprüche vom Sorgen. Mt 6,25–33 / Lk 12,22–31. Ein Rekonstruktionsversuch (1988), in: ders., Tradition und Situation. Studien zur Jesusüberlieferung in der Logienquelle und den synoptischen Evangelien (NTA NF 28), Münster 1995, S. 62–87; M. Ebner, Jesus (s. Anm. 4), S. 254f.

79  Der Begriff δικαιοσύνη ist charakteristisch für die matthäische Theologie: Mt 3,15; 5,6.10.20; 6,1; 21,32; vgl. dazu Georg Strecker, Der Weg der Gerechtigkeit. Untersuchung zur Theologie des Matthäus (FRLANT 82), Göttingen ³1971 (¹1962).

„Die Rede rät von der Sorge um den Lebensunterhalt ab und ermahnt zur Suche nach dem Gottesreich. Diesen Rat unterstützt die Rede durch ein doppeltes *a minore ad maius*-Argument aus der Schöpfung: durch die Vögel und die Lilien. D.h., wenn Gott schon kleine Geschöpfe ernährt [bzw. bekleidet; W.Z.], dann wird er umso mehr euch Hörer erhalten."[80]

WISCHMEYER ist auch darin zuzustimmen, wenn sie im Anschluß an PAUL HOFFMANN[81] die Verse Mt 6,25a.d.27.28a als sekundäre weisheitliche Überarbeitung beurteilt[82]. Darüber hinaus stellt Mt 6,29 ebenfalls eine sekundäre Bearbeitung dar, da hier neben der Auswertung des Lilienbeispiels in V 30, die der des Rabenbeispiels entspricht, eine weitere Auswertung erfolgt, der es nicht um Vertrauen auf Gottes Fürsorge, sondern um Kritik an menschlicher Prachtentfaltung geht[83]. Schwieriger zu beantworten ist die Frage, wie der Abschluß der ursprünglichen Mahnrede vom Nicht-Sorgen aussah. EBNER plädiert dafür, daß diese mit V 32b endete, während V 32a.33 spätere Ergänzung sei[84]. Dagegen halte ich umgekehrt V 32a.33 für den Abschluß der Einheit und V 32b für eine nachträgliche Interpolation. Dafür lassen sich folgende Argumente anführen:

1. Während im Q-Text innerhalb der Auswertung der beiden Beispiele von ὁ θεός die Rede ist, erscheint die Bezeichnung Gottes als ὁ πατὴρ ὑμῶν in V 32b recht unvermittelt. Matthäus hat dies offenbar ähnlich empfunden; er ersetzte darum in V 26 ὁ θεός durch ὁ πατὴρ ὑμῶν ὁ οὐράνιος.

2. Durch die Partikel οὖν in V 31 wird angezeigt, daß im Blick auf das zuvor Gesagte ein Resümee gezogen wird. So versteht sich, daß die Eingangsmahnung „Sorgt euch

---

80 Oda Wischmeyer, Matthäus 6,25–34 par. Die Spruchreihe vom Sorgen, in: ZNW 85 (1994), S. (1–22) 8.

81 Paul Hoffmann, Die Sprüche vom Sorgen in der vorsynoptischen Überlieferung (1988), in: ders., Tradition und Situation. Studien zur Jesusüberlieferung in der Logienquelle und den synoptischen Evangelien (NTA NF 28), Münster 1995, S. 88–106.

82 Vgl. O. Wischmeyer, Matthäus 6,25–34 par (s. Anm. 80), S. 8f.

83 Vgl. M. Ebner, Jesus (s. Anm. 4), S. 263–266.

84 Vgl. M. Ebner, Jesus (s. Anm. 4), S. 257f.

nicht ..." wieder aufgegriffen und eingeschärft wird. Die zu erwartende Begründung dafür, die aus den gegebenen Beispielen zu entnehmen ist, müßte herausstellen, daß Gott für den Lebensunterhalt der Hörerinnen und Hörer Sorge trägt. Die Mahnrede kann daher unmöglich damit abschließen, daß Gott lediglich um die materiellen Lebensbedürfnisse weiß.

3. Hinzu kommt, daß auch andere Mahnungen zum Nicht-Sorgen in der Logienquelle (Q 12,11f) oder in der sonstigen frühchristlichen Tradition (Phil 4,6f; I Petr 5,7) stets mit einem Handeln Gottes motiviert werden.

4. Mt 6,32b unterbricht die Kontrastierung der Heiden, die sich um die leiblichen Bedürfnisse kümmern, und der Angesprochenen, die Gottes Reich suchen sollen[85].

Wahrscheinlich war in der Urfassung der Mahnrede vom Nicht-Sorgen das Lilienbeispiel dem Rabenbeispiel völlig analog gestaltet, wobei der ursprüngliche Wortlaut für die Verhaltensweisen der Lilien in der unkorrigierten Fassung von Mt 6,28b im Kodex Sinaiticus erhalten geblieben ist[86]. Nicht ausschließen möchte ich, daß V 32a ebenfalls erst sekundär eingefügt worden ist, um christliches Verhalten durch Absetzung von minderwertigem heidnischen zu profilieren – ähnlich wie in Mt 5,46f par. Lk 6,32f im Anschluß an das Gebot der Feindesliebe[87].

Im Gegensatz zu EBNER sehe ich jedoch keine Veranlassung zu einer weiteren Dekomposition der Spruchreihe vom Nicht-Sorgen. So ist es m.E. verfehlt, die Sorge der

---

85 Vgl. als Parallele Arist 140f: Die Ägypter „sind ... Menschen der Speisen, der Getränke und Kleidung, denn all ihr Streben richtet sich darauf. Bei uns aber hat dies gar keinen Wert. Wir betrachten das ganze Leben lang Gottes Herrschaft." (zit. nach: O. Wischmeyer, Matthäus 6,25–34 par [s. Anm. 80], S. 11) Allerdings meint der Aristeasbrief nicht Gottes eschatologisches Reich, sondern seine immerwährende Herrschaft.

86 Vgl. Walter Bauer, Griechisch-deutsches Wörterbuch zu den Schriften des Neuen Testaments und der frühchristlichen Literatur, hg. v. Kurt Aland u. Barbara Aland, Berlin / New York ⁶1988, Sp. 1109 (s.v. ξαίνω); James M. Robinson / Christoph Heil, Zeugnisse eines schriftlichen, griechischen vorkanonischen Textes: Mt 6,28b א*, P.Oxy. 655 I,1–17 (EvTh 36) und Q 12,27, in: ZNW 89 (1998), S. 30–44.

87 Vgl. J. Sauer, Rückkehr (s. Anm. 52), S. 82.

Menschen und das Wissen des göttlichen Vaters um das Lebensnotwendige als geistige Haltungen gegen das Nicht-Handeln der Tiere und Pflanzen und das Handeln Gottes auszuspielen[88], nimmt doch das menschliche Sich-Sorgen bzw. Nicht-Sorgen immer auch im Verhalten konkrete Gestalt an. Bei EBNER führt dies nun dazu, die beiden Naturbeispiele zu isolieren und dann als Doppellogion dem historischen Jesus zuzuschreiben[89]. Die Botschaft dieses Doppellogions laute: „Traut auch ihr euch, so wird den Zuhörern implizit zugerufen, eure bäuerlichen Tätigkeiten auf dem Feld und zu Hause aufzugeben! Auch euch wird Gott, wie die Raben und Lilien, nähren und bekleiden."[90] Doch damit wird verkannt, daß die nicht arbeitenden Raben und Lilien „nicht ... Vorbild, sondern ... Zeugen von Gottes Fürsorge"[91] sind.

Als ursprüngliche Fassung der Mahnrede vom Nicht-Sorgen ergibt sich demnach folgender Text:

Ich sage euch:
Sorgt euch nicht um euer Leben,
was ihr essen sollt,

> und auch nicht um euren Leib,
> was ihr anziehen sollt.

Schaut hin auf die Raben,
daß sie nicht säen
und auch nicht ernten
und auch nicht sammeln in Scheunen.
*Und Gott ernährt sie.*
*Unterscheidet ihr euch nicht mehr von den Vögeln?*

> Merkt auf die Lilien,
> daß sie keine Wolle krempeln
> und auch nicht spinnen
> und auch nicht sich abmühen.
> *Wenn aber auf dem Acker das*
>   *Gras,*
> *das heute ist*
> *und morgen in den Backofen*

---

88  Vgl. M. Ebner, Jesus (s. Anm. 4), S. 259–262.
89  Vgl. M. Ebner, Jesus (s. Anm. 4), S. 262f.267–275.
90  Vgl. M. Ebner, Jesus (s. Anm. 4), S. 270.
91  C.F. Georg Heinrici, Die Bergpredigt, in: ders., Beiträge zur Geschichte und Erklärung des Neuen Testaments III, Leipzig 1905, S. (1–98) 76.

> *geworfen wird,*
> *Gott so umkleidet,*
> *[sc. wird er das] nicht viel mehr*
> *euch [sc. tun], Kleingläubige?*[92]

Also sorgt nicht, indem ihr sagt:
Was sollen wir essen?,
oder: Was sollen wir trinken?

oder: Was sollen wir uns umwer-
fen?

(All das nämlich erstreben die Heiden.)
Sucht (aber) das Reich Gottes,
*und dies alles wird euch dazugegeben werden.*

Wie verhält sich der so rekonstruierte Text zur alttestamentlich-jüdischen Weisheit? Insofern die Raben- und Lilienexempla Gottes fürsorgliches Verhalten vor Augen führen und nicht etwa die Aufgabe bäuerlicher Feld- und Hausarbeit propagieren, wird hier nicht, wie EBNER meint, „– durch die weisheitliche Brille gesehen – ein Lob des Faulen gesungen"[93]. Nicht ein Lob des Faulen[94] wird hier gesungen, sondern ein Lob des Schöpfergottes, der alle seine Geschöpfe – selbst die unscheinbarsten – mit allem Lebensnotwendigen versorgt, ein Lob, wie es auch die weisheitlichen Schöpfungspsalmen anstimmen:

(27) „Sie alle warten auf dich,
daß du ihnen Nahrung gibst zur rechten Zeit.

---

92  ὀλιγόπιστοι gehört zum Q-Text der Logienkomposition vom Nicht-Sorgen, da es sowohl von Mt 6,30 als auch von Lk 12,28 bezeugt wird. Ansonsten ist im Neuen Testament von „Kleingläubigen" freilich nur innerhalb der matthäischen Redaktion (Mt 8,26; 16,8) bzw. des matthäischen Sonderguts (Mt 14,31) die Rede. Hat aber Jesus selbst vom Berge versetzenden Glauben gesprochen (Mt 17,20c), dann besteht kein zwingender Grund, ihm die Titulierung seiner Hörerinnen und Hörer als „Kleingläubige" in Mt 6,30 par. von vornherein abzusprechen (zur Authentizität des Jesuswortes Mt 17,20c vgl. Eduard Lohse, Glaube und Wunder. Ein Beitrag zur theologia crucis in den synoptischen Evangelien [1979], in: ders., Die Vielfalt des Neuen Testaments. Exegetische Studien zur Theologie des Neuen Testaments II, Göttingen 1982, S. [29–44] 39–43).
93  M. Ebner, Jesus (s. Anm. 4), S. 273.
94  Zur weisheitlichen Typisierung des Fleißigen und des Faulen vgl. Prov 6,6–11; 11,16b; 15,19; 20,4; 24,30–34; Sir 22,1f.

(28) Du gibst ihnen, sie lesen auf.
Du öffnest deine Hand, sie sättigen sich am Guten."[95]
(Ps 104,27f; ähnlich Ps 145,15f)

(8) „Er bedeckt den Himmel mit Wolken,
bereitet Regen der Erde.
Er läßt die Berge Gras hervorbringen,
Saatgrün für den Ackerdienst des Menschen.
(9) Er gibt Nahrung dem Vieh,
den jungen Raben, wonach sie schreien."[96]
(Ps 147,8f)

Die Aufforderung, sich nicht der Sorge hinzugeben, die ja
sowohl zu Beginn als auch gegen Ende der Mahnrede laut
wird, trifft man ebenfalls in der Weisheitsliteratur an. Als
Parallele dürfte allerdings weniger Sir 30,21-25 in Betracht kommen, wo der Frohsinn des Herzens angepriesen
wird, weil er das Leben verlängere, während dagegen die
Sorge altern lasse. Als Vergleichstext erscheint mir viel
eher Sap 6,12-15 von Interesse zu sein, in welchem dem-
jenigen, der die Weisheit sucht (ζητεῖν), zugesagt wird,
daß er sie finden und damit zugleich sorgenfrei
(ἀμέριμνος) sein wird. Jedoch tritt in Mt 6,33 an die
Stelle der σοφία als Objekt des Suchens die βασιλεία
τοῦ θεοῦ. Und anders als in dem weisheitlichen Schöp-
fungspsalm 145, der Gottes ewige Königsherrschaft
preist[97], handelt es sich bei der Basileia in unserer Mahnrede um eine eschatologische Größe. Daher meint das
Suchen des Reiches Gottes – begreift man es im Lichte
des Vaterunsers – nicht allein die dringliche Bitte um
dessen Kommen, sondern auch die in der Heiligungsbitte
sich äußernde Unterwerfung unter Gottes Willen[98].

---

95  Übers. nach: Hans-Joachim Kraus, Psalmen. 2. Teilbd.: Psalmen 60-150 (BK XV/2), Neukirchen-Vluyn ⁵1978, S. 878.
96  Übers. nach: H.-J. Kraus, (s. Anm. 95), S. 1134. – Vgl. auch
Ps 136,25; Sap 16,25; PsSal 5,9–12.
97  Ps 145 zufolge realisiert Gott seine – von Gerechtigkeit und
Güte geprägte (V 7–9.17) – Königsherrschaft einerseits dadurch,
daß er den Hunger aller Geschöpfe stillt (V 15f), die Gebete der
Gottesfürchtigen erhört (V 18f) und alle behütet, die ihn lieben (V
20a), andererseits dadurch, daß er die Gottlosen vernichtet (V 20b).
98  Vgl. Gerhard Schneider, Das Evangelium nach Lukas. Kapitel
11–24 (ÖTK 3/2), Gütersloh / Würzburg 1977, S. 256f.286.

Die ursprüngliche Fassung der Mahnrede vom Nicht-Sorgen läßt sich begründet auf den historischen Jesus zurückführen. Zum einen stimmt der Aufruf zum völligen Einsatz für das Reich Gottes überein mit dem Skopus der als authentisch zu beurteilenden Doppelparabel vom Schatz im Acker und von der köstlichen Perle (Mt 13,44–46)[99]. Zum anderen hat die Verbindung von Abwehr der Sorge und Anstiftung zum Reich-Gottes-Engagement ihr Pendant in der authentischen Q-Version des Vaterunsers[100], das Basileia- und Brotbitte miteinander vereinigt.

Zum Schluß soll – wie zu Beginn des Vortrags angekündigt – die Beantwortung der Frage stehen: „Jesus – ein Weisheitslehrer?" Aufgrund des Ausgeführten legt sich mir folgendes nahe: Der historische Jesus trat nicht als Weisheitslehrer, sondern als endzeitlicher Prophet auf, der den Anbruch der eschatologischen Gottesherrschaft proklamierte. Wenn er sich bei der Entfaltung seiner Botschaft in einem erheblichen Ausmaß weisheitlicher Ausdrucks- und Denkformen bediente, so erfuhren diese durch den neuen Kontext eine tiefgreifende Umdeutung: Jesus verkündigte „eschatologische Weisheit im Horizont des Reiches Gottes"[101].

---

99  Zur Begründung der Authentizität vgl. Eta Linnemann, Gleichnisse Jesu. Einführung und Auslegung, Göttingen [6]1975, S. 107f; Jürgen Becker, Jesus von Nazaret, Berlin / New York 1996, S. 295.
100  Zur Begründung der Authentizität vgl. J. Becker, (s. Anm. 99), S. 329–331.
101  W. Grundmann, Weisheit (s. Anm. 26), S. 298.

# Hermann von Lips

# Jüdische Weisheit und griechische Tugendlehre

Beobachtungen zur Aufnahme der Kardinaltugenden in hellenistisch-jüdischen Texten
(Aristeasbrief, Sapientia Salomonis, 4. Makkabäerbuch)*

## 0. Einleitung

In seiner Kirchengeschichte Buch 4, Kap. 22, Abschnitt 8 berichtet Euseb über Hegesipp, einen der Kirchenväter des 2. christlichen Jahrhunderts: „Nicht nur er, sondern auch Irenäus[1] und der ganze Kreis der Alten bezeichnete die Sprüche Salomons als ʻalle Tugenden umfassende Weisheitʼ" – πανάρετος σοφία. Und wir haben sogar die Möglichkeit, Eusebs Aussage an zwei Stellen zu verifizieren. Im 1. Clemensbrief 57,3 lesen wir ein ausführliches Zitat aus Spr 1,23–33, eingeleitet mit οὕτως γὰρ λέγει ἡ πανάρετος σοφία („so spricht die alltugendhafte Weisheit"). Einen weiteren Beleg finden wir bei Clemens von Alexandrien in den Stromata Buch 2, Kap. 22, Abschnitt 136, wo Spr 1,33 zitiert wird. Zum Thema Hoffnung nimmt Clemens zuvor Bezug auf Paulusbriefe (Gal 5,5-6; Hebr 6,11.20)[2], um dann zu sagen: „Das gleiche wie Paulus sagt auch die alltugendhafte Weisheit" (ἡ πανάρετος σοφία λέγει). Neben dem Sachverhalt der Aussage bleibt anzumerken, daß die Verbindung von

---

* Der Text des Vortrags wurde im wesentlichen beibehalten und durch Anmerkungen ergänzt. Zu danken ist den Tagungsteilnehmern für die anschließende Diskussion, aus der Anregungen aufgenommen wurden.

1 In den griechisch erhaltenen Fragmenten der Werke des Irenäus läßt sich die Wendung nicht belegen.

2 Clemens übernahm die These seines Lehrers und Vorgängers Pantainos, wonach der Hebräerbrief ein anonym gehaltener Brief des Paulus sei; vgl. B.M. Metzger, Der Kanon des Neuen Testaments. Entstehung, Entwicklung, Bedeutung, Düsseldorf 1993 (Original englisch Oxford 1987), 131.134.

σοφία und πανάρετος – so weit ich sehe – vor- und au-
ßerchristlich nicht belegt ist[3]!
Nun aber der Befund aus dem Sprüchebuch der LXX:
Dort kommt der Begriff ἀρετή gar nicht vor[4]. Die
einfachste Erklärung für dieses Defizit liegt wohl darin,
daß es kein hebräisches Wort gibt, für das sich ἀρετή als
naheliegendes Äquivalent zur Übersetzung anbot[5]. Der
negative Befund zu SprLXX ist also fortzusetzen: Von
der Ausnahme in Hiob 3,3 abgesehen findet sich ἀρετή
nicht in den Weisheitsschriften aus der hebräischen Bibel
(also Hi, Spr, Koh), aber auch nicht im Buch Jesus Sirach
(dort nur ἀρεταλογία 36,13/14[6]).

---

3   Die Überprüfung der Wortverbindung anhand der CD-ROM
„Thesaurus Linguae Graecae" (= TLG) (Stand 2000) ergibt Belege
bei 15 christlichen Autoren, aber Fehlanzeige bei anderen antiken
Autoren. Ältester Beleg ist die genannte Textstelle 1Clem 57,3.
Auch für das Adjektiv πανάρετος gilt insgesamt, daß die Mehrzahl
seiner ca. 90 Belege (TLG) bei christlichen Autoren zu finden ist,
16 bei anderen griechischen Autoren, einer bei Philo. Den ältesten
Beleg für das Adjektiv finden wir bei Chrysipp (3. Jh.v.Chr.;
Fragmenta Moralia, Fragment 274), bei dem das Göttliche
(τὸ θεῖον) als πανάρετον bezeichnet wird. Chrysipps Formulierung wird bei Sextus Empiricus im Zusammenhang der Tugendlehre aufgenommen und weitergeführt (Adversus mathematicos,
Buch 9, 152–167). Da auch Clemens von Alexandrien einerseits
Aussagen Chrysipps über die Tugenden aufnimmt (vgl. mehrere
der Fragmenta Moralia des Chrysipp, die in den Stromata des Clemens erhalten sind, so z.B. Fragmente 110, 224f, 275), andrerseits
das Wort πανάρετος zweimal verwendet (Strom 2,22,136;
4,17,105), liegt die Herkunft dieses Wortes aus der stoischen Tugendlehre nahe.
4   Ausgenommen eine Textvariante in Spr 1,7c – einem Versteil,
der keine hebräische Entsprechung hat; hier (Codex A) wohl als
Lesefehler für ἀρχή, wie dies die Codices B und S bezeugen.
5   Immerhin findet sich ἀρετή in der LXX sechsmal als Äquivalent für ein hebräisches Wort: für תהילה „Ruhm, Lobpreis" viermal
in DtJes / TrJes (42,8.12; 43,21; 63,7), und für הוד „Hoheit" in
Hiob 3,3; Za 6,13.
6   Allerdings sind die Lesarten nicht eindeutig: Neben dem Geni-
tiv ἀρεταλογίας (Cod. B) findet sich das Adjektiv Neutrum Plural
ἀρεταλόγια (Cod. A und S) sowie die Wendung ἄραι τὰ λόγια
(Cod. R). Nach der Ausgabe von R. Smend (Die Weisheit des Jesus
Sirach. Hebräisch und Deutsch, Berlin 1906) – dort 36,19 – steht
als hebräisches Äquivalent הוד (Sauer: Sir 36,14 „Pracht"); vgl. die

Für das Verständnis des Sprüchebuches und die in ihr sich äußernde Weisheit als πανάρετος σοφία bietet dieses also selber keinen Anhaltspunkt. Daher stellt sich die Frage: Wie kommt es zu solcher Sichtweise, in der σοφία und ἀρετή miteinander verbunden werden? Die Antwort ist zu erhalten anhand frühjüdischer Schriften, in denen nun tatsächlich der Begriff der Tugend sowie einzelne Tugendbegriffe aufgenommen werden und direkt oder indirekt – mit dem Begriff der Weisheit verbunden werden.

Die Befunde, um die es geht, sind natürlich nicht neu[7]. Doch wird diesen Sachverhalten meist nicht viel Aufmerksamkeit gewidmet. Aber ich denke, es lohnt sich, dies einmal im Zusammenhang zu betrachten.

Im folgenden sollen zunächst (1.) die Befunde in den Texten erhoben werden. Dazu bieten sich – wie im Thema angekündigt – besonders drei Schriften des hellenistischen Frühjudentums an[8], nämlich – der vermutlichen Entstehungszeit nach – der Aristeasbrief, die Sapientia Salomonis und das 4. Makkabäerbuch. Allerdings werde ich für die Darstellung zunächst eine andere Reihenfolge wählen. Es schließt sich (2.) ein Exkurs zur griechischen Tugendlehre an, der notwendig ist, um uns die Voraussetzungen bewußtzumachen, die für einen griechisch sprechenden und gebildeten Juden der damaligen Zeit gegeben waren. Der 3. Teil gilt dann der gestellten Frage, wie griechische Tugendlehre in verschiedene Konzeptionen hellenistisch-jüdischer Weisheit eingebaut wird. Dies soll im Dreischritt von Aristeasbrief über Sapientia Salomonis zum 4. Makkabäerbuch erfolgen. In einem Schlußabschnitt (4.) ist dann eine Auswertung vorzunehmen, auch im Blick auf die Gesamtthema-

---

vorige Anmerkung zu Hi und Za.

7 Hier ist generell auf die Sekundärliteratur zu den drei genannten frühjüdischen Schriften hinzuweisen, auch auf Literatur zum Frühjudentum allgemein. Vgl. z.B. A. Schmitt, Das Buch der Weisheit. Ein Kommentar, Würzburg 1986, 85 (z.St.).

8 Die umfangreichsten Befunde von Tugendterminologie in frühjüdischer Literatur finden sich natürlich bei Philo, nur vereinzelt bei Josephus. An Einzelschriften bleiben die drei hier zitierten hervorzuheben.

tik der Tagung „Weisheit und Ethik".

1. Befunde der Tugendterminologie in hellenistisch-
   jüdischen Texten

Für die Darstellung der Befunde wähle ich zunächst aus
Gründen der Evidenz eine andere als die chronologische
Reihenfolge, nämlich Sap, dann 4Makk und erst dann
EpArist.

1.1 Sapientia Salomonis
Zentral für uns ist die bekannte Stelle 8,7 mit Nennung
der vier Kardinaltugenden: σωφροσύνη, φρόνησις,
δικαιοσύνη, ἀνδρεία (Besonnenheit, Einsicht, Gerechtigkeit und Tapferkeit). Nach manchen Interpreten ist
diese Textstelle der Ausgangspunkt für die Übernahme
griechischer Tugendterminologie in die christliche
Theologie und Tradition[9]. Die vorhin für das Sprüchebuch zitierte Bezeichnung πανάρετος σοφία wird bei
den griechischen Kirchenvätern zur festen Bezeichnung
gerade der Sapientia Salomonis[10].
Die vier Tugenden werden in 8,7 einleitend ausdrücklich
als ἀρεταί bezeichnet. Zwei weitere Vorkommen des
Begriffs ἀρετή (4,1; 5,13) zeigen, daß hier eine bewußte
Aufnahme der griechischen Tugendterminologie erfolgt.
Die Stellung der Tugendaufzählung im Aufbau der Sap
ist sicher nicht zufällig. Der Begriff σοφία, dem die Tugenden im Kontext von 8,7 zugeordnet werden, durch-

---

9   Vgl. z.B. Stephan H. Pfürtner u.a., Ethik in der europäischen
Geschichte I (Antike und Mittelalter), Stuttgart 1988, 39.
10  Vgl. PsAthanasius (Synopsis scripturae sacrae, Vol. 28, 376,
48); Didymus Caecus (Comm. in Zachariam 1,393,7; 2,254,2;
2,290,4; 4,63,2; Comm in Ecclesiasten 288,6); Epiphanius (de
mensuribus et ponderibus, excerpt. 68); Euseb (Praep. evang.
11,7,5,2); Gregor von Nyssa (Contra Eunomium Cap. 8,5,6;
3,6,67,2); Hippolyt (In Canticum canticorum 1,4,1); Johannes
Chrysostomus (Synopsis scripturae sacrae 56,370,14; 56,370,30);
Johannes Damascenus (Expositio fidei 90,68). Bemerkenswert ist,
daß bei späteren Autoren wie Georgius Monachus, Georgios Syn-
cellus sowie im Chronicon Paschale die genannte Bezeichnung auf
das Buch Jesus Sirach angewandt wird! (Angaben nach TLG)

zieht das ganze Buch[11]. Das gilt auch für die δικαιοσύνη (zweimal in 8,7)[12], während die φρόνησις bis Kap. 8 mehrfach vorkommt[13], danach nur noch in 17,7. Die beiden anderen Tugenden der ἀνδρεία und der σωφροσύνη begegnen nur in 8,7 – werden aber vom Wortstamm nochmals in 8,15 (ἀνδρεῖος) und 9,11 (σωφρόνως) aufgegriffen. Besondere Aufmerksamkeit wird gerade diesen beiden Tugenden gelten müssen. Der Begriff der σωφροσύνη begegnet nicht in den älteren Weisheitsschriften, der Begriff der ἀνδρεία nur ausnahmsweise[14]. Der Befund macht es spannend, der Frage nachzugehen: Warum werden hier mit dem Tugendkatalog und dem Begriff der ἀρετή der Weisheitstradition fremde Begriffe eingeführt?

## 1.2  4. Makkabäer
In dieser Schrift sind zwei Stellen herauszuheben: 1,18 und 5,23f. 1,18 nennt katalogartig ebenfalls die vier Kardinaltugenden, und zwar in der Reihenfolge φρόνησις, δικαιοσύνη, ἀνδρεία und σωφροσύνη.

In der zweiten Aufzählung von vier Tugenden in 5,23f tritt die εὐσέβεια an die Stelle der φρόνησις, obwohl letztere in 1,19 gerade als die wichtigste der vier Tugenden bezeichnet wurde. Es wird zu fragen sein, was die εὐσέβεια hier an deren Stelle treten läßt.

Insgesamt stellen wir eine zahlenmäßige Häufung der Tugendterminologie fest. Der Begriff der ἀρετή wird 16mal verwendet, dazu noch die zwei Komposita ἐνάρετος (11,5) und μισάρετος (11,4). Bemerkenswert ist der unterschiedliche Bezug der Tugenden einmal auf die σοφία (1,18), das andere Mal dagegen auf die φιλοσοφία (5,22). Was hat das für die Konzeption von

---

11  Der Begriff σοφία kommt von Sap 1,4 bis einschließlich 14,5 ca. 30mal vor.

12  Der Begriff δικαιοσύνη wird von Sap 1,1 bis 15,3 insgesamt 11mal verwendet; zu berücksichtigen ist natürlich auch die häufige Verwendung des in Sap thematisch besonders relevanten Nomens δίκαιος (30mal).

13  Der Begriff φρόνησις findet sich in Sap insgesamt 10mal; der Stamm φρον- aber darüber hinaus noch 20mal.

14  Spr 21,30; Koh 2,21; 4,4; 5,10.

4Makk zu besagen?

Von vornherein ist klar, daß hier ein weitergefaßtes Konzept zugrundeliegt. Laut 1,1 geht es im Buch ja um den Nachweis der Herrschaft der Vernunft (λογισμός) über die menschlichen Triebe (πάθη). In diesem Zusammenhang werden in 1,2–4 bereits die einzelnen Tugenden genannt – sofern nämlich die Triebe sie verhindern. Die Tugendlehre wird hier im Kontext der sog. Affektenlehre aufgenommen. Zu fragen ist nach Hintergrund und Implikationen dieses Konzepts.

1.3  Aristeasbrief

Die Aufnahme von Tugendterminologie läßt sich hier nicht so griffig wie in den vorher genannten Schriften anhand von Tugendkatalogen zeigen. Daher gehe ich gegen die Chronologie erst jetzt auf diese Schrift ein. Aber das Register zeigt zunächst die mehrfache Verwendung des Tugendbegriffs (122.200.215.272.277) sowie das Vorkommen aller vier Kardinaltugenden[15].

Wenn es auch keine zentrale Einzelstelle gibt, so doch deutliche Schwerpunkte, an denen innerhalb des Buchaufbaus Tugenden angesprochen werden. Drei Textbereiche sind hier zu nennen: zunächst die Abschnitte 121–125, wo es um die Auswahl von gebildeten Ältesten für die Aufgabe der griechischen Übersetzung der Tora geht (ἀρετή, φρόνησις, δίκαιος und σώφρων). Sodann sind zu nennen die Beispiele ethischer Interpretation der Tora (131–171), wo wir in 131 die εὐσέβεια und δικαιοσύνη finden. Am wichtigsten sind aber die Gastmahlgespräche (187–292), in deren Diskussionen immer wieder die Tugendthematik angesprochen wird. Zwar sind Tugenden selten direkt Thema von Frage und Antwort, wie in 199 die ἀνδρεία und in 277 die ἀρετή. Aber auch wenn die Ausgangsfrage ein allgemeines Verhaltensproblem thematisiert, wird dann in den Antworten oftmals tugendhaftes Verhalten angemahnt. Charakteristikum insgesamt

---

15  Textstellen: φρόνησις 124, σωφροσύνη 237.248, δικαιοσύνη 18.43.131ff u.ö. (insgesamt 18mal), ἀνδρεία 12.199.281. Entnommen aus dem „Index verborum" in: A. Pelletier, Lettre d'Aristée a Philocrate, Paris 1962, 261–317.

ist natürlich dies, daß die Fragen speziell auf die vom Herrscher erwarteten Verhaltensweisen zielen.

## 2. Die griechische Tugendlehre[16]

Im Rahmen der Ethik geht es der Tugendlehre um das Ideal der menschlich vortrefflichen Persönlichkeit. Im Blick steht dabei eine durch fortgesetzte Übung erworbene Lebenshaltung, die zum Tun des sittlich Guten befähigt. Beachtenswert ist, daß auch in der heutigen ethischen Diskussion die Tugendethik wieder im Gespräch ist[17]. Hinsichtlich einer Tugendethik wird vor allem betont, daß hier nicht die Bewertung der einzelnen Handlung (vgl. Pflichten- und Konsequenz-Ethik), sondern der handelnden Person im Vordergrund steht.

### 2.1 Sokrates / Plato
Als ältester Beleg eines Tugendkatalogs gilt Aeschylos, Sieben gegen Theben 610, wo über einen Seher ausgesagt wird: σώφρων δίκαιος ἀγαθὸς εὐσεβὴς ἀνήρ. Nachdem dann die Sophisten und vor allem Sokrates[18] die Frage der Tugend thematisierten, ist es Plato, der als erster diese Frage systematisch angeht. Der Ansatz des Sokrates ist ein intellektualistischer: lehrbares und daher lernbares

---

16 Vgl. Chr. Horn, Antike Lebenskunst (Beck'sche Reihe 1271), München 1998, 113–146: 3. Die antike Konzeption der Tugend (mit Literatur zu einzelnen Philosophen S. 261–267). Zu den einzelnen philosophischen Positionen vgl. die Philosophiegeschichten von W. Windelband / H. Heimsoeth (Lehrbuch der Geschichte der Philosophie, Tübingen [15]1957) und Überweg (Friedrich Ueberwegs Grundriss der Geschichte der Philosophie, 1. Teil: Die Philosophie des Altertums, hg. K. Praechter, Berlin [12]1926, völlige Neubearbeitung hg. H. Flashar, 1993). Einen Überblick über Tugend- und Lasterkataloge in der griechischen Welt gibt A. Vögtle, Die Tugend- und Lasterkataloge im Neuen Testament, Münster 1936, 57–92. Für einige Hinweise danke ich dem Münchner Gräzisten Dr. Oswald Utermöhlen.
17 Vgl. entsprechende Ausführungen bei Horn (Anm. 16) sowie Art. „Tugend" in O. Höffe, Lexikon der Ethik (Beck'sche Reihe 152), S. 306–309 (mit Literatur zur gegenwärtigen Diskussion).
18 Vgl. dazu und zum Folgenden die Lehrbücher der Philosophiegeschichte wie Windelband / Heimsoeth, Überweg u.a. (Anm. 16).

Tugendwissen führt zur Tugend.
Für Plato in seinen Hauptwerken ist kennzeichnend, daß
er Tugend- und Staatslehre miteinander verbindet. Demnach entwickelt er das System der Tugenden in seiner
Politeia (352ff.427ff). Die in der Diskussion seiner Zeit
schon präsente Rede von den Grundtugenden systemati-
siert er, indem er eine Zuordnung von Tugenden zu den
drei Seelenteilen des Menschen vornimmt[19]. Über den
intellektualistischen Ansatz des Sokrates hinaus (Tugendwissen führt zur Tugend) richtet Plato damit seine
Tugendlehre personal aus[20].
Dem λογιστικόν, also dem vernünftigen Teil der Seele,
entspricht die σοφία (Weisheit). Sie wird als Wohlbera-
tenheit und Wissenschaft umschrieben (427/428). Sodann
ist dem θυμοειδές, dem muthaften Teil, die ἀνδρεία
(Tapferkeit) zuzuordnen. Es ist die Kraft, die unter allen
Umständen die Ansicht über das Schreckliche bewahrt
(429). Das ἐπιθυμητικόν, der begehrliche Teil, hat seinen Bezug in der σωφροσύνη (Selbstbeherrschung)[21]. Sie
ist Beherrschung von Lüsten und Begierden bzw. „Herr-
sein seiner selbst" (430/431). Als Gesamttugend oder Tugend der gesamten Seele, daher als wichtigste Tugend gilt
die δικαιοσύνη (Gerechtigkeit, Rechtschaffenheit), die
das richtige Verhältnis der einzelnen Teile bestimmt[22].
Sie stellt das Einheitsmoment der drei anderen Tugenden
dar. Andererseits kann das Einheitsmoment der Tugenden
in der philosophischen Einsicht (σοφία) gesehen werden,
indem die Einzeltugenden durch die Wirkung der Vernunft auf die Seelenteile entstehen[23].
Für das Zusammenwirken im Staat ergibt sich bekannt-

---

19  Vgl. Windelband / Heimsoeth (Anm. 16) 107.
20  Horn (Anm. 16) 136f.
21  Hier bestehen Differenzen in der Forschung, ob Plato tatsächlich eine solche Zuordnung meint. So jedenfalls Windelband-
Heimsoeth (Anm. 16) 107; Horn (Anm. 16) 137. Andere sehen die
σωφροσύνη als übergreifend und daher weder einem bestimmten
Seelenteil noch einem bestimmten Stand im Staat zugeordnet; vgl.
Pfürtner (Anm. 9) 39; Überweg (Anm. 16) 275: als Tugend der
ganzen Seele.
22  τὰ ἑαυτοῦ ποιεῖν: Resp 433a.
23  Horn (Anm. 16) 133.

lich eine Konzentrierung der Tugenden auf bestimmte Personengruppen: Die Regierenden müssen Weisheit und Gerechtigkeit in sich vereinen, die Tapferkeit ist vor allem für die Wächter (also Polizei oder Militär) gefordert. Die Selbstbeherrschung ist die von allen Angehörigen des Staates zu erwartende Tugend. Insgesamt aber ist der Staat gerecht, wenn von den drei Ständen in ihm jeder das Seinige tut (441).

Für Platos Tugendverständnis insgesamt sind auch die Differenzen zwischen seinen frühen und späten Werken zu beachten. Die frühen Dialoge nämlich kennen – wie die Jugendschriften zeigen – fünf Haupttugenden (Protagoras): nämlich außer der Gerechtigkeit (Politeia I.), Besonnenheit (Charmides), Tapferkeit (Laches) und Weisheit auch die Frömmigkeit (Euthyphro). Als bedeutendster Teil der als Einheit verstandenen Tugend gilt aber von Anfang an die Weisheit bzw. Einsicht (Prot 329B ff). Daß dann die Frömmigkeit der Reduktion auf vier Tugenden zum Opfer fällt, hängt wohl mit der Orientierung an den Seelenteilen zusammen und letztlich mit Platos Anliegen, die Analogie von Seele und Staat durchzuführen. Zu beachten wird aber sein, daß die Frömmigkeit dann bei Aristoteles überhaupt keine Rolle mehr spielt[24]!

Im Gefolge Platons ergeben sich zwei wesentliche Modifikationen der Tugendlehre: bei Aristoteles und in der Stoa.

## 2.2 Aristoteles

Für Aristoteles steht statt dem politischen Aspekt stärker der anthropologische im Vordergrund. Er fragt nach dem, was dem Menschen im Unterschied zu den anderen Lebewesen seine Besonderheit gibt: das ist die Vernunft. Die Tugend ist nun die Fähigkeit, die Vernunft angemessen tätig werden zu lassen; die Tugend gilt als Kraft zur Ver-

---

24 Als Bezeichnung für die Frömmigkeit überwiegt bei Plato die ὁσιότης (vielfach in Euthyphro und Protagoras), nur selten wird εὐσέβεια verwendet (Einzelbelege in Euthyphro, Respublica, Leges und Symposium). In authentischen Aristoteles-Schriften scheint keiner der beiden Begriffe belegt zu sein, nur in Fragmenten und in der pseudoaristotelischen Schrift „De virtutibus et vitiis".

nunft.

Dabei geht es um die Entfaltung der dem Menschen eigenen Natur, speziell der Anlagen seines natürlichen Wesens. „Also entstehen die sittlichen Vorzüge in uns weder mit Naturzwang noch gegen die Natur, sondern es ist unsere Natur, fähig zu sein sie aufzunehmen, und dem vollkommenen Zustande nähern wir uns dann durch Gewöhnung" (EN 1103a 23–26)[25]. Entsprechend den kognitiven und affektiven Kräften des Menschen unterscheidet Aristoteles zwischen dianoetischen (διανοητικαί) und ethischen (ἠθικαί) Tugenden. Tugend hat also für Aristoteles nicht nur mit Ethik zu tun. Als entscheidende Tugenden gelten φρόνησις und σοφία. Die moralischen Tugenden haben ihre Einheit in der φρόνησις (sittliche Vernunft, EN 1145a1f), die σοφία ist gegenüber allen Wissensformen die höchste und glücksrelevante Tugend (EN 1141a12–20).

Aristoteles nimmt die bei Plato begründeten Haupttugenden auf, erweitert aber die Zahl der Tugenden über diese vier oder fünf Tugenden hinaus. Die Tugendbeschreibung der ethischen Tugenden in EN (1115a–1138b = III,9–V,15) stellt die Tapferkeit und Besonnenheit an den Anfang, die Gerechtigkeit (betont) an den Schluß, dazwischen stehen weitere Tugenden. Als Besonderheit für die Tugendlehre des Aristoteles ist sein Verständnis der Tugenden als Mitte zwischen zwei Extremen herauszuheben, die sog. μεσότης-Lehre: z.B. die ἀνδρεία als Mitte zwischen Tollkühnheit und Feigheit (EN 1104a 18–27). Zusammenfassend schreibt er zur Charakterisierung der Tugenden (EN 1114b 27–30 = III,8): „... daß sie die Mitte (zwischen zwei Extremen) und feste Grundhaltungen sind; ferner, daß sie wesensmäßig stets die Akte hervorbringen, aus denen sie sich herangebildet haben; daß sie in unserer Macht stehen und etwas Freiwilliges sind. Und schließlich, daß sie so wirken, wie die richtige Planung es anordnet".

Wichtig ist für Aristoteles die Betonung moralischer

---

25 Deutsche Übersetzung aus: Aristoteles, Nikomachische Ethik (= EN). Übersetzung und Nachwort von Franz Dirlmeier (Reclam 8586), Stuttgart 1997 (1969), 34: EN II,1.

Übung zur Erlangung der Tugenden[26]. Hierbei spielt vor allem die Schulung der Affekte oder Affektpädagogik eine Rolle. Überhaupt ist festzuhalten, daß Aristoteles sich stärker als Plato dem Phänomen der Affekte widmet (vgl. EN II,4 = 1105b19 – 1106a12)[27]. Affekte oder Emotionen gelten als irreduzibler Teil der moralischen Persönlichkeit und sind an sich weder Vorzüge noch Fehler. Für die tugendhafte Persönlichkeit ist neben richtigem Handeln auch eine angemessene Affektlage notwendig. Daher hat schon bei jungen Leuten die Einübung angemessener und das Ablegen unangemessener Emotionen zu erfolgen.

## 2.3  Stoa / Popularphilosophie

Eine weitere Systematisierung und Explikation der tradierten Tugendlehre geschieht durch die Stoa und die sich anschließende Popularphilosophie. Das Anthropologische wird jetzt stärker unter individualistischen und so individualethischen Aspekt gestellt.

Was ansatzweise schon vorhanden war, wird jetzt schematisiert: den vier platonischen Kardinaltugenden (φρόνησις, σωφροσύνη, δικαιοσύνη, ἀνδρεία) werden die vier Kardinallaster (ἀφροσύνη, ἀκολασία, ἀδικία, δειλία – Unverstand, Zügellosigkeit, Ungerechtigkeit, Feigheit) gegenübergestellt, dazu treten noch die vier Hauptaffekte (λύπη, φόβος, ἐπιθυμία, ἡδονή – Schmerz, Furcht, Begierde, Lust). Dazu gibt es dann jeweils noch Untergliederungen[28].

Maßgeblich ist das Ideal des Weisen, den seine Einsicht tugendhaft macht. Die Tugend ist Besitz von sittlicher Einsicht (φρόνησις) und ist die zum Habitus gewordene

---

26  Vgl. dazu Horn (Anm. 16) 140.155.

27  Vgl. hierzu Horn (Anm. 16) 154ff; zu Plato: Horn (Anm. 16) 151ff.

28  Für die Tugenden und Laster in stoischem Verständnis vgl. die Auflistung samt Definitionen bei Stobäus, Anthologium 2,7,5a und 5b; Untergliederungen der Tugenden in 5b 2. Zur Aufzählung der Affekte vgl. 2,7,10,8ff. Vgl. zu Tugenden, Lastern und Affekten auch die pseudepigrafischen Schriften von Aristoteles (De virtutibus et vitiis) und Plato (Definitiones).

richtige Vernunft (ὀρθὸς λόγος)[29]. Die Einzeltugenden
sind spezifizierte Formen des Vernunftbesitzes je nach
Handlungsbereich. Dementsprechend werden die Tugenden als ἐπιστῆμαι τινῶν καὶ τέχναι verstanden (Stob.
2,7,5b 8). Die Laster sind demgegenüber ἄγνοιαι τινῶν
καὶ ἀτεχνίαι (5b 15–17). Anders als bei Aristoteles genügt nicht der richtige Umgang mit den Affekten, sondern der Weise soll von Affekten wie Lust und Schmerz
frei sein[30]. Affekte (πάθη) sind irrige Meinungen, die
ausgelöscht werden müssen. Ziel tugendhaften Lebens ist
diesbezüglich die ἀπάθεια, d.h. die Freiheit von den eigenen Trieben und Affekten, aber auch die ἀταραξία und
d.h. die Unabhängigkeit vom äußeren Geschehen des
Weltlaufs.
Mit den vorangehenden Bemerkungen sollten einige Ak-
zentuierungen griechischer Tugendethik in Erinnerung
gerufen werden, die vielleicht zur Einordnung der Tu-
gendaussagen in den genannten frühjüdischen Schriften
aufschlußreich sein können. Ich möchte keine Vermutungen darüber anstellen, was ein hellenistischer Jude davon
kannte oder nicht kannte: Ob also direkte Kenntnis einzelner Philosophen vorauszusetzen ist oder deren Lehren
als Teil philosophischer Allgemeinbildung bekannt waren. Es sollen einfach Befunde festgestellt werden, um zu
sehen, wo sich Berührungen ergeben und welche mögliche Konsequenzen sich daraus ergeben. (Das gibt im einzelnen – denke ich – natürlich Stoff zur Diskussion.)

3.  Griechische Tugendlehre in der Konzeption helleni-
    stisch-jüdischer Weisheitsliteratur[31]

3.1 Aristeasbrief
Intention dieser Schrift ist eine apologetische Empfehlung
jüdischer Frömmigkeit und Weisheit für griechischsprechende Nichtjuden. Das gilt, auch wenn vielleicht faktisch die Leser nur griechischsprechende Juden waren, die

---

29   Vgl. Horn (Anm. 16) 142.
30   Horn (Anm. 16) 162f.
31   Die Untersuchung erfolgt jetzt in der Reihenfolge der Entstehungszeit der drei Schriften.

der Bedeutung ihrer jüdischen Frömmigkeit im hellenistischen Umfeld vergewissert werden sollten. Die Erzählung ist Rahmung für die Legende von der griechischen
Übersetzung der Tora für die Bibliothek des ägyptischen
Königs in Alexandria[32].
Betont wird ausdrücklich die Verbindung von jüdischer
und griechischer Bildung (bei Übersetzern wird Kenntnis
jüdischer und griechischer Literatur vorausgesetzt, vgl.
121). Diese Kenntnis beider Bildungsbereiche wird man
für den Verfasser annehmen können. Daher ist die Kombination jüdischer Gesetzes- und Weisheitstradition mit
griechischer ethischer Tradition plausibel.
Die vier Kardinaltugenden, um die es uns für unsere Fragestellung geht, finden wir zwar alle in EpArist, aber
nicht im gleichen Kontext. Es sind nämlich zwei Schwerpunkte bei der Anwendung der Tugendlehre festzustellen:
Zum einen im Blick auf Bildung und Charakter allgemein
(am Beispiel der Übersetzer sowie bezüglich der allgemeinen ethischen Relevanz der Tora). Zum anderen in
den Gastmahlsgesprächen, wo es um die notwendigen
Eigenschaften des Herrschers geht.
a) Der kurze Abschnitt 121–125 formuliert die Voraussetzungen für die Qualifikation der Schriftgelehrten, die
die Tora übersetzen sollen. Sowohl der Begriff der Bildung (παιδεία, 121) wird hier formuliert als auch der
Tugend (ἀρετή, 122), wobei der Hohepriester als Vorbild
gilt (122). Drei der vier Tugendbegriffe werden ausdrücklich als bei den gelehrten Übersetzern vorauszuset-
zende genannt: φρόνησις (124) ist notwendig, und es
sollen gerechte (δίκαιοι, 125) und besonnene (σώφρονες,
125) Männer sein. Die vierte Tugend, die der Tapferkeit
(ἀνδρεία), fehlt hier. Aber das ist wohl von daher ver-
ständlich zu machen, daß es um die Qualifizierung für
eben diese konkrete Aufgabe geht, die bestimmte geistige
und charakterliche Qualitäten erfordert. Das finden wir ja
schon bei Plato, daß einzelne Tugenden vorrangig für bestimmte Personengruppen wichtig sind. Bemerkenswert

---

32  Daher ist der EpArist bekanntlich für die LXX-Forschung von
Bedeutung. Siehe dazu die entsprechenden Hinweise in den „Ein-
leitungen" zum Alten Testament.

ist auch, wenn den Gelehrten eine „mittlere Haltung"
oder „Haltung der Mitte" (μέσον κατάσχημα, 122) zugeschrieben wird. Das erinnert an die aristotelische Bestimmung der Tugenden als „Mitte". Damit wird eine Linie angedeutet, von der hier die Tugendauffassung geprägt ist.

b) Der im Brief folgende Abschnitt (131–171) ist dem
Sinn und der Intention der Tora gewidmet. Gewissermaßen als Überschrift wird deren vom Gesetzgeber gewollte
Hauptintention mit Frömmigkeit (εὐσέβεια) und Gerechtigkeit (δικαιοσύνη) beschrieben (131). Die folgende
ethische und somit allegorische Interpretation der Reinheitsvorschriften ist dann ganz auf den Begriff der
δικαιοσύνη konzentriert[33]. Andere Tugenden spielen
hier keine Rolle, dann muß auch das Fehlen des Begriffs
der ἀρετή nicht verwundern. Man kann fragen: Muß man
hier überhaupt an Tugendterminologie denken? Denn
εὐσέβεια gehört nicht zu den vier Kardinaltugenden, und
die δικαιοσύνη ist für Juden schon unter Absehung von
Tugendlehren relevant. Aber immerhin ist die Frömmigkeit schon bei Aeschylos (εὐσεβής) und beim frühen
Plato (ὁσιότης) zu den Haupttugenden gerechnet (s.o.).
Für die Stoa ist sie Unterbegriff zur δικαιοσύνη[34]. Also
wird man im Kontext des ganzen Briefes die Begriffe
auch hier im Sinne der Tugendterminologie verstehen.
Zur Reduktion auf nur zwei Tugendbegriffe kann die Beschränkung der Gesetzesthematik auf die Reinheitsgebote
geführt haben. Vielleicht ist auch dies gemeint, daß die
Tora ihr Zentrum in der Anweisung zu einem Leben in
Gerechtigkeit hat. So jedenfalls wird dies konzentriert in
168.169 („alle Gesetze sind zur Gerechtigkeit gegeben",
168) formuliert! Die brisante Frage steht natürlich im
Raum, ob hier noch an den alttestamentlich-jüdischen
Begriff von Gerechtigkeit gedacht ist oder – angesichts

---

33  Das wird an der Häufung dieses Begriffs im Abschnitt von
121 bis 169 deutlich: achtmal.
34  Stobäus 2,7,5b2: εὐσέβεια als ἐπιστήμη θεῶν θεραπείας;
vgl. (Ps)Plato, Definitiones 412e 14 – 413a 2: Εὐσέβεια
Δικαιοσύνη περὶ θεούς, δύναμις θεραπευτικὴ θεῶν ἑκούσιος,
περὶ θεῶν τιμῆς ὑπόληψις ὀρθή, ἐπιστήμη τῆς περὶ θεῶν τιμῆς.

der hellenistischen Ausrichtung näherliegend – an das griechische Verständnis von Gerechtigkeit, wie dies der Tugendlehre entspricht. Gerade die Intention ethischen Verständnisses der Reinheitsgebote spricht dann auch für dieses betont ethische Verständnis der Gerechtigkeit.

c) Dem Umfang nach stehen natürlich die Aussagen in den Tischgesprächen am Hof des Königs in der Mitte (187 292). Die in der Forschung vielfach festgestellte ·Orientierung am traditionellen Fürstenspiegel läßt hellenistische Herrscherideologie erkennen[35]. Für die Tugendlehre impliziert dies nun Elemente platonischer Auffassung: Es geht vor allem um die tugendhafte Bildung des Herrschers. Mehrfach wird ausdrücklich von der ἀρετή gesprochen (200.215.272.277.278). Hier jetzt wird der Bezug auf die σοφία und die φιλοσοφία hergestellt. Die Philosophie wird verstanden als Grundlage des angemessenen Verhaltens (256), und das Handeln wird als Konkretion des Philosophierens gesehen (285)[36]. Inwiefern ist davon der Begriff der Weisheit (σοφία) zu differenzieren, der ja ebenfalls verwendet wird? Als Lehre der Weisheit wird bekanntlich die Goldene Regel zitiert (207), und als Frucht der Weisheit gilt ein Leben in Wahrhaftigkeit und ohne Unrecht (260). Möglich ist, daß hier im Unterschied zum betont griechischen Begriff der Philosophie von der Weisheit im Blick auf den Erfahrungsbezug alttestamentlich -jüdischer Weisheitstradition gesprochen wird.

Geht es speziell um die Tugendbegriffe, so sind hier wiederum drei zu nennen: vorrangig die δικαιοσύνη (achtmal) und wiederum die σωφροσύνη (237.248), dazu jetzt die Tugend der Tapferkeit (ἀνδρεία 199.281). Sie wird hier für den König und für Feldherrn als wichtig vorausgesetzt. Das erinnert erneut an Plato: Dort hat ebenfalls die ἀνδρεία ihre wichtige politische Funktion, nämlich im Amt der Wächter. Weitere thematisierte Herrschertugenden[37] wie Milde (ἐπιείκεια 188.192.207.211. 290) und Menschenfreundlichkeit (φιλανθρωπία 208. 290)

---

35  Vgl. N. Meisner, Aristeasbrief: JSHRZ Bd. II, (35–85) 40.
36  Mehrfach wird auch vom φιλόσοφος gesprochen (200.201. 235.296).
37  Vgl. dazu A. Vögtle (Anm. 16) 73ff (Regentenspiegel).

sind zu erwähnen, auch wenn sie nicht zu den Kardinaltugenden zählen. Warum in diesem Kontext die Nennung der φρόνησις fehlt, wird man fragen (aber φρονεῖν 236). Vielleicht ist σοφία oder φιλοσοφία als Ersatz zu sehen. Oder noch näherliegend wird man an den auch in diesem Kontext mehrfach herausgehobenen Begriff der Frömmigkeit (εὐσέβεια 210.215.229.255) denken. Sie gilt letztlich, wie immer wieder formuliert wird[38], als die Basis für eine erfolgreiche Herrschaft des Königs.

Zur Vervollständigung ist zu erwähnen, daß gelegentlich mit der Tugendlehre auch die Affektenlehre verbunden wird[39]. Mit der aristotelischen Sicht wird dann formuliert, daß durch tugendhaftes Leben Lüste und Begierden beherrscht werden (277f).

d) Die Verbindung von Weisheitstradition und Tugendlehre ist hier sehr vielschichtig. Den Kontakt zur traditionellen Weisheit wird man am ehesten in den Tischgesprächen sehen (mit Fichtner, gegen Meisner[40]). Denn viele Themen haben Erfahrungsbezug, wie er ja für die Weisheit typisch ist[41]. Terminologisch ist aber die griechische Tugendlehre stark präsent, voran natürlich der Begriff der ἀρετή selbst. Während die Begriffe der δικαιοσύνη und φρόνησις durchaus in den LXX-Fassungen der hebräischen Weisheitsbücher häufig sind, gilt dies für ἀνδρεία und σωφροσύνη, wie anfangs schon gesagt, nicht. Von ἀνδρεία ist zwar vereinzelt die Rede, aber nicht im prägnanten Sinne der Tapferkeit[42], und ἀνδρεῖος meint „tüch-

---

38  Siehe den jeweiligen Kontext an den genannten Textstellen; dazu auch noch 261 (als εὐσεβής herrschen).

39  Vgl. z.B. ἐπιθυμεῖν (211.223) und ἐπιθυμίαι (256) sowie der Bezug auf die ἡδοναί (223.245.277).

40  N. Meisner, Aristeasbrief: JSHRZ II, 41, wendet sich gegen das Vorkommen israelitischen Weisheitsguts im EpArist, in Abgrenzung gegen J. Fichtner, Die altorientalische Weisheit in ihrer israelitisch-jüdischen Ausprägung, 1933, und O.S. Rankin, Israels Wisdom Literature, 1936. Ausführlicher N. Meisner, Untersuchungen zum Aristeasbrief, Diss. Berlin 1970, 40–76.

41  Wobei die Weisheit eben als internationales Phänomen zu sehen ist. Daher wird (gegen Meisner, JSHRZ II, 42f) nicht generell zwischen griechischer und atl-jüdischer Spruchweisheit zu unterscheiden sein.

42  Spr 21,30 (anstelle von תבונה); Koh 2,21; 4,4; 5,10 (jeweils für

tig", so auch mehrfach die „tüchtige Hausfrau"[43]. Für σωφροσύνη ist das Fehlen schlechthin festzustellen. Hier tritt also nicht nur ein griechisches Wort an die Stelle eines hebräischen, vielmehr wird ein Begriff eingeführt, für den es im hebräischen Denken offensichtlich noch keine Entsprechung gab. Das scheint mir doch ein ganz markanter Punkt in der Fortentwicklung weisheitlicher Tradition in der Welt des hellenistischen Judentums zu sein. Die noch zu nennenden Schriften werden das bestätigen. Ebenso wichtig bleibt der andere Befund, daß die aufgenommene griechische Tugendlehre durchaus in die jüdische Tradition und Frömmigkeit eingearbeitet wird. Gerade in den Tischgesprächen des EpArist wird immer wieder formuliert, daß das dem König anempfohlene tugendhafte Leben eigentlich nur mit der Hilfe Gottes zu verwirklichen ist[44]. Meisner spricht hier von den „Gottesschlüssen"[45]. Die optimistische griechische Tugendlehre bekommt hier deutlich ihre theologische Korrektur. Dies entspricht durchaus der Weisheitstradition. Hier weiß man, daß die zum Leben notwendige Weisheit nicht nur durch Lernen und Erfahrung erworben werden kann, sondern auch eine Gabe Gottes ist. Deutlich ist ja der Zusammenhang, wenn von der Furcht Gottes als dem Anfang der Weisheit gesprochen wird (Spr 1,7 u.ö.).

3.2 Sapientia Salomonis

Diese Schrift zeigt deutlich das Anliegen, hellenistische Bildung mit alttestamentlich-jüdischer Tradition zu verbinden[46], ohne diese jedoch explizit zu benennen. So blei-

---

כשרון = Vorteil, Gelingen, Gedeihen, Geschicklichkeit – ein hapaxlegomenon in Koh).
43 Vgl. Spr 12,4; 31,10.
44 Textbeispiele 189 (Gottesfurcht als Ausgangspunkt!). 193.195.196.199.205. 248. 251f. 254. u.ö.
45 N. Meisner, Untersuchungen (Anm. 40), S.77–104.
46 Zu Einzelaspekten der Intention dieser Schrift zwischen hellenistischem und biblischem Denken vgl. G. Hentschel / E. Zenger (Hg.), Lehrerin der Gerechtigkeit. Studien zum Buch der Weisheit (Erfurter Theologische Schriften 19), Leipzig 1991; H. Hübner (Hg.), Die Weisheit Salomos im Horizont Biblischer Theologie (BThSt 22), Neukirchen-Vluyn 1993.

ben die in Sap 10 genannten alttestamentlichen Gerechten anonym wie auch der vorausgesetzte Bezug zum Gesetz selten benannt wird. Im Sinne der Weisheitstradition wird das Streben nach Gerechtigkeit und derart nach der Weisheit betont. Mit der Mahnung zum Streben nach der Weisheit ist verbunden die Zusage heilsamer Folgen des Lebens mit der Weisheit: individuell in Kap. 10 (die Weisheit und die Rettung des Gerechten), kollektiv in 11–19 an Israel (gegenüber Ägypten) veranschaulicht.

a) Die Frage nach dem Zusammenhang von Weisheit und Tugend stellt sich anhand des Abschnitts 8,5–7 innerhalb der Einheit 8,2–18, die Georgi als „Liebeslied auf die Weisheit" bezeichnet[47]. Die Intention entspricht durchaus dem in 7,22 – 8,1 vorangehenden „Preislied auf die Weisheit". Dem Tugendkatalog in 8,7 geht voraus der explizite Bezug auf die Weisheit in V 5 als der Erschafferin des Alls, die großen Reichtum bedeutet für den, der mit ihr Gemeinschaft hat. V 6 betont die φρόνησις als Wirkkraft, wie sie der Weisheit als Architektin des Seins entspricht. Und in V 7 führt das Streben[48] nach Gerechtigkeit zu den Tugenden hin, die die Weisheit lehrt (ἐκδιδάσκει). Es sind die vier Kardinaltugenden: σωφροσύνη, φρόνησις, δικαιοσύνη und ἀνδρεία, die abschließend als das Nützlichste im Leben der Menschen bezeichnet werden. Mit diesem Nützlichkeitsmotiv taucht ein Motiv auf, das schon seit Plato und Aristoteles ein wichtiges Element in der Tugendlehre darstellt[49]. Der Katalog selbst wie auch der engere Kontext führen also deutlich in die Tradition der griechischen Tugendlehre (welcher Provenienz auch immer).

Nun haben wir mit der bereits vorausgehenden Nennung

---

47   D. Georgi, Weisheit Salomos: JSHRZ III, 429.

48   Die Relation zur δικαιοσύνη wird einerseits mit ἀγαπᾶν beschrieben, andererseits mit πόνοι bezeichnet. Eine interessante Frage besteht darin, inwieweit die πόνοι auch im Zusammenhang mit den πάθη zu sehen sind. In der Stoa können einerseits ἡδονή und πόνος als Adiaphora gegenüber Tugend und Lastern gesehen werden (Stobaeus II,57,19), andererseits wird die ἡδονή in Verbindung mit λύπη zu den πάθη gerechnet (Stob II,7,10).

49   Vgl. z.B. Plato, Menon 87e 3: (Sokrates) „Also ist auch die Tugend nützlich (ὠφέλιμον)?" – (Meno) „Notwendig ...".

von φρόνησις und δικαιοσύνη (V 6.7a) eine begriffliche Doppelung, die mehrfach in der Forschung vermerkt
wurde. Hübner spricht von „terminologischer Unstim-
migkeit"[50], was formal sicher richtig ist. Aber was steht
dahinter? Man wird sehen müssen, daß beide Begriffe
φρόνησις und δικαιοσύνη schon seit Sap 1 eine Rolle
spielen. Sie sind ja zwei der Weisheitstradition vertraute
Begriffe, wie ihr häufiges Vorkommen in der betreffen-
den Literatur belegt[51]. Wir werden für unseren Text
gewissermaßen zwei Ebenen annehmen müssen: Die erste
Ebene mit φρόνησις und δικαιοσύνη stellt den traditionellen Rahmen her, wonach es in Verbindung mit der
Weisheit um Einsicht und daraus folgend Gerechtigkeit
geht. Auf der zweiten Ebene wird nun der Tugendkatalog
eingeführt, der die ethische Ausrichtung des Lebens mit
der Weisheit konkretisiert. Die Weisheit lehrt diese Tugenden, die durch die Überschrift ἀρεταί ausdrücklich
als solche benannt werden. Dieses Substrat griechischer
Tugendlehre wird als geschlossener Komplex geboten,
daher kommt es zur Wiederholung zweier Begriffe – aber
eben in unterschiedlichem Kontext! Vielleicht ist es nicht
zufällig, daß die gegenüber der Weisheitstradition neuen
Begriffe σωφροσύνη und ἀνδρεία betont am Anfang
und Ende des Katalogs stehen.
Wir stellen also eine deutliche Verknüpfung zwischen
weisheitlicher und philosophischer Tradition fest. Natürlich wäre – wie schon zu EpArist gesagt – jetzt weiter zu
fragen, welche Uminterpretation die traditionellen Begriffe φρόνησις und δικαιοσύνη in ihrem neuen griechischen Kontext erfahren[52]. Habe ich auf die Voranstel-

---

50  H. Hübner, Zur Ethik der Sapientia Salomonis, in: Studien
zum Text und zur Ethik des Neuen Testaments (FS Heinrich Greeven), hg. W. Schrage, Berlin / New York 1986, (166–187) 176.
51  Vgl. z.B. Spr: φρόνησις 15mal (meist für בינה oder תבונה, also
Äquivalente zu חכמה), δικαιοσύνη 35mal (überwiegend für צדק
oder צדקה).
52  Für solche Begriffsanalyse wäre zunächst zu verweisen auf die
entsprechende Charakterisierung der Begriffe in den Artikeln zu
δικαιοσύνη und φρόνησις im ThWNT II, 194ff und IX, 217ff sowie zu Gerechtigkeit in TRE 12, 404ff (AT).411ff (Judentum).443ff (philosophisch: Plato etc).

lung beider traditioneller Begriffe im Text vor dem Tugendkatalog hingewiesen, so ist zu ergänzen, daß beides auch aus der philosophischen Tradition begründet werden kann: Wie die φρόνησις für Aristoteles grundlegende Tugend sein kann, so die δικαιοσύνη die (alle Seelenteile und so die verschiedenen Tugenden) umfassende Tugend für Plato (s.o.). Und natürlich hat auch der grundlegende Bezug auf die σοφία sein Vorbild bei Plato. Diese Analogie wird unterstrichen, wenn man die Betonung der Königsthematik in Sap bedenkt. Denn δικαιοσύνη und σοφία sind bei Plato die für die Herrscher grundlegenen Tugenden[53]. Der Einfluß einer platonisch vermittelten Tugendkonzeption ist also sehr naheliegend.

b) Wäre in Sap nur von dieser Textstelle in 8,5–7 zu reden, so wäre die Aufnahme der Tugendlehre eher als Fremdkörper zu sehen. Doch läßt sich zeigen, daß der Tugendbegriff viel weitergehend in die Konzeption der Sap integriert ist. Von unserem Text ausgehend sind zwei Linien zu ziehen:

Als erstes zu nennen ist der Zusammenhang von σοφία – φρόνησις – δικαιοσύνη, durch den ein Rückverweis auf die am Anfang stehende weisheitliche Mahnung 1,1–15 hergestellt wird. In dieser an die Herrscher gerichteten Mahnung sind die drei Begriffe (allerdings φρόνησις nur angedeutet in φρονεῖν 1,1 und ἄφρων 1,3) bereits thematisch verwendet. Vor allem aber die nur an den beiden Stellen 1,1 und 8,7 begegnende Wendung „die Gerechtigkeit lieben" (ἀγαπᾶν τὴν δικαιοσύνην) läßt dabei eine betonte Verbindung erkennen.

Die zweite Linie betrifft den Tugendbegriff ἀρετή, der noch in 4,1 und 5,13 aufgenommen wird. 4,1f ist ein „weisheitliches Heilswort" (Georgi), in dem es um das unsterbliche Gedächtnis aufgrund von Tugend geht. 5,13 ist Teil des „Bußliedes" der Gottlosen, das 5,6–14 umfaßt. Sie haben die Gerechtigkeit verfehlt, sind der Gesetzlosigkeit verfallen (V 6f), sie haben daher kein „Zeichen der Tugend" vorzuweisen (V 13) und werden zunichte; mit ausdrücklicher Begründung in V 14, daß es für die Gottlosen kein Gedächtnis gebe, das über einen

---

53 Vgl. Platos Tugendlehre in der Politeia (Resp 352–444).

Tag hinausgeht!
Mit der Verbindung von Tugend und Gedächtnis, insbesondere dem unsterblichen Gedächtnis liegt nun ein populäres griechisches Motiv vor, das sich bei Isokrates und Plato ebenso findet wie in griechischen Grab-Epigrammata[54]. Als Beispiel das Epigramm für eine Frau:

Σῆς ἀρετῆς, Νικοπτολέμη, χρόνος οὔποτε λύσει
μνήμην ἀθάνατον σῷ πόσει ἥν ἔλιπες.

„Das unsterbliche Gedächtnis deiner Tugend, o Nikoptoleme, das du deinem Gemahl hinterlassen hast, wird die Zeit niemals auflösen."
(Anthologiae Graecae Appendix, Epigrammata sepulcria, Epigramm 143)[55]

---

54 Folgende Zitate sind dem TLG entnommen:
Anthologiae Graecae Appendix, Epigrammata sepulcralia, Epigram 143:
Σῆς ἀρετῆς, Νικοπτολέμη, χρόνος οὔποτε λύσει
μνήμην ἀθάνατον σῷ πόσει ἥν ἔλιπες.
Εἰ δέ τις εὐσεβίας παρὰ Περσεφόνῃ χάρις ἐστίν,
καί σοι τῆσδε μέρος δῶκε τύχη φθιμένῃ.
Isocrates Orat., Panegyricus (orat. 4), Section 84, line 7:
καὶ γὰρ ἐκείνων τὰ μὲν σώματα ταῖς τῆς φύσεως ἀνάγκαις ἀπέδοσαν, τῆς δ᾽ ἀρετῆς ἀθάνατον τὴν μνήμην ἐποίησαν.
Isocrates Orat., De pace (orat. 8), Section 94, line 4:
Καὶ γὰρ οἱ πρόγονοι τοιούτους αὐτοὺς
παρασχόντες τήν τε πόλιν εὐδαιμονεστάτην τοῖς ἐπιγιγνομένοις παρέδοσαν καὶ τῆς αὐτῶν ἀρετῆς ἀθάνατον τὴν μνήμην κατέλιπον.
Plato Phil., Symposium, Stephanus page 208, section d, line 5:
ἐπεὶ οἴει σύ, ἔφη, ... ἥ Ἀχιλλέα Πατρόκλῳ ἐπαποθανεῖν,
ἥ προαποθανεῖν τὸν ὑμέτερον Κόδρον ὑπὲρ τῆς
βασιλείας τῶν παίδων, μὴ οἰομένους ἀθάνατον μνήμην ἀρετῆς περὶ ἑαυτῶν ἔσεσθαι, ἥν νῦν ἡμεῖς ἔχομεν;
Weitere Belege: Lysias, Epitaphius 6,8 und 81,4; Phalaridis Epistulae 54,2.
55 Eine Entsprechung in jüdischen Grabinschriften scheint sich nicht zu finden. Vgl. dazu: G. Delling, Speranda Futura. Jüdische Grabinschriften Italiens über das Geschick nach dem Tode, in: ders., Studien zum Neuen Testament und zum hellenistischen Judentum. Gesammelte Aufsätze 1950–1968, Berlin 1970, 39–44; P.W. van der Horst, Ancient Jewish Epitaphs, Kampen 1991. Eine Berührung findet sich zumindest im Motiv des Gedächtnisses, das in Anlehnung an Spr 10,7 (μνήμη δικαίων) in manchen Grabinschriften aufgenommen ist, vgl. dazu U. Fischer, Eschatologie und

Man kann daher nicht ausschließen, daß für den Verfasser der Sap die Tugendlehre bewußt im Zusammenhang mit dem Unsterblichkeitsgedanken aufgenommen wurde (oder umgekehrt?). Auch im Kontext von 8,7 ist nämlich das Unsterblichkeitsmotiv präsent, wenn in 8,13 von Unsterblichkeit und ewigem Gedächtnis gesprochen wird, das durch die gleiche Weisheit vermittelt wird, die auch die Lehrerin der Tugenden ist! Ist dann etwa gar an die durch die Weisheit ermöglichte Tugend als Bedingung der Unsterblichkeit gedacht[56]?

c) Als Fazit ist festzuhalten: wir haben in Sap eine deutliche Verbindung von jüdischer Weisheitstradition und griechischer Tugendlehre. Der zur Weisheit traditionell gehörige ethische Aspekt ermöglicht die Aufnahme des Tugendgedankens und damit eine ethische Akzentuierung, die für den Verfasser eine Aktualisierung weisheitlicher Tradition darstellt. Offen bleibt, ob für Sap die einzelnen Tugenden Relevanz als einzelne ethische Prinzipien haben oder ob der Tugendkatalog nur als Gesamtbegriff gemeint ist, d.h. dann: nur die σοφία ermöglicht den tugendhaften (= vollkommenen, gerechten) Menschen, dem unsterbliches Leben verheißen ist.

## 3.3  4. Makkabäer

Klar ist in dieser Schrift die Intention der Verherrlichung der Märtyrer in ihrem Standhalten gegen hellenistische Infragestellung jüdischer Frömmigkeit. An den Märtyrern soll die Überlegenheit des Lebens nach dem Gesetz verdeutlicht werden. Interpretiert wird dies in Kategorien von Tugend- und Affektenlehre. Die Darstellung versteht sich als geschichtliche Illustration der These, daß die Vernunft (λογισμός) die Herrschaft über die Triebe (πάθη) hat. Dies wird in vielfältiger Terminologie ausge-

---

Jenseitserwartung im hellenistischen Diasporajudentum: BZNW 44, Berlin / New York 1978, 220 Anm. 20, sowie die entsprechenden Textbelege bei J.-B. Frey, Corpus Inscriptionum Judaicarum, Bd. I.

56  Das wäre plausibel, wenn ein so enger Zusammenhang von Tugend und Gerechtigkeit wie in 8,7a besteht und andererseits ja für die Gerechten die Hoffnung auf Unsterblichkeit besteht (3,4; 5,16).

sagt, sogar das griechische hapaxlegomenon
παθοκράτεια findet sich (13,5.16; vgl. παθοκρατεῖσθαι
7,20)[57]! Der Intention entsprechend wird die Tugend- und
Affektenlehre faktisch darauf verengt, daß sie allein auf
das Ertragen des Leidens bezogen ist.

a) Für unsere Frage nach dem Verhältnis von Weisheitstradition und Tugendlehre ist vom zweiten Tugendkatalog
in Abschnitt *1,15–19* auszugehen. Nachdem 1,13 das
Thema von der Überlegenheit der Vernunft über die
Triebe (vgl. schon V 1) erneuert hat, werden jetzt Definitionen vorgenommen. Der λογισμός, also die Vernunft,
wird definiert als das auf das Leben der Weisheit gerich-
tete richtige Denken – mit ὀρθὸς λόγος ist hier ein prägnanter Begriff der Stoa[58] gewählt (1,15). Als Arten der
Weisheit (ἰδέαι τῆς σοφίας) werden die vier Kardinaltugenden aufgezählt (1,18). Diese Zuordnung der Tugenden
zur Weisheit erinnert stark an Sap 8,7, weshalb Abhängigkeit von diesem Buch diskutiert wird[59] (dazu nochmals bei 5,23f). Das liegt umso näher, als σοφία innerhalb von 4Makk nur in diesen Versen dreimal gebraucht
wird. Bei den Einzeltugenden wird die φρόνησις als
wichtigste herausgehoben (1,19). So haben wir zwei auch
in der philosophischen Tradition zu belegende Linien:
Für die Überordnung der Weisheit kann man auf Plato
verweisen, für die Vorordnung der φρόνησις neben Aristoteles auch auf die Stoa (s.o.).

Zu beachten ist aber die doppelte Definition von Weisheit, die in V 16 und 17 vorliegt. Zunächst (16) wird die
philosophische Definition wiedergegeben, die wir aus der
Stoa kennen, z.B. Seneca, Ep. 89: nosse divina et humana
et horum causas[60]. Dann (17) erfolgt die Definition, die

---

57  Zum Wortschatz des 4Makk, speziell zu dessen nichtbibli-
schem Anteil vgl. U. Breitenstein, Beobachtungen zu Sprache, Stil
und Gedankengut des Vierten Makkabäerbuchs, Basel / Stuttgart
1976, 25–29; dort auch S. 131ff zur „Philosophie" des Buches.
58  Vgl. C. Horn, (Anm. 16) 142. Der Begriff spielt aber auch
schon bei Aristoteles eine Rolle in der Tugendlehre.
59  Vgl. H.-J. Klauck, 4. Makkabäerbuch: JSHRZ Bd. III, 667:
literarische Benutzung nicht zwingend; anders Freudenthal und
Breitenstein (Anm. 57) 667 Anm 95.
60  Zur Stoa vgl. von Arnim, SVF II, 35f, sowie Leisegang, Art.

einer Linie der jüdisch-weisheitlichen Tradition entspricht: die als Gesetzeskenntnis verstandene Weisheit, wie sie von Dtn 4,6 über einige Gesetzespsalmen (Ps 9; 119) und insbesondere Sir hin zur rabbinischen Tradition nachzuweisen ist[61].

b) Erst an zweiter Stelle gehe ich nun auf den anfänglichen Tugendkatalog in *1,2–6* ein. Denn mit dem Bezug auf die Affektenlehre steht deutlich die Verbindung zur philosophischen[62] anstatt zur weisheitlichen Tradition im Vordergrund. Wiederum hat die φρόνησις den Vorrang. Die ihr entstammende Vernunft stellt durch ihre Macht über die Triebe die Voraussetzung für die Tugenden dar. Konkretisiert wird dies in V 5f, indem mit der Nennung der (neben der φρόνησις) drei Kardinaltugenden jeweils die ihr entgegenstehenden und sie verhindernden Laster oder Affekte benannt werden (wie Begierde gegen Besonnenheit, Bosheit gegen Gerechtigkeit sowie Wut, Angst und Schmerz gegen Tapferkeit). Wichtig ist die in V 6 enthaltene Sicht, wonach es nicht um die Ausschaltung der Triebe geht – so die Stoa[63] –, sondern um das angemessene Umgehen mit ihnen, wie es der aristoteli-

---

σοφία: PRE III.A, 1023; im hellenistischen Judentum bei Philo (Congr 79), aber ähnlich auch schon bei Aristobul (Fragment 13,12,12; dazu M. Hengel, Judentum und Hellenismus, ²1973, 302).

61   Zur Weisheit als Erziehung durch das Gesetz vgl. Dt 4,6 (als weise gelten durch Halten der Gebote) mit Jer 8,8 („wir sind weise und haben das Gesetz des Herrn"); Ps 19,8 („Das Gesetz des Herrn ... macht die Unverständigen weise"); 119,98f („du machst mich mit deinem Gebot weise[] ..." / „ich habe mehr Einsicht als alle meine Lehrer"); V 104 („dein Wort macht mich klug"). Vgl. auch die Interpretation der Funktion des Gesetzes in EpArist 131ff (132ff: Aussagen über Gott; 144: betr. Gerechtigkeit und Charakterbildung), wonach der Weisheit des Gesetzgebers (139 vgl. 156.161) entsprechende Inhalte korrespondieren.

62   Zur Diskussion des philosophischen Hintergrunds von 4Makk insgesamt vgl. R. Renehan, The Greek Philosophic Background of Fourth Maccabees: Rheinisches Museum für Philologie 115 (1972) 223–238; R. Weber, Eusebeia und Logismos. Zum philosophischen Hintergrund von 4. Makkabäer: JSJ 22 (1991) 212–234.

63   Vgl. oben 2.3 mit Anm. 30.

schen Auffassung entspricht[64]. An späterer Stelle wird
diese realistische Sicht der Triebe noch schöpfungstheo-
logisch begründet, nämlich in 2,21–23. Diese Verse stellen zugleich als Entsprechung zu 1,2–6 einen adjektivisch
formulierten Tugendkatalog dar: Wer seine Leidenschaften durch den Verstand beherrscht, hat ein besonnenes,
gerechtes, gutes und tapferes Königreich[65].

c) War der ebengenannte Tugendkatalog an der theoreti-
schen Erörterung des Themas orientiert, so der dritte Katalog in *5,23f* an der Konkretion des Themas in der Geschichte. Nachdem der König Antiochos in 5,6 die jüdische Religion der Philosophie entgegensetzt hat, vertei-
digt Eleazar die jüdische Philosophie als gerade vernunft-
gemäßes Leben. Dies zu illustrieren dient die dritte Nennung der Kardinaltugenden. Die jetzt gegebene Erläuterung der Tugenden ist deutlich auf die jüdische Frömmigkeit und die Bereitschaft, dafür zu leiden, gerichtet –
wiederum mit Einschluß der These von der Beherrschung
der Triebe. Die Besonderheit dieses Katalogs wird zu
recht darin gesehen, daß jetzt als vierte Tugend statt der
φρόνησις die εὐσέβεια genannt wird[66]. Nicht zutreffend
ist aber die Interpretation, daß die εὐσέβεια jetzt die
φρόνησις „ersetzt"[67]. Vielmehr entspricht der früheren
Voranstellung der φρόνησις die jetzige Voranstellung der
φιλοσοφία. Die neu einbezogene εὐσέβεια steht aber am
Schluß der Viererreihe. Das kann ihre besondere Betonung im Fortgang des Textes anzeigen wollen[68]. Die Stellung der εὐσέβεια nach der δικαιοσύνη hat aber zugleich ihre naheliegende Erklärung in der philosophischen Tradition, wo die εὐσέβεια nämlich als Teiltugend

---

64  Vgl. oben 2.2 mit Anm. 27. Diese Sicht bestätigt sich dann
auch in 4Makk 1,29 und 3,2–5.
65  Diese Motive entsprechen platonischer Tradition und erinnern
auch an die in Sap und EpArist festgestellte Tugendvorstellung.
66  Vgl. Klauck, 4. Makkabäerbuch: JSHRZ III, 712.
67  Vgl. Georgi, Weisheit Salomos: JSHRZ III, 430, 7a: „Erset-
zung von φρόνησις durch εὐσέβεια".
68  εὐσέβεια begegnet erstmals in 5,18, danach bis einschließlich
Kap. 18 jeweils drei- bis viermal pro Kapitel. Dazu noch andere
Belege vom Stamm σεβ-; vor 5,18 aber nur εὐσέβης im programmatischen Vers 1,1!

54                                    *Hermann von Lips*

der δικαιοσύνη zählt[69]. Eine Anmerkung bleibt hier zur Terminologie zu machen: Zweimal wird in 5,23f ἐκδιδάσκειν im Blick auf Tugenden verwendet. Das stimmt mit Sap 8,7 überein und spricht – da diese Wendung sonst nicht zu belegen ist[70] – deutlich für eine Abhängigkeit von Sap!

d) Wir sehen, daß insgesamt keine homogene Konzeption vorliegt. Richtig ist die Interpretation etwa von Klauck[71], daß der Verfasser eklektisch vorgeht, was aber doch nicht gleichbedeutend ist mit willkürlich. Denn er läßt durchaus seine Absichten erkennen, die er mit seinem Konzept verfolgt.

Konkret heißt das: Dem Verfasser liegt am Tugendbegriff; er verwendet ihn durchgehend über die ganze Schrift verteilt (16mal). Er variiert aber bei den einzelnen Tugendbegriffen und dem jeweiligen Begründungszusammenhang und setzt damit unterschiedliche Schwerpunkte. Der Bezug auf die σοφία sowie den Tugendbegriff der φρόνησις findet sich nur im Eingangskapitel. Die anderen drei Tugenden der σωφροσύνη, δικαιοσύνη und ἀνδρεία finden sich überwiegend in den Anfangskapiteln, wo es um die grundlegende Argumentation geht. Zu beachten ist, daß der Wortstamm δίκαιος noch mehrfach darüber hinaus begegnet, also durchgehend relevant ist – ebenso wie die εὐσέβεια. Das fast abschließende Aufgreifen von ἀνδρεία (17,23) hebt natürlich diese Tugend besonders heraus. Das wird auch schon bestätigt zu Beginn durch 1,10f: Der Verfasser will das Loblied der Tugend der Märtyrer singen (10); dies wird konkretisiert durch Verweis auf ihre ἀνδρεία und ὑπομονή (11; beides auch 17,23!). Es geht letztlich um die Tugend der Tapferkeit, die, von der Frömmigkeit getragen, das Leiden des Martyriums ermöglichte. Damit soll betont werden, daß die jüdischen Märtyrer als tugendhafte Men-

---

69  So in der Stoa nach Stobäus: s.o. Anm. 34; ähnlich in den pseudoplaton. Definitionen: εὐσέβεια δικαιοσύνη περὶ θεούς.

70  So nach den Suchergebnissen im TLG! Diese wörtliche Übereinstimmung muß daher gegen Klauck, 4. Makkabäerbuch, 667 („nicht so eng und so wörtlich") geltend gemacht werden.

71  Klauck, 4. Makkabäerbuch, 666.

schen dem Ideal griechischer Ethik entsprechen[72].
Der Verfasser schließt sich deutlich an die Tradition an:
das ist die gesetzesbezogene Linie der jüdischen Weisheitstradition in 1,15–19, das ist die griechische Tugendlehre im Zusammenhang mit der Affektenlehre in 1,2–6.
Die Zuspitzung auf das eigentliche Anliegen erfolgt mit
dem Aufnehmen des Begriffs der εὐσέβεια in den Tugendkatalog 5,23f – ein Begriff, der dann in großer Häu-
figkeit bis zum Ende des Buchs begegnet und ja an-
fangsweise schon in der thematischen Rede vom
εὐσεβὴς λογισμός in 1,1 formuliert wurde.

4. Auswertung

Zum Schluß sind einige zusammenfassende Überlegungen anzustellen, ohne daß dies eine erschöpfende Auswertung der Befunde sein kann. Zwei Fragen stehen vor
allem im Raum: 1. Was kommt mit den Tugendbegriffen
inhaltlich neu zur atl-jüdischen Weisheitstradition hinzu?
2. Was kommt mit der Tugendterminologie als Anspruch
in der frühjüdischen Ethik neu hinzu? Diese Fragen bilden den Hintergrund bei den folgenden Ausführungen.

4.1 Kardinaltugenden im Vergleich zur Weisheitstradi-
    tion
Wichtig ist als erste Beobachtung festzuhalten: Die vier
Kardinaltugenden werden nicht en bloc als fremde Begriffe aufgenommen. Mit den Begriffen φρόνησις und
δικαιοσύνη liegt in der Weisheitsliteratur vielmehr eine
Anknüpfung vor, an die man anschließen konnte.
φρόνησις[73] ist als Begriff für Einsicht und Erkenntnis in
der LXX Äquivalent zu σοφία, so wie wir in der hebräischen Bibel ja verschiedene Äquivalente zu חָכְמָה haben[74]. δικαιοσύνη ist in der Weisheitsliteratur wesentli-

---

72  Vgl. H.-J. Klauck, Hellenistische Rhetorik im Diasporajudentum. Das Exordium des vierten Makkabäerbuches (4Makk 1,1–12):
NTS 35 (1989) (451–465) 464: „Die Märtyrer sterben für hellenistische Tugendideale".
73  φρόνησις steht in der LXX mehrfach für חכמה, תבונה oder
auch בינה.
74  Das sind vor allem בינה, תבונה und דעת.

cher Leitbegriff[75], mit dem die positive Grundwertung des wünschenswerten Handelns gegeben ist. Der δίκαιος ist dann ja der, der sich an diese Leitlinien des Handelns hält. Die beiden aus weisheitlicher Tradition vertrauten Begriffe φρόνησις und δικαιοσύνη werden also im Tugendkatalog mit hellenistischen Tugendbegriffen gleichgesetzt. Es bedürfte nun weiterer Untersuchung an den Einzeltexten, inwieweit dies dem alttestamentlichen Hintergrund entspricht oder nicht!

Neues tritt dann hinzu, indem die Ergänzung durch weitere klassische Tugenden folgt: also ἀνδρεία[76] und σωφροσύνη. Hier stehen wir vor der Frage, ob damit nur neue Begriffe eingeführt werden oder auch inhaltlich Neues. Natürlich war auch das Verhalten in Gefahr und die Beherrschung des eigenen Innenlebens ein Thema weisheitlicher Beobachtung und Mahnung[77]. Aber offensichtlich haben wir es jetzt mit einer weitergehenden Reflexionsstufe zu tun, wenn Begriffe übernommen werden, für die es kein hebräisches Äquivalent gab. Zumal hinter der Verwendung des Begriffs σωφροσύνη steht mit dem Bezug auf die menschlichen Affekte eine gegenüber dem Alten Testament weiterentwickelte Anthropologie[78].

---

75 Vgl. zur Bedeutung des Begriffs der Gerechtigkeit in der Weisheitstradition überhaupt: H.H. Schmid, Gerechtigkeit als Weltordnung: BHTh 40, Tübingen 1968.

76 Das Wort begegnet in der Weisheitsliteratur nur selten und nicht in der spezifischen Bedeutung von „Tugend"; vgl. Anm. 42.

77 Vgl. die folgenden Beispiele: Sir 3,27 „Wer sich in Gefahr begibt, der kommt darin um"; Spr 14,16 „Ein Weiser scheut sich und meidet das Böse, ein Tor aber fährt trotzig hindurch"; Spr 24,5 „Ein weiser Mann ist stark und ein vernünftiger Mensch voller Kraft"; Spr 10,14 „Die Weisen halten mit ihrem Wissen zurück; aber der Toren Mund führt schnell zum Verderben"; Spr 13,16 „Ein Kluger tut alles mit Vernunft, ein Tor aber stellt Narrheit zur Schau".

78 Geht man von den vier Affekten der Stoa aus (Schmerz, Furcht, Begierde, Lust), so kann man durchaus Entsprechungen finden, aber nicht auf der Begriffsebene. Vgl. dazu H.W. Wolff, Anthropologie des Alten Testaments, München 1973: Schmerz (104ff: Leber als Ort der Emotionen – Schmerz oder Jubel), Begierde (33ff: Kehle / Hals als Ort des Begehrens und Verlangens, 76ff: Entsprechendes vom Herzen ausgesagt). Ein Aspekt der Be-

Außerhalb des Tugendkatalogs sind die Begriffe σοφία, εὐσέβεια und ἀρετή zu bedenken. Natürlich bietet σοφία die leichteste Anknüpfung, weil es in der LXX die übliche Wiedergabe von חָכְמָה darstellt, andrerseits in der Tugendlehre den (neben φρόνησις) grundlegenden Erkenntnisbegriff darstellt. Aber er ist doch im Griechischen viel stärker intellektualistisch geprägt als in der alttestamentlich-jüdischen Weisheitsliteratur, wo er (entsprechend חָכְמָה) neben dem Erkenntnismoment auch deutlich den Praxisbezug einschließt.

Für εὐσέβεια und ἀρετή gilt, daß sie als Wiedergabe hebräischer Wörter kaum vorkommen[79], sondern erst in den original griechischen Schriften der LXX reiche Verwendung finden (überwiegend jeweils in 2 – 4Makk). Also auch hier wird man wie bei zweien der vier Tugendbegriffe sagen müssen, daß jetzt neue Begriffe aufgenommen werden, um Sachverhalte auszudrücken, die bisher in der jüdischen Tradition so nicht ausgedrückt werden konnten.

Sprach- und geistesgeschichtlich stellt sich die Frage: Wurde die hellenistische Tugendethik erst nach der LXX-Übersetzung von Spr, Hi, Koh sowie Sir einflußreich? Oder liegt die Erklärung einfach darin, daß Sap, 4Makk sowie EpArist keine hebräische Vorlage hatten, daher unabhängig von hebräischen Äquivalenten formuliert werden konnten?

## 4.2 Gemeinsames und Besonderheiten der drei Schriften

Haben wir als Gemeinsamkeit festgestellt, daß EpArist, Sap und 4Makk die genannte Tugendterminologie übernommen haben, so war doch auch zu sehen, daß die Übernahme in durchaus unterschiedlicher Weise vonstatten ging. Und zwischen den drei Schriften ließen sich unterschiedliche Gemeinsamkeiten beobachten. Die di-

---

sonnenheit liegt vor, wenn gemahnt wird, das Herz als Handlungszentrum zu hüten, Spr 4,23: „Mehr als alles bewache dein Herz, denn ihm entspringen die Quellen des Lebens" (a.a.O. 86).

79 εὐσέβεια wird lediglich fünfmal in der griechischen Übersetzung der hebräischen Bibel verwendet, dreimal davon für (Gottes)furcht; zu ἀρετή vgl. Anm. 5.

rekte Zuordnung von Weisheit und Tugend fanden wir nur bei Sap und 4Makk. Andererseits verbindet 4Makk mit EpArist, daß explizit der Bezug auf das jüdische Gesetz formuliert wird und die εὐσέβεια von daher ihre inhaltliche Füllung bekommt.

Für EpArist war festzustellen, daß nie alle Tugenden zusammen genannt wurden, also kein Interesse an einem Tugendkatalog bestand. Sondern die hellenistische Tugendterminologie begegnet als selbstverständlicher Bestandteil der ethischen Mahnungen, wurde also in das weisheitliche Anliegen integriert.

In der Sap ist der Tugendbegriff offensichtlich wesentlich für die Charakterisierung des Gerechten. Mit Hilfe des Tugendkatalogs wird pointiert hellenistisch umschrieben, wie die Weisheit als belehrende Person im Blick auf das ethische Verhalten wirksam wird.

Im 4Makk, wo die Tugendterminologie am umfangreichsten vertreten ist, wird die jüdische Frömmigkeit betont mit hellenistischer Tugendlehre interpretiert. Damit erfolgt eine Aufwertung jüdischer Frömmigkeit und zugleich eine Abwehr des dagegen gerichteten hellenistischen Angriffs.

## 4.3 Weisheitliche Ethik und Tugendethik

Die Beobachtungen im Bereich hellenistisch-jüdischer Weisheitsliteratur machen die Frage notwendig, wie alttestamentlich-jüdische weisheitliche Ethik überhaupt zu griechischer Tugendethik steht. Gewiß wird man mit Gerhard von Rad[80] sagen können, daß die Frage nach dem Tun des Guten als der „lebens- und gemeinschaftsfördernden Macht" eine gemeinantike Übereinstimmung darstellt. Es geht dabei um richtiges Urteilen und entsprechend richtiges Handeln. Ziel ist Glück und Erfüllung für den Menschen. Die diesseitige Orientierung der Ethik ist damit gemeinsam. Gemeinsam ist auch, daß eine bestimmte Haltung des Menschen angestrebt wird, aus der heraus er kontinuierlich sein konkretes Verhalten entwickelt.

---

80  G. von Rad, Weisheit in Israel, Neukirchen 1970 (³1985), 110f.

Aber Differenzen sind dann doch auch bald sichtbar. Für die alttestamentlich-jüdische Weisheit ist der Tun-Erge-hen-Zusammenhang grundlegender Ausgangspunkt – zwar bei Hiob und Koh in Frage gestellt, aber dann doch in Sirach wieder erneuert. Dem Gerechten und Weisen wird es gut gehen; er steht unter dem Segen Gottes. Was zunächst diesseitiges Ergehen im Blick hat, wird in der frühjüdischen Literatur zu eschatologischer Erwartung weitergeführt. Für Sap wie für 4Makk ist die Hoffnung der Unsterblichkeit (in 4Makk verbunden mit Auferste-hungsgedanken) für den Gerechten bzw. gesetzestreuen Märtyrer wesentliche Entsprechung zur Erfüllung des ge-forderten Tuns.

Ganz anders die griechische Tugendlehre: Die Tugend hat ihren Wert an sich. Sie ist entweder selbst das höchste Gut oder ist das Mittel, mit dem das höchste Gut, das Glück erreicht wird[81]. Ziel ist jedenfalls der vollkommene Mensch. Die Frage des Ergehens und des Geschicks steht offensichtlich nicht in Abhängigkeit vom Tun. Vielmehr ist es Teil der Tugend, mit den Widerfahrnissen des Le-bens zurechtzukommen – zugespitzt in der ἀταραξία und ἀπάθεια der stoischen Konzeption.

Ein wesentlicher Unterschied besteht auch in der Aus-richtung von weisheitlicher Ethik und Tugendethik auf die jeweiligen Adressaten. Gerhard von Rad stuft weis-heitliche Mahnung so ein[82]:

„Was hier an Weisungen gegeben wird, das geht schlechterdings alle an. Hier fehlt alles ethisch Exklusive; hier ist kein Raum für ethische Höchstforderungen, denen sich nur ein Kreis von Gleich-gesinnten zu unterwerfen vermag; hier ist kein Raum für irgendeine Form von sittlichem Heroismus und schon gar keiner für Tugend-fanatiker und ethische Alleingänger".

Ganz anders klingt das bei Aristoteles (EN II 9):

---

81   Horn (Anm. 16) 135f: für Sokrates die Tugend als Mittel zur εὐδαιμονία und als Ziel zugleich, demnach „als erstrebenswert um ihrer selbst willen"; 136: ähnlich bei Plato und Aristoteles, auch bei der Stoa (143). Dagegen bei Epikur die Tugend als „Instrument zur Lusterlangung" (143).

82   von Rad, Weisheit, 111.

„Daraus folgt freilich auch, daß es keine leichte Sache ist, ein wertvoller Mensch zu sein; denn in jedem einzelnen Fall die Mitte zu
fassen, ist keine leichte Sache: den Mittelpunkt des Kreises findet
nicht unterschiedslos ein jeder, sondern nur der Wissende. So ist
das Zornigwerden leicht, das kann jeder, ebenso Geld herschenken
und verschwenden – allein das Richtige zu bestimmen in Hinsicht
auf Person, Ausmaß, Zeit, Zweck und Weise, das ist nicht jedem
gegeben, das ist nicht leicht. Daher ist richtiges Verhalten selten; es
ist des Lobes wert[83] und es ist edel".

Es ist für uns heute schwer, im Rückblick zu entscheiden,
ob die Aufnahme hellenistischer Tugendlehre einen ethischen Impuls für die jüdische Weisheitstradition bedeutet
hat oder ob sie nur ein apologetisches Element in der
notwendigen kulturellen Anpassung darstellt. So wird
man bei EpArist eher eine Integration hellenistischer
Ethik in jüdische Frömmigkeit feststellen, während
4Makk eher eine apologetische Vereinnahmung hellenistischer Tugendlehre vornimmt mit der eigentlichen Intention einer Abgrenzung. Gemeinsam aber ist der Anspruch, als Angehöriger des Judentums eine vollwertige
Ethik zu vertreten, die der Verwirklichung des Ideals
griechischer Tugendethik gleichkommt.

---

83  Vgl. die Aufnahme des Motivs von Tugend und Lob durch
Paulus in Phil 4,8.

# Axel Graupner

# Die zehn Gebote
# im Rahmen alttestamentlicher Ethik*

Anmerkungen zum gegenwärtigen Stand der Forschung[1]

Stellt man die im vergangenen Dezennium zum Dekalog
erschienene Literatur zusammen, zeigt allein ihr Umfang,
daß das Interesse am Zehnwort keineswegs erlahmt ist.
Der Dekalog behauptet eine prominente Rolle, die er bereits im Alten Testament spielt, bis in die exegetische
Diskussion der Gegenwart. Allerdings ist eine Verschiebung des Forschungsinteresses unübersehbar. Während
der Dekalog bis Ende der 80iger Jahre zumeist als her-
ausgehobener Einzeltext und in seinen Einzelgeboten
thematisch wurde, wird er in den 90iger Jahren vornehm-
lich im Rahmen der Religions- und Rechtsgeschichte Israels sowie im Rahmen des Formierungsprozesses des
Pentateuch als Gründungsurkunde des – dann nachexilischen – Israel bedacht.
Dieser Verschiebung des Forschungsinteresses liegt ein –
allerdings recht schmaler – Konsens zugrunde.
1) Der Dekalog ist, formgeschichtlich betrachtet, ein
Mischgebilde und trägt ein „dtn Sprachkleid"[2]. Versuche,
den Dekalog auf eine gleichförmig gestaltete Vorform
zurückzuführen und ihm dabei sein „dtn Sprachkleid"
wieder auszuziehen, erfordern eine Fülle einschneidender
Eingriffe, die am Text selbst keinen Anhalt finden. Sie
basieren auf der *petitio principii*, daß es eine solche Vor-

---

* Gerhard Sauter, dem systematisch-theologischen Lehrer, zum
65. Geburtstag.
1 Der Vortrag knüpft – schon im Titel – an den gemeinsam mit
W.H. Schmidt und H. Delkurt vorgelegten Forschungsüberblick
„Die zehn Gebote im Rahmen alttestamentlicher Ethik" (EdF 281,
Darmstadt 1993) an und sucht ihn ein Stück weit fortzuschreiben.
2 L. Perlitt, Bundestheologie im Alten Testament: WMANT 36,
Neukirchen-Vluyn 1969, 86.

form gegeben haben müsse. Die vereinzelt noch bis 1990 unternommenen Versuche, einen aus früher oder gar frühester Zeit stammenden „Urdekalog" zu rekonstruieren[3], sind darum endgültig von der Einsicht abgelöst worden, daß sich zwar für die Bauelemente des Dekalogs, die einzelnen Gebote, eventuell auch Gebotsreihen wie das sechste bis achte Gebot, ältere Vorformen erschließen lassen, der  Dekalog als Ganzheit aber ein Spätling ist. Der Dekalog steht nicht am Anfang der Geschichte von Recht und Ethos in Israel, sondern eher an ihrem Ende. Nur das Heiligkeitsgesetz, daß mit Kap. 19 bereits eine Dekaloginterpretation enthält, vielleicht auch die vorliegende Komposition des Deuteronomium sind jünger.[4]
2) Von Nuancierungen abgesehen, herrscht über die Intention der Einzelgebote weithin Einigkeit.

Eine Ausnahme bildet beim zweiten Gebot O. Loretz[5]. Während

---

3   Die letzten Versuche in diese Richtung stammen von A. Lemaire, Le Décalogue: Essai d'histoire de la rédaction: FS H. Cazelles. AOAT 212, Kevelaer / Neukirchen-Vluyn 1981, 259–295; H. Cazelles, Dix paroles: les origines du Décalogue: Autour de l'Exode, Paris 1987, 113–123; M. Weinfeld, The Decalogue: Its Significance, Uniqueness, and Place in Israel's Tradition: E.B. Firmage u.a. (Hg.), Religion and Law: Biblical-Judaic and Islamic Perspectives, Winona Lake 1990, 3–47; vgl. auch J. Vincent, Neuere Aspekte der Dekalogforschung: BN 32 (1986) 83–104, 103f.
4   Zum Heiligkeitsgesetz vgl. aus neuerer Zeit K. Grünwaldt, Das Heiligkeitsgesetz Leviticus 17 – 26. Ursprüngliche Gestalt, Tradition und Theologie: BZAW 271, Berlin / New York 1999; E. Otto, Innerbiblische Exegese im Heiligkeitsgesetz Levitikus 17 – 26: H.-J. Fabry u.a. (Hg.), Leviticus als Buch: BBB 119, Bodenheim 1999, 125–196; A. Ruwe, „Heiligkeitsgesetz" und „Priesterschrift". Literaturgeschichtliche und rechtssystematische Untersuchungen zu Leviticus 17,1 – 26,2: FAT 26, Tübingen 1999. Zur – möglichen – „dekalogischen Redaktion" des Deuteronomium s.u. S. 83f und S. 92 Anm. 123.
5   Das „Ahnen- und Götterstatuen-Verbot" im Dekalog und die Einzigkeit Jahwes. Zum Begriff des Göttlichen in altorientalischen und alttestamentlichen Quellen: W. Dietrich / M.A. Klopfenstein (Hg.), Ein Gott allein? JHWH-Verehrung und biblischer Monotheismus im Kontext der israelitischen und altorientalischen Religionsgeschichte: OBO 139, Fribourg / Göttingen 1994, 491–527;

man üblicherweise annimmt, daß sich das *Bilderverbot* ursprünglich gegen Darstellungen Jahwes gerichtet hat und erst später mit dem Fremdgötterverbot zu einer Einheit verbunden wurde[6], gewinnt O. Loretz aus erstem und zweitem Gebot folgende Urform: „Du sollst keinen Gott haben / du sollst dir kein Schnitzbild machen!" und folgert daraus, „daß das sogenannte ‚Fremdgötterverbot' ursprünglich nur ein auf ‚Götter'-Figur(in)en eingeschränktes Verbot gewesen ist und erst nachträglich eine Ausweitung auf alle ‚anderen' Götter neben Jahwe sowie alle anderen Figuren und Gestalten im Himmel, auf Erden und im Wasser (Ex 20,4b–6; Dtn 5,8b–10) erfahren hat."[7] Das erste Gebot richtet „sich gegen die Verehrung der in Israel überlieferten ‚kanaanäischen' Götter sowie den familiären Ahnenkult [in Gestalt der Terafim; A.G.] in der jüdischen Familie und erst in zweiter, interpretierter Endform, gegen die ‚anderen, fremden' Götter der Völker"[8]. Einziges Argument für diese Rekonstruktion ist die von O. Loretz entwickelte Methode der Kolometrie, die jedoch bislang keine Anerkennung gefunden hat. Dagegen verkehrt die Annahme von B.B. Schmidt[9], das Bilderverbot wolle die Darstellung Jahwes als Mischwesen gegen konkurrierende, rein theriomorphe Bildtypen als einzig legitime Darstellungsform Jahwes festschreiben, den Sinn des Gebots ins Gegen-

---

vgl. ders., Des Gottes Einzigkeit. Ein altorientalisches Argumentationsmodell zum „Schma Jisrael", Darmstadt 1997, 69.119–121 u.ö.

6   Vgl. EdF 281, 65–68 und zuletzt R. Smend, Die einzigartige Karriere der Zehn Gebote: Forschung. Mitteilungen der DFG 3–4/1992, I–VIII = Bibel, Theologie, Universität: KVR 1582, Göttingen 1997, 21–34: Das ursprünglich auf Darstellungen Jahwes bezogene Bilderverbot wurde nachträglich in das bereits zweigliedrige Fremdgötterverbot eingeschoben, weil man das Bilderverbot mittlerweile nur noch auf die Bilder anderer Götter bezog. Anders C. Uehlinger (Bilderverbot: RGG[4] II, 1999, 1574–1577). Ihm zufolge hat sich das Bilderverbot erst aus der Ausschließlichkeitsforderung entwickelt und präzisiert sie (1574f). „Der Einschub (sc. des Bilderverbots) ... setzt die Überzeugung, daß Jahwe auch selbst nicht in einem Kultbild verehrt werden soll, voraus, will aber wohl gerade die (Neu-?)Anfertigung *einer* Kultstatue (Jahwes?, Sg.) dadurch verhindern, daß er diese als Fremdgötterbild disqualifiziert". (1575) Die gewundene Ausdrucksweise weist auf das Problem dieser Sichtweise hin. Der Wortlaut des dekalogischen Bilderverbots widersetzt sich schlicht einer Ableitung aus dem Ausschließlichkeitsanspruch.

7   „Ahnen- und Götterstatuen-Verbot" (Anm. 5) 498.

8   „Ahnen- und Götterstatuen-Verbot" (Anm. 5) 506.

9   The Aniconic Tradition: D.V. Edelman (Hg.), The Triumph of Elohim. CBET 13, Kampen 1995, 75–105, bes. 79–82.

teil. Die Auffassung beruft sich auf die – überlieferungsgeschichtlich wohl sekundäre – Erläuterung des Begriffs פסל („keinerlei
Gestalt, die im Himmel oben, auf Erden unten oder im Wasser unter der Erde ist"), verkennt aber ihre Funktion. Die Erläuterung
nimmt das bereits mit dem Kurzprohibitiv „Du sollst dir kein Bild
machen!" ausgesprochene Verbot jedweder bildlichen Darstellung
auf und entfaltet seine Intention: die Unterscheidung von Gott und
Welt.[10]

Beim *Verbot des Namenmißbrauchs* hat H.B. Huffmon[11] noch einmal die Frage nach dem Gegenstandsbereich thematisiert. Die
Antwort lautet: Das Gebot richtet sich gegen Meineid und frevel-
haften Gebrauch des Gottesnamens, nicht, wie häufig vermutet,
außerdem gegen Magie und Nekromantie. „Integrity with God,
non-trivilization of God's power, is the issue."[12] Tatsächlich ist
zuzugestehen, daß sich die alte, insbesondere von S. Mowinckel
verfochtene Auffassung, daß die Wurzel שוא ursprünglich „durch
Zauber gewirktes Unheil" bezeichnet, nicht zu halten ist. Allerdings erlaubt es die bewußt weite Formulierung, das Gebot auch
auf solche – in Israel verbotene – Praktiken zu beziehen.[13] Der Beitrag von Huffmon ist darüber hinaus in dreierlei Hinsicht ver-
dienstvoll. Erstens stellt er die alttestamentlichen Belege für die
Verwendung des Gottesnamens beim Eid zusammen[14]; zweitens
ergänzt er diese Belege – über die bereits von T. Veijola[15] herange-
zogene ägyptische Parallele hinaus – um Beispiele aus Mesopotamien[16]; drittens bringt er die Verwendung des Verbs נשא mit dem
Schwurgestus der Handerhebung in Zusammenhang[17] und bietet
damit eine Erklärung für die singuläre Formulierung „den Namen
Jahwes erheben".

---

10  EdF 281, 70–75, bes. 73. Zur ungebrochenen Bedeutung des
Bilderverbots als via negationis formulierte Semantik der Trans-
zendenz Gottes vgl. das Jahrbuch Politische Theologie, hg. von
M.J. Rainer / H.-G. Janßen, Bd. 2: Bilderverbot, Münster 1997 und
das Jahrbuch für Biblische Theologie 13: Die Macht der Bilder,
Neukirchen-Vluyn 1998.
11  The Fundamental Code Illustrated: The Third Commandment:
D.P. Wright u.a. (Hg.), Pomegranates and Golden Bells. Studies in
Biblical, Jewish, and Near Eastern Ritual, Law, and Literature. FS
J. Milgrom, Winona Lake 1995, 363–371.
12  (Anm. 11) 371.
13  EdF 281, 83.
14  (Anm. 11) 366f.
15  Das dritte Gebot (Namenverbot) im Lichte einer ägyptischen
Parallele: ZAW 103 (1991) 1–17.
16  (Anm. 11) 368–370.
17  (Anm. 11) 366. Vgl. Dtn 32,40; Ez 20,6.15.23.28.42; mit
anderem Verb (רום hi. statt נשא) Gen 14,22; Dan 12,7.

Beim *Sabbatgebot* hält die Diskussion an, ob der Dekalog mit dem Sabbat und der wöchentlichen Arbeitsruhe zwei Institutionen verbindet, die ursprünglich nichts miteinander zu tun hatten. Ist der Sabbat in Analogie zu den Hauptfesten die „denaturierte Form" eines ursprünglich nicht-israelitischen Festes, „des babylonischen Vollmondtages, des *šapattum*"[18], oder war die Arbeitsruhe am siebten Tag seit je Inhalt des Sabbat[19]? Neue Argumente sind dabei nicht zutage getreten. Eindeutig ist, daß das dekalogische Sabbatgebot insofern eine Neuerung gegenüber der vorexilischen Sabbatobservanz darstellt, als es einen Kult zwar nicht ausschließt, aber auch nicht fordert, insofern den Bedingungen des Exils Rechnung trägt.[20] Daneben hat E. Otto die Liste der Vorschläge für eine Ableitung des regelmäßigen Wechsels von Arbeit und Ruhe um die These vermehrt, der Sieben-Tage-Rhythmus stamme aus der Zeitstruktur des Mazzot-Festes.[21]

Das *Elterngebot* hat E. Otto in größerem Zusammenhang als „die *spiegelbildlich* positive Umkehrung der Protasis des Rechtssatzes des *mot-jumat*-Rechts in Ex 21,17" bestimmt und gefolgert, daß „der Injunktiv (der) Rechtsinternalisierung der Norm des *mot-jumat*-Rechts" dient.[22] Tatsächlich läßt sich das pi. von קלל nicht auf die Bedeutung „verfluchen" einengen, sondern hat darüber hinaus auch faktitiven Sinn.[23] Ist damit aber die Umformung des Prohibitiv in einen Injunktiv hinreichend erklärt? Im Unterschied zum *Ver*bot, das nur bestimmte, für die Eltern nachteilige Handlungen ausschließt, verlangt das *Ge*bot nicht nur ein Unterlassen, sondern ein Tun und stellt den einzelnen weit stärker als das Verbot vor die Frage nach möglichen Konkretionen.

Beim *Tötungsverbot* hat D.J.A. Clines[24] den Vorschlag von H. Graf

---

18 O. Kaiser, Der Gott des Alten Testaments. Theologie des AT 1: Grundlegung: UTB 1747, Göttingen 1993, 325–327 (Zitat: 325); vgl. auch 310.

19 H.D. Preuß, Theologie des Alten Testaments 2, Stuttgart u.a. 1992, 254–257.

20 EdF 281, 91f.

21 Der Dekalog als Brennspiegel israelitischer Rechtsgeschichte: Alttestamentlicher Glaube und Biblische Theologie. FS H.D. Preuß, Stuttgart u.a. 1992, 59–68, 66f; vgl. Theologische Ethik des Alten Testaments: ThW 3.2, Stuttgart u.a. 1994, 213f; Dekalog I. Altes Testament: RGG⁴ II (1999) 625–628, 627.

22 E. Otto, Biblische Altersversorgung im altorientalischen Rechtsvergleich: ZAR 1 (1995) 83–110, 92f (Hervorhebung A.G.).

23 HAL s.v.

24 The Ten Commandments. Reading from Left to Right: J. Davies u.a. (Hg.) Words Remembered, Texts Renewed: JSOT.S 195, Sheffield 1995, 97–112, 111.

Reventlow[25], das Gebot auf die Blutrache zu beziehen[26], erneuert.[27]

3) Unstrittig ist außerdem, daß die einzelnen Gebotsformulierungen im Dekalog durch die Intention der Verallgemeinerung und Ausweitung älterer Prohibitive oder Rechtssätze bestimmt sind.[28]
Diesem schmalen Konsens steht allerdings ein Dissens in so gut wie allen anderen Fragen gegenüber. Nach wie vor umstritten sind: die Bestimmung des Aufbaus, der Struktur des Dekalogs bzw. seiner Fassungen, die literarische Einheitlichkeit des Dekalogs und die Vorgeschichte seiner „Bauelemente", das Verhältnis der beiden kanonischen Dekalogfassungen zueinander und die Intention der Doppelüberlieferung des Dekalogs innerhalb des Pentateuch. Umstritten ist neuerdings auch der Rang des Dekalogs. Pointiert formuliert: Darf der Dekalog zurecht als *summa* des Gotteswillens gelten, oder bietet er lediglich eine, zudem höchst fragwürdige Standesethik? Außerdem sind das erste und zweite Gebot nach wie vor *locus classicus* der Diskussion um das Alter der Ausschließlichkeit und Bildlosigkeit des Jahweglaubens. Insbesondere die Frage nach der Besonderheit, damit dem Rang des Dekalogs zeigt, daß die gegenwärtige exegetische Diskussion um den Dekalog keineswegs nur kleinliches, rein retrospektives Gezänk unter Schriftgelehrten ist. Die Frage nach dem Rang des Dekalogs als *summa* des Gotteswillens hat erhebliche Bedeutung weit über die Grenzen der Disziplin hinaus. Sie betrifft die Frage nach dem Zusammenhang beider Testamente ebenso wie die Stellung des Dekalogs in der kirchlichen Unterweisung und seine Bedeutung für den ethischen Diskurs der Gegenwart.[29]

---

25  Gebot und Predigt im Dekalog, Gütersloh 1962, 71–73.
26  Vgl. רצח in Num 35,27.30.
27  Vgl. dazu EdF 281, 107–109.
28  So im Anschluß an W.H. Schmidt, Überlieferungsgeschichtliche Erwägungen zur Komposition des Dekalogs: Congress Volume Edinburgh. VT.S 22 (1972) 201–220; vgl. zusammenfassend EdF 281, 27f.
29  Vgl. dazu beispielsweise H. Fritzsche, Die aktuelle Bedeutung

Im Folgenden möchte ich die genannten Diskussionsfelder vorstellen und würdigen. Ich beginne mit Bemerkungen zur Auseinandersetzung um das Alter der Ausschließlichkeit und Bildlosigkeit des Jahweglaubens.

I
Zur Frage des Alters der Ausschließlichkeit
und der Bildlosigkeit in Israel

Zugespitzt lautet die Frage: War die Ausschließlichkeit Jahwes Israel vorgegeben oder ist sie erst ein Ergebnis der Glaubensgeschichte? Die Fragestellung galt über ein Jahrhundert hinweg als entschieden, und zwar – trotz J. Wellhausens Diktum, daß sich die Religion Israels „aus dem Heidentum erst allmählich emporgearbeitet"[30] habe – im Sinne der ersten Möglichkeit. Daß sie seit etwa 1980 wieder virulent ist, hat durchaus Gründe: die Vermehrung der inschriftlichen Zeugnisse, allem voran durch die Funde aus Hirbet el-Qôm, Kuntillet ᶜAğrud und Dēr ᶜAllā, die Vermehrung des glyptischen Materials mit Personennamen und einer Ikonographie, die scheinbar überhaupt nicht zum biblisch vermittelten Bild passen wollen, neue Funde von Götter darstellendem Kleinstatuar u.a.m.[31], außerdem die anhaltende Tendenz zur Spätdatierung vieler Texte. War die Religion Israels in vorexilischer Zeit in gleicher Weise selbstverständlich polytheistisch wie die seiner Nachbarn? War Jahwe ursprünglich

---

des Dekalogs in kulturgeschichtlicher und theologischer Sicht: Nachdenken über Israel, Bibel und Theologie. FS K.-D. Schunck. BEATAJ 37, 1994, 411–444; F.W. Graf, Die Zehn Gebote als Grundlage christlicher Ethik: LM 34 (1995) 11–13; G.W. Hunold, Wider den Konkurs der Freiheit. Vom bleibenden Zeitgespräch des Dekalogs zwischen Vernunft und Sittlichkeit: ThQ 175 (1995) 171–178; R. Kolb, Luthers Auslegung des ersten Gebots als Impuls für ein lutherisches Bekenntnis heute: Lutherische Theologie und Kirche 19 (1995) 50ff.
30   Israelitische und jüdische Geschichte, Berlin ⁹1958, 32.
31   Vgl. O. Keel / C. Uehlinger, Göttinnen, Götter und Gottessymbole: QD 134, 1992; C. Uehlinger, Bilderkult III. Bibel: RGG⁴ I (1998) 1565–1570.

nur eine Erscheinungsform Els[32] oder Baals[33], obwohl
letzterer im Alten Testament als sein schärfster Konkur-
rent erscheint? Oder trat der „südpalästinische Wettergott
JHWH" bei seiner Erhebung „zum Reichs- und Dynastie-
gott" in die Rolle des phönizischen Baalšamem ein und
erhielt – ihm gleich – einen himmlischen Hofstaat und
eine Himmelskönigin als Paredra?[34]
Die Annahme, daß die Ausschließlichkeit nicht Vorgabe,
sondern Ergebnis der Geschichte alttestamentlichen
Glaubens in vorexilischer Zeit ist, stellt freilich vor die
keineswegs leicht zu beantwortende Frage, wie es zu der
Singularität der exklusiven Verehrung Jahwes kam. Läßt
sie sich tatsächlich aus der militärischen Konfrontation
Israels mit Kanaan in der Zeit des Landausbaus, mithin
den Erfahrungen des Jahwekrieges[35], der Opposition zu
staatlichem Synkretismus und Polytheismus im 9. Jh., der
Tendenz zur Reduzierung der Panthea in Israels Umwelt
im 1. Jt. zugunsten von Nationalgöttern[36], als Perennie-
rung eines henotheistischen „Krisenkults"[37] oder aus dem
Umstand ableiten, daß Jahwe ein „Einzelgänger", ein
„Gott ohne Verwandtschaft" war, der mit der wohlgeglie-

---

32  So nach dem Vorgang von F.M. Cross (Canaanite Myth and
Hebrew Epic, Cambridge/Mass. 1973) zuletzt J.C. de Moor, The
Rise of Yahwism. The Roots of Israelite Monotheism: BEThL 91,
Leuven 1990.
33  M. Weippert, Synkretismus und Monotheismus. Religionsin-
terne Konfliktbewältigung im alten Israel: J. Assmann / D. Harth
(Hg.), Kultur und Konflikt, Frankfurt/M. 1990, 143–179 = Jahwe
und die anderen Götter: FAT 18, Tübingen 1997, 1–24.
34  H. Niehr, Jahwe in der Rolle des Baalšamem: W. Dietrich /
M.A. Klopfenstein (Hg.), Ein Gott allein? JHWH-Verehrung und
biblischer Monotheismus im Kontext der israelitischen und altorientalischen Religionsgeschichte: OBO 139, Fribourg / Göttingen
1994, 307–326, Zitat 322; Der höchste Gott: BZAW 190, Berlin /
New York 1990; kritisch dazu K. Engelken, BA$^C$ALŠAMEM –
Eine Auseinandersetzung mit der Monographie von H. Niehr:
ZAW 108 (1996) 233–248.391–407.
35  F. Stolz, Monotheismus in Israel: O. Keel (Hg.), Monotheimus
im Alten Testament. BiBe 14, Fribourg 1980, 143–189.
36  M.S. Smith, The Early History of God. Yahwe and the Other
Deities in Ancient Israel, San Francisco 1990, 24–26.156.
37  B. Lang, Die Jahwe-allein-Bewegung: Ders. (Hg.), Der einzige
Gott, München 1981, 47–83, bes. 66–68.

derten, genealogisch und monarchisch geordneten Götterwelt Kanaans wenig zu tun hatte"[38]?
Bemerkenswert erscheint mir in diesem Zusammenhang der Beitrag von R. Albertz[39]. Obwohl selbst profilierter Verfechter der These, daß sich die Ausschließlichkeit des Jahweglaubens erst in josijanischer Zeit durchgesetzt hat, räumt er ein, daß die bislang angebotenen Ableitungsversuche das Entscheidende gerade nicht erklären, vielmehr bereits voraussetzen, und gesteht zu,

> „daß auch die neue Hypothese nicht umhin kann, besondere Voraussetzungen oder Anlagen der israelitischen Religion zu benennen, die ihre spätere Sonderentwicklung vom Polytheismus weg erklärbar machen"[40].

Diese „besonderen Voraussetzungen oder Anlagen" findet Albertz, anknüpfend an die Feststellung Hoseas

> „Ich bin Jahwe, dein Gott von Ägypten her,
> einen Gott außer mir kennst du nicht,
> einen Helfer außer mir gibt es nicht" (13,4)

in der exklusiven Zuwendung Jahwes zu den in Ägypten Fronpflichtigen, der personalen Bindung Gottes an eine Großgruppe.[41]
Ist das Entscheidende damit nicht doch vorgegeben? Zahlreiche andere Gründe sprechen jedenfalls dafür. Um nur die wichtigsten kurz anzureißen[42]:
a) Möchte man den archäologischen Befund nicht verab-

---

38  B. Lang, Die Jahwe-allein-Bewegung (Anm. 30), 60f.
39  R. Albertz, Der Ort des Monotheismus in der israelitischen Religionsgeschichte: W. Dietrich / M.A. Klopfenstein (Hg.), Ein Gott allein? JHWH-Verehrung und biblischer Monotheismus im Kontext der israelitischen und altorientalischen Religionsgeschichte: OBO 139, Fribourg / Göttingen 1994, 77–95; vgl. Religionsgeschichte Israels in alttestamentlicher Zeit: GAT 8, Göttingen 1992, 97ff u.ö.
40  Ort (Anm. 39) 88.
41  Ort (Anm. 39) 88f.
42  Vgl. W.H. Schmidt, Erwägungen zur Geschichte der Ausschließlichkeit des alttestamentlichen Glaubens: Congress Volume Paris 1992. VT.S 61, Leiden 1995, 289–314; „Monotheismus" und erstes Gebot: ThLZ 122 (1997) 1081–1092.

solutieren, sondern mit den Texten in Beziehung setzen,
ergibt sich keineswegs ein Widerspruch. Vielmehr bestätigt oder illustriert die Archäologie das vom Alten Testament vermittelte Bild: Die Ausschließlichkeit der Gottesverehrung war Israel zwar mit der Zuwendung Jahwes
vorgegeben, wurde aber nicht durchgehalten und mußte
darum eingefordert werden, nahm so Gebotscharakter an.

b) Nicht erst Hosea, sondern bereits Elija setzt die Ausschließlichkeit als eigentlich selbstverständlich voraus.
Seine anklagenden Fragen

„Wie lange wollt ihr auf zwei Krücken hüpfen?" (1 Kön 18,21)
„Ist denn kein Gott in Israel, daß du sendest Baal Sebub, den Gott
von Ekron zu befragen?" (2 Kön 1,6)

zeigen, daß der Prophet mit seinem Eintreten für die Ausschließlichkeit Gottes keine neue Einsicht vermitteln will,
sondern sich auf Vorgegebenes stützt.[43]

c) Bereits das älteste Rechtscorpus Israels, das sog. Bundesbuch, enthält mit Ex 22,19 eine Bestimmung, die
Gottes Ausschließlichkeit festzuschreiben sucht:

„Wer (anderen) Göttern opfert (es sei denn Jahwe allein), wird ge-
bannt."[44]

d) Die ältesten Traditionen Israels, allen voran die Exodustradition, wissen nur vom Handeln eines Gottes zu
erzählen: Jahwe.

Möchte man trotzdem damit rechnen, daß sich die Vorstellung von der Ausschließlichkeit Jahwes erst allmählich entwickelt hat, müßte man mit einer tiefgreifenden
Revision der Überlieferung in exilisch-nachexilischer
Zeit rechnen. In diese Richtung scheint D. Patrick[45] zu
zielen, wenn er das Schweigen der Väter- und Exoduserzählung von anderen Göttern neben Jahwe als literarische
Fiktion klassifiziert, die dem axiomatischen Rechtssatz

---

43   Zum Alter der Elija-Tradition vgl. zusammenfassend W. Thiel,
Elia: RGG$^4$ II (1999) 1209–1211.
44   Die Klammern deuten spätere Ergänzungen an.
45   The First Commandment in the Structure of the Pentateuch:
VT 95 (1995) 107–118.

folgt *Lex non promulgata non obligat* bzw. dem davon abgeleiteten Grundsatz *sine lex nulla poena*.[46] Von anderen göttlichen Mächten, erst recht dem Abfall von Jahwe erzählen die biblischen Autoren bewußt erst nach der Promulgation des Dekalogs mit dem ersten Gebot am Sinai. Demgegenüber sei nur daran erinnert, daß die Ausgestaltung der Sinaiperikope zur Promulgation des Gotteswillens überlieferungsgeschichtlich wie literarisch jünger ist als die Väter- und Exoduserzählung. Ursprüngliches Thema der Sinaitradition ist nicht die Rechtskundgabe, sondern die Theophanie.[47]

---

46 Nach dem corpus iuris lautet der Grundsatz: *Poena non irrogatur, nisi quae quaque lege vel quod alio iure specialiter huic delicto imposita est* (digesta 50, 16, 131). „Eine Strafe wird nicht verhängt, außer wenn sie im Gesetz oder in irgendeiner anderen Rechtsvorschrift für diese Straftat besonders angedroht ist."

47 Zur älteren Forschung vgl. W.H. Schmidt, Exodus, Sinai und Mose: EdF 191, Darmstadt [3]1995, 71ff, bes. 91. Die These von C. Levin (Der Dekalog am Sinai: VT 35, 1985, 161–191), daß der Dekalog in einer Vorform (Ex 20,2f.5.13–17) den überlieferungsgeschichtlichen Kern der (erst exilischen) Sinaiperikope (*19,10–20) bildet, ist zurecht weithin als gewaltsam abgelehnt worden. Vgl. R. Albertz, Religionsgeschichte (Anm. 39) 334f Anm. 128. Daß die Sinaiperikope literarisch aus der Itinerarnotiz 19,2a herausgewachsen ist und der Sinai erst zum Ort der Theophanie wurde, nachdem er zum Ort der Gesetzgebung geworden war (C. Levin, Der Jahwist: FRLANT 157, Göttingen 1993, 364–366), ist ebenso unwahrscheinlich wie die Vermutung von F. Crüsemann (Die Tora. Theologie und Sozialgeschichte des alttestamentlichen Gesetzes, München 1992, 60–75), daß erst die Priesterschrift eine Sinaierzählung kreiert hat. Bereits Kap. 19 enthält – grob geurteilt – mit V 3a.10–20a einen Erzählzusammenhang, der die Priesterschrift noch nicht voraussetzt und sich darum nicht als Konglomerat späterer Ausgestaltungen (W. Osswald, Israel am Gottesberg: OBO 159, Fribourg / Göttingen 1998, 256–262) ausscheiden läßt. Daß bereits dieser ältere Erzählzusammenhang auf eine Gesetzespromulgation, die Kundgabe der Fest- und Opferordnung 34,18–23.25f zulief (E. Otto, Die nachpriesterschriftliche Pentateuchredaktion im Buch Exodus: M. Vervenne [Hg.], Studies in the Book of Exodus. BEThL CXXVI, Leuven 1996, 61–111, 70ff), beruht allein auf dem fragwürdigen Vorverständnis, daß eine „'Sinai-Theophanie ohne Gesetz ... auf den bloßen Theaterdonner bei leerer Szene hinaus(käme)'" (a.a.O., 98 in Aufnahme von C. Levin, VT 35, 1985, 185). Vgl. dazu nur Ex 20,18*.20 E.

72 *Axel Graupner*

Die Frage nach dem Alter der Bildlosigkeit ist eng mit der sog. Monotheismus-Debatte verknüpft, folgt ihr gleichsam, und ist darum erst vor kurzem zu ähnlich radikalen Thesen vorgedrungen wie die sog. Monotheismus-Debatte selbst. Besteht zwischen C. Dohmen[48], der das Bilderverbot nicht unmittelbar aus der Bildlosigkeit der Gottesverehrung, sondern ihrer Ausschließlichkeit ableiten möchte, und der älteren Forschung noch insofern Konsens, als beide davon ausgehen, daß die Jahweverehrung von ihrem Ursprung her anikonisch ist[49], so steht für A. Berlejung und C. Uehlinger fest, daß die Bildlosigkeit des Jahweglaubens erst eine Innovation dtr Kreise in assyrischer bzw. exilisch-nachexilischer Zeit ist, die endgültig erst in der Makkabäerzeit durchgesetzt werden konnte. Um es in Aufnahme und Abwandlung eines Buchtitels von S. Schröer[50] zu sagen: In Israel gab es nicht nur Bilder, Israel hat seine Götter im Bild verehrt.[51]

Diese Sichtweise steht freilich vor einem ähnlichen Problem wie die Spätdatierung der Ausschließlichkeit der Jahweverehrung, der Frage nämlich, wie es inmitten des Alten Orients gegen Ende der 1. Hälfte des 1. Jt. zu der Singularität einer bildlosen Gottesverehrung kam. Genügt die Antwort, daß sich das Bilderverbot aus der – ebenfalls spät datierten – Ausschließlichkeitsforderung entwickelt hat und „von Anfang an Ausdruck der kultischen Ab- und Ausgrenzungsbemühungen der frühnachexil. ‚Bürger-Tempel-Gemeinde' gewesen" ist?[52] Auch die Annahme,

48 Das Bilderverbot. Seine Entstehung und seine Entwicklung im Alten Testament: BBB 62, [2]1987; Bilderverbot: NBL I (1991) 296–298; Um unserer Freiheit willen: IKZ 21 (1992) 7–24; Bild II. Biblisch: LThK[3] 2 (1994) 441–444.

49 Vgl. EdF 281, 63–65.

50 In Israel gab es Bilder: OBO 74, Fribourg / Göttingen 1987.

51 A. Berlejung, Die Theologie der Bilder. Herstellung und Einweihung von Kultbildern in Mesopotamien und die alttestamentliche Bilderpolemik: OBO 162, Fribourg / Göttingen 1998; Geheimnis und Ereignis. Zur Funktion und Aufgabe der Kultbilder in Mesopotamien: JBTh 13 (1998) 109–143; C. Uehlinger, Israelite Aniconism in Context: Bibl 77 (1996) 540–549; Bilderkult (Anm. 31) 1565–1570; Bilderverbot (Anm. 6) 1574–1577.

52 C. Uehlinger, Bilderverbot (Anm.6) 1575.

daß die Bildlosigkeit ihre Wurzeln in der Abwehr zunächst assyrischer, dann babylonischer Kultbilder als Ausdruck der Fremdherrschaft, außerdem autochthoner, aber mit Jerusalem konkurrierender Bildtypen wie dem Stier gehabt habe, ist kaum zureichend.[53] Sie erklärt nicht, wie es von der – situativ-faktischen – Ablehnung *bestimmter Bilder* zu der – grundsätzlichen – Überzeugung kam, daß Gott *in keiner Weise bildhaft darstellbar* ist.

Nach anderer Auffassung entstand das Bilderverbot aus der Frontstellung Israels gegen die kanaanäische Kultur und Religion[54], der antimonarchischen Opposition in der frühen Königszeit[55], der anikonische Massebenverehrung[56], der dtn / dtr Namenstheologie[57], dem Trend zur symbolischen Repräsentation der Gottheit in Assyrien und Babylonien zwischen dem 7.– 5. Jh.[58], dem Verlust des Jahwekultbildes durch die Eroberung Jerusalems und der Unmöglichkeit eines ikonischen Kultes im Exil[59]. Texte, die entsprechende Zusammenhänge belegen, fehlen allerdings.

Widersetzt sich die Bildlosigkeit der Gottesverehrung letztlich nicht allen Ableitungsversuchen? Gewichtige Gründe sprechen jedenfalls auch in ihrem Fall gegen eine

---

53  A. Berlejung, Theologie (Anm.51) 418–421; ähnlich zuvor bereits C.D. Evans, Cult Images, Royal Policies and the Origins of Aniconism: The Pitcher is Broken. FS G.W. Ahlström. JSOT.S 190, Sheffield 1995, 192–212.
54  Vgl. O. Keel, Jahwe-Visionen und Siegelkunst. Eine neue Deutung der Majestätsschilderung in Jes 6, Ez 1 und 10 und Sach 4: SBS 84/85, Stuttgart 1977, 37–45.
55  R.S. Hendel, The Social Origins of the Aniconic Tradition in Early Israel: CBQ 50 (1988) 365–382.
56  T.N.D. Mettinger, Aniconism – A West Semitic Context for the Israelite Phenomenon?: W. Dietrich / M.A. Klopfenstein (Hg.), Ein Gott allein? JHWH-Verehrung und biblischer Monotheismus im Kontext der israelitischen und altorientalischen Religionsgeschichte: OBO 139, Fribourg / Göttingen 1994, 159–178.
57  T.N.D. Mettinger, Israelite Aniconism: K. van der Toorn (Hg.), The Image and the Book. CBET 21, Kampen 1997, 173–204.
58  C. Uehlinger, Bilderverbot (Anm.6) 1576.
59  O. Loretz, Rez. zu: C. Frevel, Aschera und der Ausschließlichkeitsanspruch YHWHs: UF 27 (1995) 709–713, 712; B.B. Schmidt (Anm. 9) 104f; vgl. C. Uehlinger, Bilderverbot (Anm. 6) 1576.

Spätdatierung. Um wieder nur die wichtigsten anzurei
ßen:
a) Wie im Falle der Ausschließlichkeit gilt: Der archäologische Befund widerspricht nicht dem alttestamentlichen
Bild, sondern illustriert es. Die mit Jahwe seit je verbundene, jedenfalls im salomonischen Tempel geübte Bildlosigkeit der Verehrung wurde vielfach nicht durchgehalten, mußte darum eingefordert werden und nahm so Gebotscharakter an. Wie die Ausschließlichkeit war die
Bildlosigkeit der Gottesverehrung nicht immer und überall Wirklichkeit, sondern blieb Anspruch an Israel.

Eine Zwischenbemerkung: Belegt das archäologische Material tatsächlich, daß *Israel* seinen Gott im Bild verehrt hat, oder nicht nur,
daß kanaanäische Traditionen bis weit ins 1. Jt. hinein *in Israel*
lebendig blieben? Die Frage stellt sich insbesondere im Blick auf
das bronzene Götterstatuar, das nach Ikonographie und Fertigung
eher in das 2. Jt. gehört. Handelt es sich dabei nicht eher um „Erbstücke"? Wie steht es mit der Zuweisung ägyptischer „Importware"
an Israeliten? Die nicht durch Paraphernalia als Götterdarstellungen
identifizierbaren Figurinen und Tierterrakotten scheiden m.E. ohnehin für die Fragestellung aus. Zieht man diese Fundgruppen ab,
ist das Belegmaterial der 1. H. des 1. Jt. weit geringer, als es in
mancher Darstellung den Anschein hat. Außerdem: In-Situ-Funde,
die eine Zuordnung zum Kult erlauben, sind eher selten. Allerdings
sei ausdrücklich zugestanden: Die Wirklichkeit scheint komplexer
gewesen zu sein, als die Texte dies manchmal zu erkennen geben.[60]

b) Ein Götterbild, das als Darstellung Jahwes identifiziert
werden könnte, ist – dies hat gerade O. Keel immer wieder betont[61] – bislang nicht gefunden worden. Die Behauptung, daß Jahwe in vorexilischer Zeit, zumal im Jerusalemer Tempel, im Bild verehrt wurde, ist weder archäologisch noch textlich abgesichert, darum reine Spekulation.[62]
c) Gründe, die dafür sprechen, daß die Polemik gegen das

---

60  Vgl. M. Bernett / O. Keel, Mond, Stier und Kult am Stadttor.
Die Stele von Betsaida (et-Tell): OBO 161, Fribourg / Göttingen
1998, und dazu die Rez. von W. Thiel, OLZ 94 (1999) 510f.
61  O. Keel, Jahwe-Visionen (Anm. 54) 47; ders. / C. Uehlinger
(Anm. 31) 134.178.398f.472.
62  EdF 281, 62f.

Stierbild von Bet-El im Hoseabuch insgesamt sekundär ist (13,1–3; 8,4–6; 10,5f u.a.), und die unabhängig von der jeweiligen Einschätzung des Alters der Bildlosigkeit wären, sind m. E. bislang nicht vorgebracht worden. Gerade diese Polemik zeigt aber, daß der Prophet voraussetzt, daß die Adressaten eigentlich wissen könnten und müßten, daß Jahwe nicht bildhaft darstellbar ist.

d) Die ältesten Traditionen Israels, allen voran wieder die Exodustradition, wissen nichts von einer bildhaften Verehrung Gottes.

Allerdings sei eines ausdrücklich zugestanden: Bildet der Prohibitiv „Du sollst dir kein Bild machen" die älteste Form des Bilderverbots, ist sie aus sich heraus kaum datierbar. Wann die Bildlosigkeit der Jahweverehrung in ein Gebot gefaßt wurde, läßt sich kaum mehr bestimmen.[63]

II
## Zum Aufbau des Dekalogs

Ein überraschend starkes Interesse hat im vergangenen Jahrzehnt die Frage nach dem Aufbau des Dekalogs gefunden. Ausgangspunkt bilden zum einen die Zwei-Tafel-Vorstellung (Ex 24,12; 31,18; 32,15f.19; 34,1.4.27f.29; Dtn 4,13; 5,22; 9,9ff; 10,1ff), zum anderen die Bezeichnung der Gebotsreihe als Zehnwort (Dtn 4,13; 10,4; Ex 34,28).[64] Beide sind jedoch – dies ist *communis oppinio* – gegenüber dem Dekalog sekundär. Die Zwei-Tafel-Vorstellung ist zudem als Gliederung des Dekalogs mißverstanden. Sie stammt aus der hethitischen Praxis der Vasallenverträge. Der Vertrag wird zweifach ausgefertigt. Eine Ausfertigung erhält der Vasall, die andere verbleibt beim Ober- oder Lehnsherrn.[65]

Unter den neueren Gliederungsversuchen hat der Vor-

---

63  Vgl. EdF 281, 63–65.

64  Zu den unterschiedlichen Zählungen der Gebote vgl. zuletzt R. Youngblood, Counting the Ten Commandments: BiRe 10 (1994) 30–35.50–52

65  Vgl. J. Derby, The Two Tablets of the Covenant: JBQ 21 (1993) 73–79; R. Youngblood (Anm. 64).

schlag von N. Lohfink, die Deuteronomium-Fassung des
Dekalogs in fünf Abschnitte mit dem Sabbatgebot als
Zentrum aufzuteilen[66], viel Zustimmung gefunden. Durch
die Herausführungsformel mit dem Proömium und durch
die Aufzählung der Nutznießer der Sabbatruhe mit dem
zehnten Gebot verbunden und durch jeweils eine „Kurzeinheit" und eine „Langeinheit" gerahmt, bildet es die
Mitte der Gebotsreihe. Dagegen sei die Exodus-Fassung
an der Zehnzahl orientiert.

I        Langeinheit: erstes / zweites Gebot
II       Kurzeinheit: drittes Gebot
III    Zentrum: viertes Gebot
IV      Kurzeinheit: fünftes Gebot
V        Langeinheit: sechstes bis zehntes Gebot

Tatsächlich kommt dem Sabbatgebot schon durch seinen
Umfang wie seine Stellung am Ende der im engeren
Sinne theologischen Gebote besonderes Gewicht zu. Dies
gilt aber nicht nur für die Deuteronomium-, sondern auch
für die Exodus-Fassung. Außerdem: Ist die vermutete
Rahmung durch Kurz- und Langeinheiten wirklich sinn-
fällig? Bereits dem ältesten für uns greifbaren, schon in-
neralttestamentlichen Einteilungsversuch wäre sie ent-
gangen; die Bearbeiter bezeichnen sowohl die Exodus-
als auch die Deuteronomium-Fassung als „die zehn
Worte".

Eine Zwischenbemerkung: Der einzige Unterschied zwischen beiden Dekalogfassungen hinsichtlich des Aufbaus besteht m.E. darin,
daß die Deuteronomium-Fassung die Unklarheit bei der Zählung
beseitigt, die in Ex 20 herrscht. Die Zehnzahl wird dort nämlich nur
erreicht, wenn man das Bilderverbot trotz seiner kompositionellen
Verklammerung mit dem Fremdgötterverbot als eigenes Gebot
zählt oder die beiden Prohibitive des Begehrensverbots als zwei
Gebote auffaßt, obwohl sie mit Hilfe desselben Verbs formuliert
sind. Dagegen teilt die Polysyndese in Dtn 5,17–21 – darin ist F.-L.
Hossfeld zuzustimmen – die Gebotsreihe im Verhältnis 4:6 und
stellt auf diese Weise sicher, daß Fremdgötter- und Bilderverbot als

---

66   Zur Dekalogfassung von Dtn 5: BZ 9 (1965) 17–32 = Studien
zum Deuteronomium und zur deuteronomistischen Literatur I:
SBAB 8 (1990) 193–209.

ein Gebot, die Begehrensverbote dagegen als zwei Gebote gelesen
werden.

Während N. Lohfink für eine Aufteilung der Deuteronomium-Fassung des Dekalogs in fünf Abschnitte eintritt,
schlagen R.G. Kratz[67] und J. Derby[68] für beide Fassungen
eine Dreiteilung in Jahwerede (V 2–6), Gottesrecht (V 7–
11) und Menschenrecht (V 12–17) bzw. Gott (I–III), die
Familie (IV–V) und die Gesellschaft betreffende Gebote
(VI–X) vor. Ist die Unterscheidung innerhalb der theologischen Gebote zwischen erstem und zweitem Gebot einerseits und drittem und viertem Gebot andererseits aber
sinnvoll, nicht zu einseitig an formalen Unterschieden
orientiert? Auch die Unterscheidung zwischen „familiär –
gesellschaftlich" leuchtet nur begrenzt ein, da mit der
Familie auch die Gesellschaft betroffen ist und die Familie im Begehrensverbot ausdrücklich in den Blick rückt.
Einen weiteren Vorschlag für die Einteilung der Deuteronomium-Fassung hat jüngst B. Lang vorgelegt.[69] Unter
Berufung auf das Ostrakon Moussaieff No. 1 versteht
Lang die Wendung כאשר צוא יהוה אלהיך Dtn 5,12.16
nicht als Rückverweise auf Ex 20 („wie Jahwe, dein Gott,
dir befohlen hat"), sondern als Einleitung des jeweils folgenden, der Sabbatinstruktion V 13f und des sechsten bis
zehnten Gebots mit der vorangestellten Zielangabe V 16:
„Folgendermaßen befiehlt dir Jahwe, dein Gott". Der
Vorschlag ist auf den ersten Blick bestechend. Bei näherem Hinsehen zeigt sich jedoch, daß Langs Argumentation zirkulär ist: Das Ostrakon wird unter Berufung auf
den Dekalog interpretiert, der Dekalog unter Berufung
auf das Ostrakon. כאשר kann zwar einen Satz eröffnen;
ein unabhängiger Beleg dafür, daß כאשר in dieser Stellung „thus / folgendermaßen" bedeuten kann, fehlt jedoch. Alle Belege sind rückbezüglich.[70]

---

67   Der Dekalog im Exodusbuch: VT 44 (1994) 205–238, 208.
68   The Third Commandment: JBQ 21 (1993) 24–27.
69   The Decalogue in the Light of a Newly Published Paleo-He-
brew Inscription (Hebrew Ostracon Moussaieff No. 1): JSOT 77
(1998) 21–25.
70   Vgl. Ex 1,12; Num 8,22b; 36,10; Jos 11,15; 14,5; 2 Kön 2,38;
ferner das Ostrakon 1 aus Meṣad Ḥašavyāhū Z. 6 (J. Renz, Hand-

Eine in vielen Punkten einleuchtende, außerdem rezeptionsgeschichtlich interessante Strukturanalyse hat A. Schenker vorgelegt.[71] Er ruft in Erinnerung, daß die Reihenfolge der Gebote im masoretischen Text nicht die einzige uns überlieferte ist. Neben ihr bietet die LXX in Ex 20 und Dtn 5 zwei weitere Versionen, wobei die Version in Dtn 5[LXX] auch vom Papyrus Nash bezeugt wird:

| MT | Ex 20 LXX | Dtn 5 LXX |
|---|---|---|
| Sabbatheiligung | Sabbatheiligung | Sabbatheiligung |
| Elternehrung | Elternehrung | Elternehrung |
| Tötungsverbot | Ehebruchverbot | Ehebruchverbot |
| Ehebruchverbot | Diebstahlverbot | Tötungsverbot |
| Diebstahlverbot | Tötungsverbot | Diebstahlverbot |
| Falschzeugnisverbot | Falschzeugnisverbot | Falschzeugnisverbot |
| Begehrensverbot | Begehrensverbot | Begehrensverbot |

Zwei dieser drei Versionen begegnen im Neuen Testament wieder, die masoretische in Mk 10,19; Mt 19,8; Jak 2,11, die LXX-Fassung von Dtn 5 in Lk 18,20; Röm 13,9. Für alle drei Fassungen gilt: Sabbatheiligung und Elternehrung sind durch die positive Formulierung „Du sollst" und den Umstand, daß sie eine Begründung erfahren, eng miteinander verbunden und bilden die Mitte oder den Kern der Gebotsreihe. Dabei „umspannen" die Begründungen „den ganzen Bogen von den Ursprüngen in der Vergangenheit bis in die Zukunft"[72]. Außerdem umfassen beide Verbote die ganze Familie. Die folgenden Verbote betreffen ihre Außenwelt. Für die MT-Fassung gilt: die anschließenden Gebote repräsentieren „Werte in absteigendem Grad: Leben, Familie, Besitz."[73]
Für die LXX-Fassungen ist charakteristisch, daß sie den

buch der althebräischen Epigraphik I/1, Darmstadt 1995, 315ff, 325).
71   Die Reihenfolge der Gebote auf der zweiten Tafel. Zur Systematik des Dekalogs: W. Lesch / M. Loretan (Hg.), Das Gewicht der Gebote und die Möglichkeiten der Kunst. Krzysztof Kieslowskis „Dekalog"-Filme als ethische Modelle. SThE 53, Fribourg / Freiburg 1993, 145–159; „Ehre Vater und Mutter". Das vierte Gebot in der Gesamtordnung des Dekalogs: IKZ 24 (1995) 11–17.
72   „Ehre Vater und Mutter" (Anm. 71) 13.
73   „Ehre Vater und Mutter" (Anm. 71) 14.

Ansatz bei der Familie verstärken. „Die Sabbatheiligung und die Elternehrung bilden hier zusammen mit dem folgenden Verbot des Ehebruchs eine inhaltliche Einheit, welche die Familie in den Mittelpunkt rückt; die eigene und die fremde Familie ist durch Schranken gegen Übergriffe geschützt."[74] Die Beobachtung konvergiert auf interessante Weise mit einem Ergebnis der Analyse von Hi 31 durch M. Oeming[75]. Er liest Hi 31 als Rezeption des Dekalogs und stellt fest: Das Ehebruchverbot steht „stark betont am Anfang und wird durch die Wiederholung in V. 9–12 geradezu zum Schwerpunktthema"[76]. Die Vorrangstellung des Ehebruchverbots in der LXX wäre demnach durch inneralttestamentliche Rezeption des Dekalogs vorbereitet.

Beide LXX-Fassungen folgen einem eigenen Aufbauprinzip. Für die Exodus-Fassung der LXX gilt: „Drei *Güter*: die eigene und die fremde Familie sowie das individuelle Leben, und zwei Methoden des *Verbrechens*: Gewalt und Hinterlist, bilden die Aufbauprinzipien dieser 2. Tafel."[77] Für die Deuteronomium-Fassung der LXX gilt: „Drei Gebote bannen die nackte Gewalt, und chiastisch verschränkt dazu wenden sich die drei folgenden gegen die Tücke" (Frau, Leben, Besitz – Leben, Frau, Besitz). „In beiden Serien kommt der Besitz ans Ende zu stehen, weil sein Wert geringer als die Person der Frau und Mutter oder als das individuelle Leben eines Menschen ist."[78] Der „wichtige Gesichtspunkt (ist) zuerst derjenige der eigenen *Familie* (Sabbatheiligung, Elternehrung), dann die Unterscheidung der beiden Arten des Bösen: Gewalt und Betrug. Innerhalb der Gewalt werden drei Güter nach absteigendem Wert angeordnet"[79]. Kritisch ist allerdings zu fragen, ob sich die Gebote der

---

74  Ebd.
75  Hiob 31 und der Dekalog: W.A.M. Beuken (Hg.), The Book of Job. BEThL CXIV, Leuven 1994, 362–368; vgl. Ethik in der Spätzeit des Alten Testaments: Altes Testament – Forschung und Wirkung. FS H. Graf Reventlow, 1994, 159–173, bes. 160–167.
76  Hiob 31 (Anm. 70) 364.
77  „Ehre Vater und Mutter" (Anm.71) 16.
78  Ebd.
79  „Ehre Vater und Mutter" (Anm. 71) 17.

zweiten Tafel tatsächlich unter dem Aspekt der Mittel der Gebotsübertretung in zwei Gruppen teilen lassen. Der Ehebruch setzt in aller Regel einen Konsens abseits der „Konsenserklärung der Eheleute" voraus, und das zehnte Gebot bleibt hinsichtlich der Mittel der – zumindest im Verb חמד eingeschlossenen – Wegnahme indifferent.[80]

### III
### Zur Entstehungsgeschichte des Dekalogs

Der Dekalog ist formal uneinheitlich gestaltet, ein Mischgebilde. Bedeutet das, daß der Dekalog literarisch nicht aus einem Guß ist, vielmehr in mehreren Etappen entstand? Diese von F.-L. Hossfeld[81] und C. Dohmen[82], abgewandelt auch von C. Levin[83] vertretene Auffassung, ist bei der Mehrzahl der Exegeten auf Ablehnung gestoßen.[84] Jede redaktionsgeschichtliche Erklärung, die sämtliche formalen Spannungen auflösen möchte, würde nicht nur zur Zerstörung der für die Texteinheit konstitutiven Zehnzahl führen, sondern den Dekalog gleichsam atomisieren. Die formale Uneinheitlichkeit des Dekalogs läßt sich nur überlieferungsgeschichtlich erklären. Offensichtlich besteht der Dekalog aus mehreren „Bausteinen" oder „-elementen", die jeweils eine eigene Vorgeschichte hatten.

Sucht man die Vorgeschichte der Einzelteile des Dekalogs zu rekonstruieren, stößt man für das erste, vierte, fünfte, sechste, achte und neunte Gebot zuerst und zu-

---

80   Eine Mischung verschiedener Beobachtungen zum Aufbau der Dekalogfassungen bietet E. Zenger in der dritten Auflage seiner Einleitung in das Alte Testament (KStTh 1.1, Stuttgart u.a. [3]1995, 99–101) in graphischer Aufbereitung.
81   Der Dekalog. Seine späten Fassungen, die originale Komposition und seine Vorstufen: OBO 45, Fribourg / Göttingen 1982.
82   Bilderverbot (Anm. 48) 223ff.
83   Dekalog (Anm. 47).
84   EdF 281, 25ff, bes. 28–30; R.G. Kratz (Anm. 67) 214ff; E. Otto, Brennspiegel (Anm. 21) 60f u.a. Zu dem Versuch von C. Levin, Dekalog (Anm. 47) vgl. neben E. Otto, Ethik (Anm. 21) 211, R. Albertz, Religionsgeschichte (Anm. 39) 334f Anm. 128.

nächst auf das Bundesbuch und das Privilegrecht in Ex 34.[85] Sie und nicht das Deuteronomium sind der überlieferungsgeschichtliche Kontext der Gebote des Dekalogs, wie R.G. Kratz in einem umfangreicheren Beitrag noch einmal gezeigt hat.[86] Allerdings geht Kratz mit der Erwägung, daß der Dekalog als „Vorrede" zum Bundesbuch und zum Privilegrecht verfaßt wurde[87], wohl einen Schritt zu weit. Müßte man in diesem Fall nicht eine bessere Einbindung des Dekalogs in den Erzählrahmen erwarten?[88]

Neben Beziehungen zum Bundesbuch und zum Privilegrecht bestehen im Falle der Kurzprohibitivreihe des sechsten bis achten Gebots und im Falle des zehnten Gebots außerdem Beziehungen zur Prophetie (Hos 4,1f; Jer 7,9; Mi 2,2; vgl Sach 5,3f). Allerdings bleibt die Frage, ob die Prophetie die Prohibitive bereits voraussetzt oder umgekehrt die Dekaloggebote den prophetischen Schuldaufweis aufnehmen und in generelle Verbote kleiden, schwer zu beantworten und ist dementsprechend umstritten.[89] Für die erste und gegen die zweite Möglichkeit

---

85  Zum ersten Gebot vgl. Ex 22,19; 34,14, zum vierten Ex 23,12; 34,12; zum fünften 21,15.17; zum sechsten 21,12, zum achten 21,16, zum neunten 23,1.7.

86  (Anm. 67) 216–231.

87  (Anm. 67) 224.232f.

88  Der Dekalog steht nahezu unverbunden im Kontext. Er „schließt nicht an 19,19 an, denn da antwortet Gott nicht mit Geboten, sondern mit dem Donner. 20,2–17 schließt auch nicht an 19,25 an, denn da ist Mose schon wieder bei den Seinen. 20,18ff. hat andere Interessen und läßt mit keiner Silbe erkennen, daß Jahwe (so 20,2ff. gegenüber Elohim in 20,19ff.) eben Letztgültiges proklamiert hat." L. Perlitt (Anm. 2) 91 Anm. 2.

89  Für die erste Möglichkeit plädiert E. Otto (Brennspiegel [Anm. 21] 61–64), für die zweite Möglichkeit votieren im Anschluß an F.-L. Hossfeld ([Anm. 81] 276ff) C. Levin, Dekalog ([Anm. 47] 169f: Der Dekalog hat „seine Wurzeln nicht im Gesetz, sondern ist die Umsetzung der prophetischen Scheltrede in eine Prohibitivreihe" [170]) und E.-J. Waschke („Es ist dir gesagt, Mensch, was gut ist ..." [Mi 6,8]. Zur Frage nach dem Begründungszusammenhang einer biblischen Ethik am Beispiel des Dekalogs [Ex 20 / Dtn 5]: ThLZ 118, 1993, 379–388) mit der Folgerung: „Auf dem Hintergrund der Prophetie Hoseas ist jedenfalls dem Ethos ein deutlicher Vorrang vor dem Gesetz einzuräumen."

spricht immerhin, daß jede Anklage ein Ge- oder Verbot
voraussetzt. Im Fall des zehnten Gebots scheint mir nach
wie vor ein „sowohl – als auch" wahrscheinlich. Einerseits setzt Micha eine Vorform des zehnten Gebots voraus
(Mi 2,2a; Ex 20,17a); andererseits bildete seine Verkündigung (Mi 2,2b) den Anstoß für die Ausweitung des Gebots (Ex 20,17b).[90]

Während der Dekalog enge Beziehungen zum Bundesbuch und zum Privilegrecht, außerdem zur Prophetie
aufweist, bleiben die Beziehungen zum Deuteronomium
höchst spärlich. Der Dekalog trägt zwar ein „dtn Sprachkleid" (L. Perlitt), ist aber kaum erst innerhalb der dtn
Theologie[91] oder gar erst der Redaktionsgeschichte des
Deuteronomium als Substrat dtn / dtr Theologie[92]
entstanden. Andere Beobachtungen untermauern dieses
Urteil.

Zum einen: Dtn / dtr Sprache prägt zwar Teile des Dekalogs, aber keineswegs seine Gesamtheit. Manche Ausdrucksweise ist sogar un-dtn, etwa die Verwendung der
Langform אנכי anstelle der Kurzform אני oder die Wendung על פני (5,7; vgl. allenfalls 7,10). Die Ein- und
Ausleitung des Dekalogs Dtn 5,4f.22 steht mit ihrer plu-
ralischen Anrede an Israel in Spannung zur singuli-
schen Anrede im Dekalog selbst. Das Deuteronomium
setzt den Dekalog bereits als „selbständige, zitable Ein-

---

(385) Eine vermittelnde Position nimmt H. Delkurt ein: Der Prophetie war zwar ein der dekalogischen Kurzprohibitivreihe entsprechendes Ethos vorgegeben; ob dieses Ethos aber in Gestalt von
Verboten vorlag, bleibt unsicher (Eine Zusammenfassung des Dekalogs in Sach 5,3f?: Recht und Ethos im Alten Testament. Gestalt
und Wirkung. FS H. Seebass, Neukirchen-Vluyn 1999, 193–205,
198–200).

90  EdF 281, 134–137.

91  Vgl. N. Lohfink, der den Dekalog als „Text aus den Anfängen
der dt Bewegung" bestimmt (Die These vom "Deuteronomischen"
Dekaloganfang – ein fragwürdiges Ergebnis atomistischer Sprach-
statistik: Studien zum Pentateuch. FS W. Kornfeld, Wien 1977, 99–
109, 109; aufgenommen von F. Crüsemann, Bewahrung der Freiheit. Das Thema des Dekalogs in sozialgeschichtlicher Perspektive:
KT 78 = KT 128, München 1983 = 1993, 26), außerdem R. Albertz, Religionsgeschichte (Anm. 39) 334f.

92  F.-L. Hossfeld (Anm. 81).

heit"[93] voraus. Das Sabbatgebot mit der Aufforderung, den Sabbattag „zu heiligen" (לקדשו), spielt im Deuteronomium keine Rolle.

Zum anderen: Die formale Uneinheitlichkeit des Dekalogs und die Überschneidungen zwischen dem dritten und neunten Gebot – man denke an den Zeugen- oder Reinigungseid – sowie dem sechsten und achten Gebot einerseits und dem (neunten und) zehnten Gebot andererseits warnen davor, den Dekalog als rein literarisches Produkt[94] zu betrachten. Eher ging der Dekalog aus der Verbindung ursprünglich selbständiger Kurzreihen hervor, die ein bis drei Glieder umfaßten und bereits vor ihrer Vereinigung eine längere Überlieferungsgeschichte durchlaufen haben. Dieses durch die Tradition vorgegebene Einheit wurde in dtr Kreisen literarisch fixiert, dabei punktuell bearbeitet und ergänzt.[95]

Eine weitere Zwischenbemerkung: Der Umstand, daß das Sabbatgebot im Deuteronomium nicht verankert ist, bereitet insbesondere jenen Probleme, die mit einer – im einzelnen allerdings unterschiedlich bestimmten – dekalogischen Redaktion des Deuteronomium rechnen.[96] Diese Schwierigkeit läßt sich zwar durch die An-

---

93  L. Perlitt (Anm. 2) 101.
94  E. Otto, Brennspiegel (Anm. 21) 60.
95  Vgl. EdF 281, 27f.30.
96  G. Braulik, Die Abfolge der Gesetze in Deuteronomium 12 – 26 und der Dekalog: N. Lohfink (Hg.), Das Deuteronomium. Entstehung, Gestalt und Botschaft. BEThL 68, Leuven 1985, 252–272; Zur Abfolge der Gesetze in Deuteronomium 16,18 – 21,23: Bibl 69 (1988) 63–92; Die dekalogische Redaktion der deuteronomischen Gesetze. Ihre Abhängigkeit von Levitikus 19 am Beispiel von Deuteronomium 22,1–12; 24,10–22 und 25,13–16 (1995): Studien zum Deuteronomium: SBAB 24 (1997) 147–182; Weitere Beobachtungen zur Beziehung zwischen dem Heiligkeitsgesetz und Deuteronomium 19 – 25 (1996): Studien zum Deuteronomium: SBAB 24 (1997) 183–223; N. Lohfink, Kennt das Alte Testament einen Unterschied von „Gebot" und „Gesetz"? Zur bibeltheologischen Einstufung des Dekalogs: N. Lohfink (Hg.), Studien zur biblischen Theologie. SBAB 16, Stuttgart 1993, 206–238; E. Otto, Das Deuteronomium. Politische Theologie und Rechtsreform in Juda und Assyrien: BZAW 284, Berlin / New York 1999, 223–227.233–236; vgl. auch R. Albertz, Religionsgeschichte (Anm. 39) 335 Anm. 128.

nahme, daß das Sabbatgebot eine spätere Einfügung darstellt[97], beseitigen, aber kaum beheben, da Gründe, die von der eigenen Auffassung unabhängig wären, fehlen. Dasselbe gilt für die Annahme von N. Lohfink[98], daß die Exodus-Fassung, in der das Sabbatgebot seiner Auffassung nach eine weniger hervorgehobene Stellung hat, strukturell älter ist als die Deuteronomium-Fassung und in Dtn 5 ursprünglich eine andere, verlorengegangene Dekalogfassung gestanden haben muß.[99]

Der Vorgeschichte des Dekalogs in seinen „Bauelementen" ist auch E. Otto nachgegangen.[100] Er ruft den Dekalog als Kronzeugen für seine Sicht des Verlaufs der israelitischen Rechtsgeschichte auf: Das fünfte Gebot und die aus dem sechsten bis achten Gebot bestehende Kurzprohibitivreihe stammen aus dem familiaren „Grenzrecht" und bilden die ältesten Bausteine des Dekalogs. Das neunte Gebot entstammt dem lokalen Prozeßrecht. Seine Verbindung mit dem fünften bis achten Gebot spiegelt die Abwanderung des älteren intragentilen Rechts an die intergentile Torgerichtsbarkeit wider. Das zehnte Gebot mit seinem nicht mehr justiziablen Verbot des Begehrens spiegelt in seiner Verbindung mit dem neunten Gebot die Entwicklung vom Recht zum Ethos im Rahmen des Prozeßrechts wider und akzentuiert den Dekalog ethisch. Erstes bis viertes Gebot entstammen der dritten Wurzel

---

97  B. Gosse, Les rédactions liées à la mention du sabbat dans le Deutéronome et dans le livre d'Esaie: ETR 70 (1995) 581–585; vgl. R. Albertz, Religionsgeschichte (Anm. 39) 334, der das Gebot allerdings aus anderen Gründen streicht. Da er einerseits der Meinung ist, daß der Sabbat erst in exilischer Zeit mit dem wöchentlichen Ruhetag identifiziert wurde, andererseits die Entstehung des Dekalogs in josijanische Zeit datiert, stört das Sabbatgebot.

98  N. Lohfink, Unterschied (Anm. 96) 75f.

99  Vgl. auch E. Otto, Brennspiegel (Anm. 21) 59: Die „Bedeutungslosigkeit des Sabbats im Deuteronomium (ist) Hinweis darauf, daß die vorliegende Fassung des Dekalogs in Dtn 5 Spätling im Deuteronomium ist und mit der Dekalogredaktion wohl eine ältere, nicht mehr erhaltene Fassung des Dekalogs zu verbinden ist." Zur Kritik an dieser Auffassung vgl. R.G. Kratz (Anm. 67) 232f und W. Groß, Wandelbares Gesetz – unwandelbarer Dekalog?: TQ 175 (1995) 161–170, 164 Anm. 19.

100  Brennspiegel (Anm. 21) 59–68; vgl. die Zusammenfassung: Dekalog I. Altes Testament: RGG[4] II (1999) 625–628, 626.

des israelitischen Rechts, dem Sakralrecht, und formulieren eine „Aussonderungstheologie". Ihre Voranstellung spiegelt die Theologisierung des ursprünglich rein profanen Lokalrechts wider.

Die Geschlossenheit des Entwurfs beeindruckt. Bei näherem Zusehen zeigt sich jedoch, daß manches weitaus hypothetischer ist, als die Darstellungsweise zu erkennen gibt. Ich beschränke mich auf drei Anfragen:

a) Die Annahme, daß das Elterngebot und die Kurzprohibitive im intragentilen „Grenzrecht" wurzeln, beruht auf der – A. Alt modifizierenden – Annahme, daß der Prohibitiv auf dem Todesrechtssatz aufbaut, der „im Ursprung vom pater familias durchgesetztes Familienrecht" ist, und seinen Sitz im Leben „in der gentilen Rechtsbelehrung durch den pater familias"[101] hat. Wie läßt sich dies aber begründen? Elterngebot und Kurzprohibitivreihe fußen zwar auf älteren Todesrechtssätzen[102], nehmen diese aber gerade nicht „spiegelbildlich" auf, sondern weiten sie aus.[103] Der Form nach ist der Prohibitiv eher eine ethische als eine juridische Redeform, da er keine Straffolgebestimmung enthält.

b) Da der Dekalog ältere Rechtssätze aufnimmt und ausweitet, scheint er die These, daß sich das Ethos aus dem Recht ausdifferenziert hat, in vorzüglicher Weise zu bestätigen. Gilt dies aber generell? Die Weisheit Israels mit ihren zeitlich weit zurückreichenden Wurzeln in der Umwelt wie der Sippe zeigt jedenfalls, daß es in Israel schon früh ein Ethos neben dem Recht und unabhängig vom ihm gegeben hat. Eine Redeform wie der Prohibitiv läßt sich kaum eindeutig als jünger erweisen.

c) Läßt sich tatsächlich zeigen, daß am Anfang der Rechtsentwicklung die säuberliche Unterscheidung zwischen Profan- und Sakralrecht stand? In einer Gesellschaft, die neben der Zeugenaussage nur den Eid als Beweismittel kennt und im äußersten Fall zum Ordal als Urteilsfindung greifen muß, sind beide Bereiche immer

---

101  E. Otto, Brennspiegel (Anm. 21) 61 Anm. 14; Dekalog (Anm. 21) 626.
102  S.o. Anm. 85.
103  S.o. S. 85.

schon verbunden; denn der Eid erfolgt unter Anrufung Gottes und das Ordal ist Gottesurteil.

Zum Schluß dieses Abschnitts nur noch eine Beobachtung: Sämtliche Rechtstexte des Alten Testaments und Gebotsreihen stehen – um es allgemein zu formulieren – unter der Autorität Jahwes. Das Recht ist Gottesrecht; das – ich formuliere ungeschützt – Ethos ist Gottes Gebot. Die Unterscheidung zwischen Profan- und Sakralrecht begegnet im Alten Testament dagegen nur einmal, und zwar in dem späten Text 2 Chr 19,5–11, der zudem eine chronistische Fiktion darstellen dürfte[104].

## IV
### Zur Stellung des Dekalogs im Formierungsprozeß des Pentateuch[105]

Unter dieser Überschrift sind zwei – zwar zu unterscheidende, aber im Innersten zusammenhängende – Probleme zu bedenken: die Frage, welcher der beiden Fassungen Priorität zukommt, und die Frage nach der Intention der Doppelüberlieferung des Dekalogs.

In der Frage des Verhältnisses zwischen beiden Dekalogfassungen sind die Argumente ausgetauscht. Die Vertreter der Priorität der Exodusfassung[106] berufen sich in aller Regel auf folgende Beobachtungen:

a) Dtn 5 bietet im Sabbat- und Elterngebot wie im Begehrensverbot eine längere Fassung und bezieht sich außerdem zweifach, im Sabbat- und Elterngebot, mit der Wendung „wie Jahwe, dein Gott, dir befohlen hat" auf die Exodus-Fassung zurück.

b) Im neunten Gebot verwendet die Deuteronomium-Fassung anstelle des üblichen, vorgeprägten Ausdrucks „Lü-

---

104 A. Graupner, Exodus 18,13–27 – Ätiologie einer Justizreform in Israel?: Recht und Ethos im Alten Testament. Gestalt und Wirkung. FS H. Seebass, Neukirchen-Vluyn 1999, 11–26, 24f.

105 Zum Folgenden vgl. die Weiterführung unter der Frage „Vom Sinai zum Horeb oder vom Horeb zum Sinai? Zur Interpretation der Doppelüberlieferung des Dekalogs" in: Verbindungslinien. FS W.H. Schmidt, Neukirchen-Vluyn 2000, 85–101.

106 Vgl. zuletzt R.G. Kratz (Anm. 67) 232–234.

genzeuge" den Ausdruck „nichtiger Zeuge" und weitet damit die Intention in Angleichung an das dritte Gebot aus.

c) Im zehnten Gebot räumt die Deuteronomium-Fassung der Frau eine Vorrangstellung ein, indem sie sie an die Spitze der vor Begehren geschützten Objektreihe stellt, und trägt damit der im Laufe der Zeit verbesserten Rechtsstellung der Frau Rechnung[107].

d) Außerdem beseitigt die Deuteronomium-Fassung die in der Exodus-Fassung herrschende Unklarheit hinsichtlich der Zählung der Gebote durch die konsequente Syndese der Gebote ab dem Tötungsverbot und die Aufspaltung des Begehrensverbotes in zwei Gebote durch die Verwendung unterschiedlicher Verben in beiden Prohibitiven, wobei sich in der Wahl der Wurzel אוה im zweiten Prohibitiv möglicherweise eine weitere Verinnerlichung des Gebots verbirgt.[108]

Dabei wird in der Regel eingeräumt, daß die von Gen 2,1–3 P kaum unabhängige schöpfungstheologische Begründung des Sabbat jünger ist als die heilsgeschichtlich-soziale Begründung in Dtn 5.

Kaum weiterführend ist der Versuch von Y. Endo[109] den Wechsel zwischen זכר und שמר durch die jeweilige Situation zu erklären – Ex 20 promulgiert das Gebot, Dtn 20 schärft seine Einhaltung ein – und so die Priorität der Exodus-Fassung zu erweisen. Die Semantik von זכר und שמר gibt eine solche Unterscheidung („Promulgation

---

107 Vgl. dazu – über EdF 281, 132f hinausführend – C. Schäfer-Lichtenberger, Beobachtungen zur Rechtsstellung der Frau in der alttestamentlichen Überlieferung: WuD 24 (1997) 95–120. Dagegen vollzieht die Behauptung, daß die Exodus-Fassung die „nachexilisch-priesterlich-kultische Abwertung der Frau wider(spiegelt)" (H.D. Preuß, Theologie des Alten Testaments 1, Stuttgart 1991, 115, im Anschluß an F.-L. Hossfeld, Zum synoptischen Vergleich der Dekalogfassungen: Eine Fortführung des begonnenen Gesprächs: Vom Sinai zum Horeb. FS E. Zenger, Würzburg 1989, 73–117, 113ff) eine *metabasis eis allo genos*. Von Entwicklungen im kultischen Raum läßt sich nicht ohne weiteres auf den Bereich von Recht und Ethos schließen.

108 EdF 281, 140.

109 The Sabbath Law on Mt. Sinai and in the Plains of Moab: Exeg 6 (1995) 59–75 (japanisch).

– Rückgriff auf die Promulgation") kaum her.

Dagegen berufen sich die Vertreter der Priorität der Deuteronomium-Fassung zumeist darauf, daß der Dekalog ein
„dtn Sprachkleid" trägt und in Dtn 5 weit besser als in Ex
20 in den Kontext eingebunden ist. Beide Argumente besagen jedoch wenig. Der Dekalog ist zwar stellenweise
durch eine dtr Ausdrucksweise geprägt. Sein überliefe-
rungsgeschichtlicher Kontext ist aber, wie oben ausge-
führt, nicht das Deuteronomium, sondern das Bundesbuch. Außerdem erscheint der Dekalog auch in Dtn 5 als
„selbständige, zitable Einheit" (L. Perlitt). Die Frage nach
dem Verhältnis beider Fassungen ist von der Frage, in
welchen Zusammenhang der Dekalog zuerst eingeschaltet
wurde, in die Sinaiperikope oder in die Rekapitulation der
Horebtheophanie, methodisch zu unterscheiden.[110] Läßt
sie sich einer Entscheidung zuführen?
Fragt man die Verfechter der Priorität der Fassung in Dtn
5, warum der Dekalog vom Horeb an den Sinai kam,
lautet die Antwort: Da der Dekalog durch die Verbindung
des Deuteronomium mit dem Tetrateuch an die Peripherie
geriet und das Deuteronomium als rückblickende Moserede stilisiert ist, mußte er nach Ex 20 vorgetragen werden.[111] Dabei habe die Redaktion „in Ex 20 eine Dtn 5
entsprechende Struktur ein(gezogen)": „Das Volk reagiert
auf die Offenbarung des Dekalogs mit Furcht und bittet
Mose, von nun an die Offenbarung zu vermitteln, wo-
raufhin JHWH Mose die Gebote mitteilt (Ex 20,18–21;
Dtn 5,22–31)."[112]
Die Beweislast dafür, daß Ex 20 nach dem Vorbild oder
Modell von Dtn 5 gestaltet ist, trägt dabei die Bitte des
Volkes an Mose Ex 20,19:

„Rede du mit uns, so wollen wir hören, aber Gott soll nicht mit uns
reden, damit wir nicht sterben".

Tatsächlich ist der Vers innerhalb der Schilderung der

110   F. Crüsemann, Tora (Anm. 47) 408 Anm. 133.
111   F.-L. Hossfeld (Anm. 81) 283f; E. Otto, Ethik (Anm. 21)
230–233.
112   E. Otto, Ethik (Anm. 21) 231.

Reaktion des Volkes auf die Theophanie sekundär. Er knüpft zwar an 19,19b an und spricht wie 20,20 von אלהים. Die Anknüpfung ist aber nur locker. Man muß sich bei der Befürchtung des Volkes, Gott könne mit ihm reden, gleichsam ein „auch" hinzudenken. Streng geurteilt, wird die Bitte des Volkes durch den Erzählzusammenhang nicht motiviert, da der Verkehr mit Gott bereits in 19,19b wie selbstverständlich auf Mose als Anführer des Volkes (V 17) beschränkt ist. Außerdem überspringt die Moserede 20,20 V 19. Mose sucht zwar dem Volk die Furcht zu nehmen, die ihm die Theophanie eingeflößt hat (V 18), indem er ihm Gottes Intention erklärt, geht aber mit keinem Wort auf den Wunsch des Volkes ein, er möge die Rolle des Vermittlers übernehmen.

20,19 steht aber nicht nur in Spannung zum Erzählzusammenhang in Kap. 19f, sondern auch zur Einschaltung des Dekalogs. Da sich die Kundgabe des Dekalogs unmittelbar an das Volk richtet, ist dessen Befürchtung, es könne sterben, falls Gott mit ihm redet, unverständlich. Dem gegenwärtigen Zusammenhang nach hat das Volk eben erst die gegenteilige Erfahrung gemacht. Bereits B. Baentsch stellt darum fest: „Wenn das Volk bereits Worte Elohims vernommen hätte, dürfte in v. b ein עוד nicht fehlen"[113] und verweist auf Dtn 5. Tatsächlich ist dort jener Widerspruch behoben.

„Als ihr die Donnerstimme aus der Finsternis hörtet und der Berg im Feuer brannte, kamt ihr zu mir ... und sagtet: ‚Siehe, Jahwe, unser Gott, hat uns seine Herrlichkeit und seine Größe gezeigt, und seine Donnerstimme haben wir aus dem Feuer gehört. Heute haben wir gesehen, daß Gott mit dem Menschen redet und er am Leben bleibt. *Trotzdem*[114]: Warum sollen wir sterben? Dieses große Feuer könnte uns verzehren. Wenn wir *noch einmal* die Stimme Jahwes, unseres Gottes, hören, werden wir sterben; denn wo gäbe es ir-

---

113 Exodus – Leviticus – Numeri: HK I/2, Göttingen 1903, 184; vgl. M. Noth, Das 2. Buch Mose. Exodus: ATD 5, Göttingen [6]1978, 124.135.

114 So mit der EÜ. Die Kopula knüpft nicht an das unmittelbar zuvor Gesagte an, sondern setzt unausgesprochen die folgenden Überlegungen voraus. Dieser Gebrauch der Kopula weicht zwar vom Üblichen ab, ist aber keineswegs singulär und wohl als Ausdruck besonderer Erregung zu werten. Vgl. GK § 154b.

gendein Wesen aus Fleisch, das die Stimme des lebendigen Gottes
aus dem Feuer heraus reden hörte wie wir und wäre am Leben
geblieben? Geh du hin und höre alles, was Jahwe, unser Gott, sagt,
und sage uns alles, was Jahwe, unser Gott, zu dir sagt, und wir
wollen gehorchen und (es) tun!'" (5,23–27)

Offenkundig steht die Befürchtung des Volkes, Gott
könne mit ihm reden und es so töten, in Ex 20 nicht in
Verbindung mit der Einfügung des Dekalogs. Der Vers
führt vielmehr – anknüpfend an einen älteren Erzählfaden
– zur Einschaltung des Bundesbuches hin.
Der Befund ist eindeutig: Dtn 5 ist nicht das Modell für
Ex 20, sondern umgekehrt ein Versuch, die Spannung
aufzulösen, die in Ex 20 zwischen der Kundgabe des Dekalogs und der Hinführung zur Promulgation des Bundesbuches (V 19.21) besteht. Mit den Worten L. Perlitts:
„Zu (Ex) 20,2–17 besagt 20,18–21 nur etwas, wenn man"
– entgegen der Leserichtung – „von Dtn 5 herkommt."[115]
Ist Dtn 5,23–27 bereits eine glättende Bearbeitung von Ex
20,19 vor dem Hintergrund der Kundgabe des Dekalogs,
ist außerdem eindeutig: Der Dekalog wurde zuerst in Ex
20 eingeschaltet und erst später auch dem Deuteronomium vorangestellt. Die Frage lautet dann aber nicht, wie
und warum der Dekalog vom Horeb an die Sinai kam,
sondern umgekehrt, warum der Dekalog im Deuteronomium repetiert wird. Liegt dies allein an der Stilisierung
des Deuteronomium als Rückblick auf die Ereignisse am
Gottesberg? Dies hat gewiß eine Rolle gespielt. Mir
scheint jedoch, daß die Redaktion, die für die Doppelüberlieferung des Dekalogs verantwortlich ist, auf ein viel
tiefergreifendes Problem reagiert, das Problem nämlich,
daß die Darstellung der Ursprungsgeschichte Israels nach
der Verbindung des Deuteronomium mit dem aus JE und
P gebildeten Geschichtswerk zwei Gesetzescorpora enthält, die entgegen dem Erzählzusammenhang nicht kon-
gruent sind, sich gelegentlich sogar widersprechen. Die
Redaktion sucht dieses Problem zu lösen, indem sie auch
dem deuteronomischen Gesetz den Dekalog als Zusammenfassung des Gotteswillens vor- und überordnet. Da-

115   (Anm. 2) 92 Anm. 5.

mit hebt sie gleichsam die Unterschiede, ja Unvereinbarkeiten zwischen beiden Gesetzescorpora auf einer höheren Ebene auf. Bundesbuch wie deuteronomisches Gesetz erscheinen nun trotz ihrer Unterschiede als Konkretisierungen des *einen* Gotteswillens.[116]

V
Zum Streit um die Dignität des Dekalogs

Daß der Dekalog der Versuch einer Zusammenfassung des göttlichen Willens ist, ist gegenwärtig allerdings umstritten.[117] So gilt für F. Crüsemann: Der Dekalog zielt zwar auf die „Bewahrung der Freiheit"; diese Freiheit ist aber die des freien, grundbesitzenden Israeliten.[118] Andere Gruppen der Gesellschaft, insbesondere die sozial Schwachen, kommen nicht in den Blick.[119] Der Rang, der dem Dekalog vielfach zugemessen werde, lasse sich aus seinem Inhalt nicht begründen:

„Der Dekalog kann nicht als so etwas wie eine Zusammenstellung oder Essenz der Tora angesehen werden und wollte das offenkundig auch niemals sein, zu viele zentrale Themen fehlen völlig und lassen sich, wie die Auslegungsgeschichte zeigt, nur mit mehr oder weniger sanfter Gewalt in ihn hineininterpretieren."[120]

Tatsächlich ist zuzugestehen: Angeredet ist zunächst der

---

116  Daß der Dekalog „als Gleichrichter" wirkt, sieht auch F. Crüsemann (Tora [Anm. 47] 413), bleibt aber in der Bestimmung des Modus zu formal: „weil alles übrige nur dem Mose mitgeteilt wird, relativieren sich die Unterschiede zwischen den Gesetzen, spielt es keine Rolle, ob es als sinaitische Gottesrede formuliert ist oder als moabitische Moserede." (ebd.) Außerdem ist die Vorstellung, daß die Gesetze durch Mose vermittelt wurden, die Sinaiperikope und Deuteronomium verbindet, vom Dekalog unabhängig.
117  Vgl. dazu ausführlicher W. Groß (Anm. 99) 161–170.
118  Bewahrung (Anm. 91) 28ff.
119  Vgl. auch D.J.A Clines (Anm. 24) 97–112, der jedoch weit radikaler urteilt: Der Dekalog ist das Ethos der „conservative old men" der wohlhabenden städtischen Eliten und dient der Verteidigung ihrer Privilegien.
120  Tora (Anm. 47) 409.

männliche, grundbesitzende Israelit. Muß man aber nicht
zwischen Adressat und Geltungsbereich der Gebote unterscheiden?[121] Die Gebote schützen nicht nur eine bestimmte Gruppe in Israel, sondern gelten für alle Israeliten, unabhängig von sozialem Stand und Geschlecht.[122]
Der Dekalog enthält zwar kein Gebot zur Solidarität mit
den Schwachen, läßt aber im Sabbatgebot sozialen Sinn
erkennen.[123]
Es ist darum kaum verwunderlich, daß die Auffassung
von F. Crüsemann auf Widerspruch gestoßen ist. So hat

---

121  EdF 281, 33f; vgl. A. Brenner, An Afterword: The Decalogue
– Am I an Addressee?: dies. (Hg.), Feminist Companion to Deute-
ronomy. The feminist companion to the bible 6, Sheffield 1994,
255–258.
122  Zumindest die Formulierung des Sabbatgebots mit dem hinsichtlich des genus indifferenten infinitivus absolutus, vielleicht
auch die objektlose Formulierung des Ehebruchverbots richtet sich
auch an die Frau. Vgl. EdF 281, 92.117f. Zum inf. abs. vgl. U.
Dahmen, Der Inifinitivus absolutus als Imperativ – ein redaktions-
kritisches Kriterium?: BN 76 (1995) 62–81.
123  Der Versuch von E. Otto, das Fehlen eines Solidaritätsgebots
mit den Schwachen überlieferungsgeschichtlich zu erklären – die
Dekalogredaktion wurzelt theologisch in einer „Aussonderungstheologie", die traditionsgeschichtlich keine Verbindung mit der in
der „Königsgottmotivik" wurzelnden Fürsorge für die *personae
miserae* hat (Brennspiegel [Anm. 21] 66–68) –, trifft Crüsemanns
Anfrage nicht. Dasselbe gilt für die Annahme, daß „(i)n der Perspektive von DtrD ... die Fürsorge für die *personae miserae* zu den
Aufgaben nicht der Exilsgemeinde, sondern des neuen Israel im
Kulturland (gehört)" (Ethik [Anm. 21] 214; ähnlich bereits N. Lohfink, Unterschied [Anm. 96] 81). „Warum sollte die Solidarität mit
den Schwachen im Exil weniger wichtig sein als im Land?" (W.
Groß [Anm. 99] 167) Außerdem läßt sich die Voraussetzung dieser
Sicht, daß „(d)er Verfassungsentwurf des Neuen Israel (Dtn 12 –
26) ... den unabhängig vom Landbesitz in allen Orten und zu jeder
Zeit geltenden Dekalog unter den Bedingungen des Kulturlandes
aus(legt)" (E. Otto, Ethik [Anm.21] 219), nur schwer mit dem Se-
genshinweis des Elterngebots vereinbaren: „damit deine Tage lang
sind (und es dir gut geht) auf dem Boden, den Jahwe, dein Gott dir
gibt" (Ex 20,12; Dtn 5,16). Richtig ist allerdings, daß die Einhaltung des Dekalogs im Unterschied zum Bundesbuch und zum
Deuteronomium von der Existenz im Lande unabhängig ist, da er
keine kultischen Anweisungen enthält. Vgl. EdF 281, 91f.95.

N. Lohfink[124] durch einen Vergleich der Abfolge der Gebote im Dekalog mit der Anordnung der Gesetze im
Deuteronomium zu zeigen versucht, daß sich im Nach-
einander von Dekalog und Gesetzescorpus sehr wohl ein
Gefälle verbirgt, in dem sich die Unterscheidung von
„Grundprinzipien und Explikation", „prinzipiellem und
unwandelbarem Gotteswillen einerseits und dessen wan-
delbarer und jeweils zeitbedingter Konkretion andererer-
seits" ausspricht. Tatsächlich räumen die Sinaiperikope
wie das Deuteronomium dem Dekalog durch den Modus
seiner Kundgabe und die Komposition eine besondere,
herausgehobene Stellung ein. Er ergeht unmittelbar als
Gotteswort (Ex 20,1; Dtn 5,4.22) und steht den anderen
Geboten, die durch Mose vermittelt werden (Ex 20,19;
Dtn 5,23–33), voran. So erhalten die folgenden Rechtssätze jeweils den Charakter von Ausführungsbestimmungen, Konkretionen, des Dekalogs.[125] Ist aber die
Gleichsetzung der Unterscheidung zwischen „Grundprinzipien und Explikation" mit der Unterscheidung von
„unwandelbar und wandelbar, zeitbedingt" nicht zu mo-
dern? Die Rechtssätze vom Bundesbuch ab ergehen zwar
nicht unmittelbar an Israel, sondern werden durch Mose
vermittelt, gelten aber auch als Setzungen Gottes.[126] So
ist in diesem Punkt mit W. Groß[127] F. Crüsemann zuzustimmen:

„(D)ie Vorstellung, daß die so konkreten einzelnen Rechtssamm-
lungen ... in ihrer Detailliert- und Konkretheit zeitgebunden, also

---

124  Unterschied (Anm. 96) 206–238.
125  EdF 281, 25. Die Frage, ob sich darüber hinaus eine
„dekalogische Redaktion" des Deuteronomium nachweisen läßt (G.
Braulik; N. Lohfink; E. Otto; s.o. Anm. 96), kann hier auf sich beruhen bleiben. Angemerkt sei nur, daß sich für das Sabbat- und das
Elterngebot, die sich durch ihre positive Formulierung wie ihren
Umfang hervorheben, nur mit viel Mühe eine Entsprechung im
Corpus des Deuteronomium finden läßt.
126  Die Paraphrase der Wendung חקים ומשפטים als „Rechtsbe-
stimmungen, und zwar (aufgrund von) Entscheidungen(, die bisher
noch offene oder unklare Situationen klärten)" (N. Lohfink, Unterschied [Anm. 96] 80) mag zwar rechtshistorisch das Richtige treffen, ist aber kaum im Sinne des Deuteronomium.
127  (Anm. 99) 166.

der in ihnen formulierte Gotteswille sich mit den Umständen ändere oder gar völlig hinfallen könne, ist historisch bei den Redaktoren keineswegs vorauszusetzen."[128]

F. Crüsemanns Behauptung, daß die Besonderheit des
Dekalogs nicht im Inhalt, sondern nur im Modus der
Kundgabe besteht und dieser lediglich als „Ätiologie für
die Mittlerstellung des Mose" fungiere[129], reißt jedoch
einen kaum nachvollziehbaren Gegensatz zwischen Form
und Inhalt auf und läßt die Rezeptionsgeschichte des Dekalogs im antiken Judentum bis 70 n. Chr. wie im Neuen
Testament[130] zum Rätsel werden. Vielmehr zeigt sich in
der Sonderstellung des Dekalogs innerhalb der Sinaiperikope wie im Deuteronomium nichts weniger als sein Anspruch, Zusammenfassung des Gotteswillens zu sein. Die
Stärke des Dekalogs liegt gerade darin, daß er nicht alles
und jedes umfaßt, sondern sich auf Wesentliches konzentriert, dabei in den Formulierungen Allgemeingültigkeit
anstrebt.[131] Außerdem ist der Dekalog – auch dies zeigt
seine Stellung im Kontext – auf Konkretion hin offen,
will insofern „exemplarisch" sein[132]. Dabei hält der
Dekalog in kaum überbietbarer Weise durch seine Struktur, die Verbindung von heilsgeschichtlichem Proömium
und Geboten sowie die Verbindung von erster und zweiter Tafel, bewußt, daß Gottes Zuwendung seinem Anspruch vorausgeht und menschliches Handeln, sofern es

128   Tora (Anm. 47) 411.
129   S. dazu o. Anm. 116.
130   S. dazu die Beiträge von U. Kellermann und D. Sänger in
diesem Band.
131   EdF 281, 34. „Nicht durch kasuistische Vollständigkeit, sondern durch eine Theol. der privilegrechtlichen Unterstellung der
gesamten Lebenswelt unter den Gotteswillen wird das Handeln in
allen Bezügen auf Gott hin orientiert." E. Otto, Dekalog (Anm. 21)
628.
132   E.-J. Waschke (Anm. 89) 387. Die Gebote der ersten Tafel
„schließen alles mit ein, was Israels Verhalten und Israels Beziehung zu seinem *einen* und *einzigen* Gott (Dtn 6,4) in Frage stellen
können." Mit den Geboten der zweiten Tafel ist „jedes Verhalten
untersagt, das den anderen seiner Freiheit beraubt, ihn in seinen
Lebensbedingungen schädigt oder sein Leben überhaupt zerstört."
(ebd.)

am Nächsten orientiert ist, durch Gottes zuvorkommendes Handeln ermöglicht ist[133].

---

133  H.-C. Schmitt, Die Gegenwartsbedeutung der Ethik des Alten Testaments: ZThK 95 (1998) 295–312, 308f; vgl. – mit stärkerer Akzentuierung des Imperativ – E. Otto, Dekalog (Anm. 21) 628: „Einer Kettung des Menschen an seine partikularistischen Interessen als Handlungsmaxime wird eine Grenze gesetzt zugunsten des Gotteswillens als Maxime, die den Handelnden an den Nächsten und seine Lebenszwecke weist."

# Dieter Sänger

# Tora für die Völker – Weisungen der Liebe

## Zur Rezeption des Dekalogs im frühen Judentum und Neuen Testament[*]

Im Bewußtsein nicht nur der meisten Christen gibt es kaum einen alttestamentlichen Text oder Textkomplex, dessen Bekanntheitsgrad an den des Dekalogs (Ex 20,2–17 / Dtn 5,6–21) heranreicht. Auch wo seine offenbarungstheologisch begründete Autorität als verpflichtendes Gotteswort an Überzeugungskraft verloren hat, ist seine Akzeptanz als normatives Kompendium sittlich-moralischer Grundprinzipien nahezu ungebrochen. Einen vergleichbaren Stellenwert besitzt wohl nur noch das Nächstenliebegebot (Lev 19,18b). Auf der Skala wünschbarer Optionen, in der alltags- und lebensweltlichen Realität unserer von Partikularinteressen beherrschten Gesellschaft einen verbindlichen Kanon zwischenmenschlicher Wertestandards zu konservieren, nimmt es einen dem Dekalog ebenbürtigen Rang ein. Zudem stehen beide in enger sachlicher Beziehung. Die Einbettung in seinen jetzigen Kontext, insbesondere das vorgeschaltete „Du sollst deinen Bruder nicht in deinem Herzen hassen" (Lev 19,17a)[1] schließt ein reduktionistisches Verständnis des Nächstenliebegebots im Sinne eines bloß äußerlichen Handelns aus. Ein Indiz dafür, daß es eine Vorgeschichte hat und einen längeren ethischen Reflexionsprozeß voraussetzt. Vermutlich ist es aus Rechtsforderungen erwachsen, die ein bestimmtes Verhalten dem Nächsten gegenüber verbieten, um ihn vor sozialen, wirtschaftlichen und rechtlichen Nachteilen zu schützen[2]. Insofern

---

[*]   Christoph Burchard zum Siebzigsten.
[1]   Vgl. Ps 15,2; 24,4; Hi 31,7.9.27.
[2]   Vgl. Ex 22,20f; 23,1.6.9; Dtn 23,17; 24,17; 27,19, ferner Lev 19,13.15f; 24,22; Prov 14,31; 17,5; Sach 7,9f u.ö. Zur Frage insge-

stellt das Nächstenliebegebot eine positiv gefaßte Verallgemeinerung der überwiegend negativ formulierten Weisungen der zweiten Tafel dar und konnte in späterer Zeit
als deren eigentliches Ziel interpretiert werden[3].
Freilich teilt der – im Alten Testament singuläre – Kardi-
nalsatz „Liebe deinen Nächsten wie dich selbst"[4] das

---

samt s. Th. Söding, Das Liebesgebot bei Paulus. Die Mahnungen
zur Agape im Rahmen der paulinischen Ethik (NTA NF 26), Münster 1995, 43–47; W.H. Schmidt, Im Umfeld des Liebesgebots.
Ethische Auswirkungen der Unterscheidung Tun Gottes und Tun
des Menschen, in: Recht und Ethos im Alten Testament – Gestalt
und Wirkung. FS für H. Seebass zum 65. Geb., hg. von S. Beyerle
u.a., Neukirchen-Vluyn 1999, 145–154: 152.
3  F. Crüsemann, Die Tora. Theologie und Sozialgeschichte des
alttestamentlichen Gesetzes, München 1992, 374.378. Vgl. A. Nis-
sen, Gott und der Nächste im antiken Judentum. Untersuchungen
zum Doppelgebot der Liebe (WUNT 15), Tübingen 1974, 278–
283; W.H. Schmidt / H. Delkurt / A. Graupner, Die Zehn Gebote
im Rahmen alttestamentlicher Ethik (EdF 281), Darmstadt 1993,
147f; M. Konradt, Menschen- oder Bruderliebe? Beobachtungen
zum Liebesgebot in den Testamenten der Zwölf Patriarchen, ZNW
88 (1997) 296–310, bes. 299ff.310. Die prophetische Traditionslinie akzentuiert stärker H.-P. Mathys, Liebe deinen Nächsten wie
dich selbst. Untersuchungen zum alttestamentlichen Gebot der
Nächstenliebe (Lev 19,18) (OBO 71), Freiburg (Schweiz) / Göttingen ²1990, bes. 143–173. Vor allem im griechisch sprechenden
Judentum konnte die zweite Tafel unter den Begriffen
φιλανθρωπία bzw. δικαιοσύνη zusammengefaßt werden, Arist
131.168; TestIss 5,1f; 7,1–6; Philo, SpecLeg 2,63; Virt 51.95.
Mehr bei K. Berger, Die Gesetzesauslegung Jesu. Ihr historischer
Hintergrund im Judentum und im Alten Testament. Teil I: Markus
und Parallelen (WMANT 40), Neukirchen-Vluyn 1972, 151–162.
4  Die engste Parallele zu Lev 19,18b ist 19,33f. Jedoch geht es
dort nicht um den רע sondern um den גר. Ihn zu lieben wird außerhalb des Heiligkeitsgesetzes nur Dtn 10,19 geboten. Umstritten ist,
wer mit רע und גר gemeint ist. Liest man Lev 19,18 im Kontext
(18,20; 19,13–18a), bezieht sich רע am ehesten auf den Mit-Israe-
liten. Demgegenüber bezeichnet גר in der Regel den Nicht-Israeli-
ten, also Volksfremden (nur selten wie in Lev 17,8; 22,18–25; Num
9,14; 15,14 auch den Proselyten) mit dem Status eines Schutzbür-
gers. Vgl. F. Crüsemann, Fremdenliebe und Identitätssicherung.
Zum Verständnis des „Fremden" – Gesetzes im Alten Testament,
WuD NF 19 (1987) 11–24, bes. 14–17; H.-P. Mathys, Liebe deinen
Nächsten, 31–45; Ch. Bultmann, Der Fremde im antiken Juda. Eine
Untersuchung zum sozialen Typenbegriff >ger< und seinem Be-

Schicksal anderer markanter Maximen. Seine herausragende Bedeutung in der synoptischen Tradition wie auch
bei Paulus (Mk 12,31 par.; Röm 13,9c; Gal 5,14, vgl.
Mt 7,12) und die daraus resultierende wirkungsgeschichtliche
Dominanz als Summe, Inbegriff und Kriterium christlichen Ethos hat zur Folge gehabt, daß seine ursprüngliche
Herkunft weithin in Vergessenheit geraten ist. Vielfach
gilt er als genuin christliche Prägung, die letztlich auf Jesus von Nazareth zurückgeht[5]. Vor diesem Irrtum sind die
„Zehn Worte" (Dtn 4,13; 10,4)[6] vom Sinai bewahrt worden. Ihr unverwechselbares Merkmal besteht gerade
darin, in prägnanter Dichte den Gotteswillen zusammen-
zufassen, der Israel am Sinai geoffenbart wurde.

---

deutungswandel in der alttestamentlichen Gesetzgebung (FRLANT
153), Göttingen 1992, 17–33; M. Ebersohn, Das Nächstenliebegebot in der synoptischen Tradition (MThSt 37), Marburg 1993, 39–
42; J. Schreiner / R. Kampling, Der Nächste – der Fremde – der
Feind. Perspektiven des Alten und des Neuen Testaments (NEB
Themen 3), Würzburg 2000, 9–53: 12–39 (J. Schreiner).
5  Eine ganz andere Frage ist, ob die Kombination von Gottes-
liebe- und Nächstenliebegebot – sei es in Form eines Gebotspaares
(Mk 12,30f / Mt 22,37–39) oder eines Doppelgebots (Lk 10,27) –
authentische Jesusüberlieferung wiedergibt oder nicht. Vgl. nur
J.B. Stern, Jesus' Citation of Dt 6,5 and Lv 19,18 in the Light of
Jewish Tradition, CBQ 28 (1966) 312–316; R.H. Fuller, Das Dop-
pelgebot der Liebe. Ein Testfall für die Echtheitskriterien der
Worte Jesu, in: Jesus Christus in Historie und Theologie. Neutestamentliche FS für H. Conzelmann zum 60. Geb., hg. von G.
Strecker, Tübingen 1975, 317–329; J. Piper, 'Love your enemies'.
Jesus' love command in the synoptic gospels and in the early Christian paraenesis. A history of the tradition and interpretation of its
uses (MSSNTS 38), Cambridge 1979, 92–94.208f; W. Schrage,
Ethik des Neuen Testaments (GNT 4), Göttingen ²1989, 74–76
einerseits (pro), K. Berger, Gesetzesauslegung, 142f.172; Ch. Burchard, Das doppelte Liebesgebot in der frühen christlichen Überlieferung, in: ders., Studien zur Theologie, Sprache und Umwelt des
Neuen Testaments, hg. von D. Sänger (WUNT 107), Tübingen
1998, 3–26: 19–21.25 (nicht dem Wortlaut, aber der Substanz und
Funktion nach jüdisch vorgebildet) andererseits (contra).
6  In Ex 34,28 beziehen sich die עֲשֶׂרֶת הַדְּבָרִים nicht auf den
Dekalog, sondern auf die unmittelbar vorhergehende Reihe kulti-
scher Gebote (Ex 34,12–26).

I

Angesichts dieser dem Dekalog zugeschriebenen Funktion, die ihn von den übrigen alttestamentlichen Rechtskorpora unterscheidet und ihm besonderes Gewicht verleiht, fallen zwei gegenläufige Tendenzen um so mehr auf. Die eine ist dadurch gekennzeichnet, daß in der nachexilischen kanonischen und deuterokanonischen Literatur Anspielungen oder zweifelsfrei Zitatcharakter tragende Rückgriffe auf den Dekalog relativ selten begegnen. Sieht man einmal von den wenigen und darum signifikanten Ausnahmen ab, hat es den Anschein, als habe er innerhalb des Alten Testaments und im zwischentestamentlichen Schrifttum weder als Ganzes noch in seinen Teilen eine nennenswerte Nachgeschichte erlebt. Ein paar Schlaglichter mögen dies illustrieren.

Die Anklage in Hos 4,2 („Verfluchen, Täuschen, Morden, Stehlen und Ehebrechen reißen ein im Land, und Bluttat reiht sich an Bluttat") erinnert zwar an das fünfte bis siebte Gebot[7], die Scheltrede in Jer 7,9 („Stehlen, Morden, Ehebrechen, Falschschwören, dem Baal opfern und anderen Göttern nachlaufen, die ihr nicht kanntet") darüber hinaus an die einleitende Selbstvorstellungsformel und den mit ihr verbundenen Ausschließlichkeitsanspruch Jahwes (Ex 20,2f / Dtn 5,6f). Aber die Berührungen sind doch zu vage und die sprachlichen Differenzen zu groß, um die Vermutung zu erhärten, es handle sich um eine gezielte Adaption der objektlosen Prohibitive der zweiten Tafel, mithin um eine Form bewußter Dekalogrezeption[8]. Hinzu kommt, daß die Reihenfolge der aufgezählten Vergehen vom Referenztext abweicht und Jer 7,9 keine Verstöße gegen den „Nächsten" anprangert, sondern die fatale Selbsttäuschung der Adressaten entlarvt (Jer 7,10–15). Plausibler dürfte eine andere Annahme sein. Hos 4,2 und Jer 7,9 enthalten Reste sentenzartiger Traditionen,

---

7  Ich übernehme hier und im folgenden die röm.-kath. / luth. Gebotszählung.
8  So u.a. R.F. Collins, The Ten Commandments and the Christian Response, LouvSt 3 (1971) 308–322: 308 mit Anm. 2 („sure allusions").

die auch auf die entsprechenden Passagen des Dekalogs eingewirkt haben. Trifft dies zu, hätten wir es beidesmal mit einer „freie(n) Gruppierung"[9] von älterer, im jeweiligen Verwendungszusammenhang aktualisierter Überlieferung zu tun[10]. Lediglich Ps 81,10f („Kein andrer Gott sei unter dir, und einen fremden Gott sollst du nicht anbeten. Ich bin der Herr, dein Gott, der dich aus Ägyptenland geführt hat.") enthält eine deutliche Anspielung auf die Präambel des Dekalogs und das erste Gebot (vgl. Hos 13,4)[11].

Im Bereich der intertestamentarischen Literatur ergibt sich vielfach ein ähnliches Bild. Zahlreiche ihrer Vertreter – äthHen, slHen, syrBar, 4Esr, Jub und Tob – scheiden völlig aus. Wo die mit Strafe sanktionierten Tatbestände wie Diebstahl, Mord, Ehebruch (Unzucht) und Begierde, bisweilen auch Götzendienst, nebeneinander gestellt werden (Weish 14,24–27; TestAbr [A] 10; ApkAbr 24,5–8; Sib 4,31–33; Ps.-Menander [Philemon] 8–15), geschieht dies uneinheitlich und mit beträchtlicher Varianz, was Ursache, Zahl und Konsequenzen der angeführten Ver-

---

9   H.W. Wolff, Dodekapropheton 1. Hosea (BK 14/1), Neukirchen-Vluyn [4]1990, 84.

10  Vgl. K. Berger, Gesetzesauslegung, 259.290f; G. Müller, Der Dekalog im Neuen Testament. Vor-Erwägungen zu einer unerledigten Aufgabe, ThZ 38 (1982) 79–97: 82; F.-L. Hossfeld, Der Dekalog. Seine späten Fassungen, die originale Komposition und seine Vorstufen (OBO 45), Freiburg (Schweiz) / Göttingen 1982, 276–278.281f; H. Delkurt, Eine Zusammenfassung des Dekalogs in Sach 5,3f?, in: Recht und Ethos im Alten Testament, 193–205: 198–201. Anders z.B. Ch. Levin, Der Dekalog am Sinai, VT 35 (1985) 161–191. Für ihn steht am Beginn der Entwicklung die prophetische Scheltrede Jer 7,9, aus der eine Prohibitivreihe entstanden ist, die in exilischer Zeit zum Urdekalog Ex 20,2f.5.13–17 erweitert wurde. Dieser Urdekalog bildet mit der Theophanieschilderung Ex 19,10–20 die „Keimzelle" der Sinaiperikope. Kritisch dazu Ch. Dohmen, Dekalogexegese und kanonische Literatur. Zu einem fragwürdigen Beitrag C. Levins, VT 37 (1987) 81–85; Ch. Bultmann, Fremde, 64–71.

11  In Lev 19,3f.11f wird der Dekalog ebensowenig direkt aufgenommen oder gar zitiert wie in Sach 5,3f. Die Stellen enthalten vielmehr vorexilisches Prophetengut und gehören zur Wirkungsgeschichte von Hos 4,2 und Jer 7,9, H. Delkurt, Zusammenfassung, 201–204.

fehlungen angeht[12]. Drei regelrechte Lasterkataloge bietet
grBar (4,17; 8,5; 13,4). Auch hier finden sich die zuvor
erwähnten Negativa in stereotyper Gleichförmigkeit, an-
gereichert durch Warnungen vor weiteren verabscheu-
ungswürdigen Praktiken. Möglicherweise liegt christlicher Einfluß vor (vgl. Mt 15,19; Röm 1,29–31; 2Kor
12,20; Gal 5,19–21; Phil 2,14)[13]. Obwohl ein Nachhall
des Dekalogs in keinem der genannten Fälle zwingend
ausgeschlossen werden kann, ist ein unmittelbares Ein-
wirken sehr unwahrscheinlich[14].

Anders liegen die Dinge vielleicht in den TestXII. Hinsichtlich TestIss 7,2–6 ist zumindest zu erwägen, ob der
Abschnitt[15] auf die zweite Tafel anspielt. Darauf deuten

12  Weish 14,24–27: Ehebruch (bis), Mord, Diebstahl, Götzendienst; TestAbr (A) 10: Diebstahl, Mord, Ehebruch; ApkAbr 24,5–
8: Unzucht, Diebstahl, Begierde; Sib 4,31–33: Mord, Diebstahl,
Unzucht; Ps.-Menander [Philemon] 8–15 (= Clem. Alex., Strom V
119,2 [SC 278, p. 218]): Ehebruch, Diebstahl, Mord, Begierde.
13  W. Hage, Die griechische Baruch-Apokalypse (JSHRZ 5/1),
Gütersloh 1974, 15–44: 27 (Anm. d zu 4,17). Daß grBar 4,17 „Dekaloggebote zitiert", so K. Berger, Gesetzesauslegung, 391, stimmt
nicht.
14  Anderer Ansicht ist offenbar M. Konradt, Christliche Existenz
nach dem Jakobusbrief. Eine Studie zu seiner soteriologischen und
ethischen Konzeption (StUNT 22), Göttingen 1998, 196f (Anm.
167). Daß „die sehr weit gestreute Bezeugung des Dekalogs im
Judentum" darauf schließen lasse, „über die Bedeutung des Dekalogs ... (habe es) in der Zeit vor Jamnia einen breiten jüdischen
Konsens gegeben", so O. Wischmeyer, Das Gebot der Nächstenliebe bei Paulus. Eine traditionsgeschichtliche Untersuchung, BZ
NF 30 (1986) 161–187: 162f, trifft zwar zu (dazu gleich). Um
Mißverständnissen vorzubeugen muß man aber gleich hinzufügen,
daß ein Großteil der Quellen diesen Eindruck gerade nicht bestätigt. Sie werden von O. Wischmeyer völlig ausgeblendet.
15  7,2–6 ist wie 3,3–8 ein Unschuldsbekenntnis, in dem jeweils
das Stichwort ἁπλότης (3,2; 7,7) erläutert wird. J. Becker scheidet
7,2–6 als sekundäre, den Anschluß von 7,8 an 6,4 unterbrechende
Erweiterung literarkritisch aus, Untersuchungen zur Entstehungs-
geschichte der Testamente der Zwölf Patriarchen (AGJU 8), Leiden
1970, 338.343–347. Dazu besteht jedoch kein zureichender Grund,
vgl. M. de Jonge, Testament Issachar als „typisches" Testament.
Einige Bemerkungen zu zwei neuen Übersetzungen der Testamente
der Zwölf Patriarchen, in: ders. (Hg.), Studies on the Testaments of
the Twelve Patriarchs. Text and Interpretation (SVTP 3), Leiden

nicht bloß die wie im Dekalog stets verneinten Vorwürfe
Ehebruch (7,2), Begehren (7,3) und Lüge (7,4b) hin.
Sollte das ebenfalls negierte Stichwort δόλος in 7,4a
nicht „List, Trug" meinen, sondern im Sinne von „hinter-
hältiger Mord" gebraucht sein und damit die gleiche semantische Valenz besitzen wie in Ex 21,14; Lev 19,16;
Dtn 27,24 [jeweils LXX], gewänne der beabsichtigte Bezug auf das fünfte Gebot eine zusätzliche Stütze[16]. Lediglich 4Makk 2,5 gibt sich bis auf eine marginale Abweichung – οὐδέ anstelle von οὔτε – als Zitat aus Ex 20,17 /
Dtn 5,21 [LXX] zu erkennen, wenngleich der Wortlaut
stark gekürzt ist. Die Wiedergabe beschränkt sich auf den
Anfang (Verbot, des Nächsten Frau zu begehren) und den
generalisierenden Schlußteil des zehnten Gebots.
Fazit: In den jüngeren Schichten des Alten Testaments
und weiten Teilen des nachbiblischen Schrifttums hat der
Dekalog kaum Spuren hinterlassen.
Doch so eindeutig das Ergebnis dieses gerafften Überblicks zunächst erscheinen mag, so wenig darf es verab-
solutiert werden. In offenkundigem Kontrast dazu steht
eine andere Traditionslinie. Art und Gewicht ihrer Repräsentanten nötigen zur Vorsicht, die bisherigen Beobachtungen zu isolieren und zum alleinigen Maßstab für die
Beurteilung des Dekalogs im antiken Judentum zu erheben. Ein solches Vorgehen ist schon methodisch problematisch. Vor allem aber ignoriert es den Charakter des
geographisch breit gestreuten Quellenmaterials und blen-
det a limine die Möglichkeit aus, daß es gelebte Praxis re-
flektiert oder zumindest deren Wirklichkeit voraussetzt.
Berücksichtigt man den literarischen Gesamtbefund und
vernetzt ihn mit weiteren nicht-literarischen Zeugnissen,
ist es nicht einmal übertrieben, dem Dekalog eine „Sonderstellung" innerhalb der biblischen Gesetze „auch

1975, 291–316: 305.307–309; K.-W. Niebuhr, Gesetz und Paränese. Katechismusartige Weisungsreihen in der frühjüdischen
Literatur (WUNT II/28), Tübingen 1987, 109f.
16 Vgl. auch M. Ebersohn, Nächstenliebegebot, 76 („deutliche
Anklänge an die zweite Tafel des Dekalogs"). Träfe dies zu, wäre
die Liste der Negativbefunde bei K.-W. Niebuhr, Gesetz und Paränese, 61 mit Anm. 217, in Bezug auf die TestXII zu korrigieren.

schon im Frühjudentum zur Zeit des Zweiten Tempels"[17] zu attestieren. Hierzu wiederum nur einige erläuternde Bemerkungen.

Unter der Überschrift περὶ τῶν δέκα λόγων οἳ κεφάλαια νόμων εἰσίν widmet Philo von Alexandrien dem Dekalog eine eigene Abhandlung (σύνταξις, Decal 1). Wesentlich sind ihm zwei Aspekte. Zum einen unterscheiden sich die δέκα λόγοι ihrer Wertigkeit nach von den übrigen νόμοι. Während diese von einem Mittler, dem Propheten und Dolmetscher Mose, verkündet worden sind (Decal 18.175), hat jene Gott selbst (αὐτοπρόσωπος) offenbart[18], indem er sie durch eine eigens geschaffene Stimme vernehmen ließ[19]. Zum anderen gewichtet Philo die Dekaloggebote als Hauptstücke (κεφάλαια νόμων)[20], aus denen alle Einzelgebote abgeleitet werden können[21]. Aus dieser Unterscheidung in κεφάλαια νόμων und ἐν εἴδει νόμοι (Decal 154) bzw.

---

17  G. Stemberger, Der Dekalog im frühen Judentum, JBTh 4 (1989) 91–103: 91.

18  Decal 18f.175, vgl. Praem 2. Bereits in der biblischen Vorlage wird der Dekalog als Gottesrede stilisiert (Ex 20,1 / Dtn 5,4), der die als Moserede gekennzeichneten Gesetze (Ex 20,22) vom Bundesbuch ab nachgeordnet werden (vgl. Dtn 12,1). Kompositorisch erhalten sie dadurch „den Charakter von Ausführungsbestimmungen zum Dekalog", W.H. Schmid, Einführung in das Alte Testament (GLB), Berlin / New York ⁵1995, 119. Was Philo für alle Dekaloggebote behauptet, daß sie Israel ohne einen Mediator von Gott selbst verkündet wurden, gilt nach R. Yischmael b. Elischa (bHor 8a) und R. Hamnuna (bMak 24a) wegen seiner Formulierung in der 1. Pers. Sing. nur für das erste Gebot. Deshalb hat es in der rabbinischen Überlieferung besonderes Gewicht.

19  Decal 32–35, vgl. 46f. Im Hintergrund steht Ex 20,1; Dtn 4,12.15.33.36. In Dtn 5,22 wird ebenfalls zwischen Mose als Mittler und Gott als Autor des Dekalogs unterschieden, vgl. Ex 24,12; 31,18; 32,15f; Dtn 4,12f; 9,9–12; 10,1–5, ferner Hebr 12,19. Zur Gottesstimme als Offenbarungsmedium bei Philo und Josephus vgl. P. Kuhn, Offenbarungsstimmen im Antiken Judentum. Untersuchungen zur Bat Qol und verwandten Phänomenen (TSAJ 20), Tübingen 1989, 156–168.

20  Decal 19.154.175; SpecLeg 2,1.123; 4,41.132; Praem 2.

21  Decal 19; Her 173. Die hier mehr implizit als explizit vertretene Ansicht Philos, der Dekalog umgreife in nuce die ganze Tora, findet sich z.B. auch yTaan 4,8[68c].

ἐν μέρει διατάγματα (SpecLeg 1,1) – sie korrespondiert der von Art und Gattung – ergibt sich die Disposition des vielschichtigen Gesetzesganzen. Den auf zwei Tafeln verteilten Fünferreihen (Decal 50; Her 168) werden sämtliche νόμοι als deren konkrete Ausgestaltung zugeordnet[22]. In gewisser Hinsicht knüpft Philo damit, vielleicht ohne sich dessen bewußt zu sein, an die Konzeption des deuteronomischen Gesetzeskorpus Dtn 12 – 26 an, in dem die Reihenfolge der Dekaloggebote das Gliederungsprinzip der Einzelgesetze bildet[23].

Entgegen Philos Absicht verrät bereits die Nomenklatur das tendenziell hierarchische Gefälle zwischen Dekaloggeboten und leges speciales. Diese Asymmetrie hat ihr Pendant auf der Ebene des Dekalogs. Weil die erste Tafel, in der es um εὐσέβεια καὶ ὁσιότης geht (SpecLeg 2,63), sich „mehr auf die Gottheit" (τῇ ... θειοτέρᾳ) bezieht (Decal 121) und „die heiligsten Pflichten gebietet" (τὰ ἱερώτατα προστάττεται, Decal 106), hingegen die zweite unter dem Leitmotiv φιλανθρωπία καὶ δικαιοσύνη das Verhältnis der Menschen zueinander (τῶν πρὸς ἀνθρώπους) thematisiert[24] und sämtliche Verbote (τὰς πάσας ἀπαγορεύσεις) umfaßt (Decal 51), hat die erste einen „Vorrang" (τὰ πρωτεῖα, Decal 50). Denn die der zweiten Tafel zugewiesene Fünferreihe enthält die „nachrangigen" (δευτερεῖα) Bestimmungen (Decal 50). Mit dieser Systematik will Philo aber nicht den verbindlichen Charakter der einzelnen νόμοι abschwächen. Vielmehr will er sie auf eine verläßliche Basis stellen, sind sie doch für ihn nichts anderes „als eine Entfaltung dessen,

---

22 Decal 155–174. Nach diesem Gliederungsprinzip ist das vierbändige Werk De Specialibus Legibus aufgebaut. Alle speziellen Toravorschriften werden den Dekaloggeboten zugeordnet und in deren Reihenfolge behandelt, vgl. SpecLeg 1,1.

23 Vgl. G. Braulik, Die Abfolge der Gesetze in Deuteronomium 12 – 26 und der Dekalog, in: ders., Studien zur Theologie des Deuteronomiums (SBAB 2), Stuttgart 1988, 231–255; N. Lohfink, Kennt das Alte Testament einen Unterschied von „Gebot" und „Gesetze"? Zur bibeltheologischen Einstufung des Dekalogs, JBTh 4 (1989) 63–89: 80f.

24 Decal 121. Vgl. Her 168: ἡ μὲν προτέρα τὰ πρὸς θεὸν δίκαια, ἡ δὲ ἑτέρα τὰ πρὸς ἀνθρώπους περιέχει.

was in den Zehn Geboten bereits implizit enthalten ist"[25].
In Ant 3,91f stellt Josephus alle Dekaloggebote ihrem
Inhalt nach vor (Reihenfolge wie MT), ohne sie wörtlich
zu zitieren. Zur Begründung verweist er auf ein Zita-
tionsverbot (οὐ θεμιτόν ἐστιν ἡμῖν λέγειν φανερῶς
πρὸς λέξιν, 3,90), das jedoch nirgends belegt ist[26]. Wie
bei Philo hat das Volk Israel (πλῆθος) die δέκα λόγοι
(3,90) direkt von Gott gehört (3,89f.93). Mose tritt merk-
lich in den Hintergrund. Er verrichtet lediglich einen Bo-
tendienst. Seine Funktion beschränkt sich auf das Über-
bringen der beiden von Gott eigenhändig beschriebenen
Tafeln (3,101). Was Josephus hier im Rahmen der Sinai-
Theophanie von Mose berichtet, kollidiert mit seinem
sonstigen Mosebild (Ant 2,221ff)[27]. Durchgängig und
ohne jeden limitierenden Vorbehalt porträtiert er Mose
als von Gott berufenen Offenbarungsmittler *und* autorisierten Verkünder der Tora[28]. Eben daraus erwächst seine

---

25 Y. Amir, Die Zehn Gebote bei Philon von Alexandrien, in:
ders., Die hellenistische Gestalt des Judentums bei Philon von
Alexandrien (FJCD 5), Neukirchen-Vluyn 1983, 131–163: 135.
Vgl. M. Wolter, „Zeremonialgesetz" vs. „Sittengesetz". Eine Spurensuche, in: Recht und Ethos im Alten Testament, 339–356: 351f.
Nicht gesehen habe ich Y. Amir, The Decalogue According to the
Preaching of Philo of Alexandria, in: B.Z. Segal (Hg.), The Ten
Commandments as Reflected in Tradition and Literature through-
out the Ages, Jerusalem 1985, 95–125 (hebr.).
26 Phänomenologisch kann man hier von Arkandisziplin sprechen, sollte aber trotz Ant 2,276 nicht unbesehen aus den Myste-
rienreligionen entlehnte Vorstellungen eintragen, wie es K. Berger
tut, Gesetzesauslegung, 263f. Grundsätzlich ist das jüdische Gesetz
für Josephus aber nichts, was der Geheimhaltung bedürfte. Seine
Apologie in Ap 2,91ff.145–296 zeigt ja, daß er den νόμος mit seinen προρρήσεις καὶ ἀπαγορεύσεις (2,190) gerade denen ver-
ständlich zu machen versucht, die keine Juden sind, vgl. Ch. Gerber, Ein Bild des Judentums für Nichtjuden von Flavius Josephus.
Untersuchungen zu seiner Schrift Contra Apionem (AGAJU 40),
Leiden u.a. 1997, passim, bes. 78–91.
27 Diese offenkundige Spannung ist bisher kaum registriert worden. Eine Ausnahme bildet m.W. nur F.E. Vokes, The Ten Commandments in the New Testament and in First Century Judaism, in:
Studia Evangelica, Vol. V/2, hg. von F.L. Cross (TU 103), Berlin
1968, 146–154: 149f.
28 Vgl. Ant 1,95.240; 3,180.286; 4,193; 7,384; 8,120; 17,159; Ap

einzigartige Stellung. In Ant 3,91f verläßt Josephus diese Linie. Er reduziert Moses Auftrag und positioniert ihn neu. Doch nicht um ihn abzuwerten, sondern um den Dekalog aufzuwerten. Indem Josephus die Gesetzgebung am Sinai auf den Dekalog konzentriert, den Gott selbst – nicht ein Mensch – Israel „gelehrt" (διδάσκει) hat, rückt er dessen unvergleichliche Bedeutung in hellstes Licht[29]. Das etwa zwischen 50 v.Chr. und 100 n.Chr. entstandene pseudo-phokylideische Lehrgedicht[30] führt gleich nach dem Proömium (1f) Gebote der zweiten Tafel an (3–7)[31]. Der Abschnitt endet mit dem Doppelgebot, Gott und die Eltern zu ehren (8)[32]. Sollte es eine verkürzte Redeweise darstellen und die ganze erste Tafel repräsentieren, die mit der Forderung, Gott alleine zu verehren, beginnt und

---

1,238.279; 2,154–175. Deshalb ist sie in ihrer schriftlich fixierten wie mündlich überlieferten Form die Tora des Mose vom Sinai, Ant 13,297f. Daß Josephus auch in Ant 15,136 den Dekaloggeboten „eine absolute Vorrangstellung vor den anderen Geboten einräumt", K. Berger, Gesetzesauslegung, 263, setzt voraus, daß hier speziell vom Dekalog die Rede ist. Das ist aber schon wegen des δι' ἀγγέλων ausgeschlossen.

29   Das mehrfach angekündigte Werk περὶ ἐθῶν καὶ αἰτιῶν (Ant 4,198, vgl. 1,25; 3,94.223; 20,268) ist entweder ein Torso geblieben oder – wahrscheinlicher – über das Planungsstadium nicht hinausgekommen, dazu D. Altshuler, The Treatise περὶ ἐθῶν καὶ αἰτιῶν, JQR 69 (1978/79) 226–232.

30   P.W. v.d. Horst, The Sentences of Pseudo-Phocylides. With Introduction and Commentary (SVTP 4), Leiden 1978, 81–83, vgl. 55–57; ders., Pseudo-Phocylides Revisited, JSP 3 (1988) 3–30: 15; N. Walter, Pseudepigraphische jüdisch-hellenistische Dichtung: Pseudo-Phokylides, Pseudo-Orpheus, Gefälschte Verse auf Namen griechischer Dichter (JSHRZ 4/3), Gütersloh 1983, 173–276: 193.

31   K.-W. Niebuhr spricht lediglich von „Dekaloganklängen", da sich „mit Ausnahme des Ehebruchverbotes ... zu allen Versen, in denen inhaltlich Dekaloggebote anklingen, ähnliche inhaltliche Verbindungen zu Lev 19 knüpfen" lassen, Gesetz und Paränese, 20. Doch konzediert auch Niebuhr, daß beide Möglichkeiten einander nicht alternativ gegenüberstehen.

32   Diese Kombination begegnet so oder ähnlich schon im Alten Testament, Lev 19,2f; Dtn 27,15f; Prov 1,7f, dann vor allem im nachbiblischen Schrifttum, Sir 7,27–31; Josephus, Ap 2,206; Sib 3,593f, vgl. Jub 7,20; Philo, SpecLeg 2,235; Arist 234. Griechische Belege bei P.W. v.d. Horst, Sentences, 116.

mit dem Elterngebot abschließt (vgl. Philo, Decal 51;
SpecLeg 2,224f), hätte der Dekalog die Funktion eines
programmatischen Eröffnungstexts[33]. Hermeneutisch
gesehen käme ihm dann die Aufgabe zu, alle folgenden
unter dem Leitbegriff δικαιοσύνη (229) stehenden Aussagen als Ausdifferenzierung des Zehnworts zu lesen und
sie in das von ihm vorgegebene Koordinatensystem ein-
zufügen.

In Pseudo-Philos *Liber Antiquitatum Biblicarum* werden
Dekaloggebote mehrfach erwähnt. Das erste Mal begegnen sie in dem Mose gewidmeten Komplex Kap. 9–16[34],
genauer in 11,6–13. Grundlage ist die größtenteils wörtlich wiedergegebene Textfassung aus Ex 20[35]. Nur das
Diebstahlverbot fehlt. Wahrscheinlich dient der Dekalog
auch als motivgebende Folie für die Sündenbekenntnisse
in 25,9–13, die sich an einzelne seiner Gebote in Form
eines Beichtspiegels anlehnen. Der Abschnitt 44,6f, Teil
einer längeren Gottesrede (44,6–10), setzt mit dem Hinweis ein, daß Gott „auf den Berg Sinai" (*in monte Syna*)
„Erhabenes aufgestellt hat" (*cum ponerem excelsa*), um
anschließend das *excelsa* mit den Dekaloggeboten inhalt-

---

33 Im Falle, daß die Z. 12.16f das neunte Gebot paraphrasieren
(vgl. Lev 19,12) und Z. 18 auf das achte anspielt, ergäbe sich dafür
ein weiterer Anhaltspunkt.
34 Die Erzählzeit des pseudo-philonischen Werkes umfaßt die
Geschichte von Adam bis zum Tod Sauls: Kap. 1 – 8 handeln vom
Anfang der Welt und Abraham, Kap. 20 – 24 von Josua, Kap. 25 –
48 von den Richtern Israels, Kap. 49 – 65 im wesentlichen von
Samuel und Saul. Zur Disposition und Feingliederung des biblischen Stoffes vgl. E. Reinmuth, Pseudo-Philo und Lukas. Studien
zum Liber Antiquitatum Biblicarum und seiner Bedeutung für die
Interpretation des lukanischen Doppelwerks (WUNT 74), Tübingen
1994, 27–32.
35 D.J. Harrington kommt in seiner Dissertation zu dem Ergebnis, daß der Verfasser auf einer griechischen Vorlage fußt, deren
Übersetzer die alttestamentlichen Zitate nicht der LXX entnommen
hat, sondern den palästinischen Texttyp des hebräischen Bibeltex-
tes benutzt haben muß, Text and Biblical Text in Pseudo-Philo's
Liber Antiquitatum Biblicarum, Diss.theol. Harvard 1969, 109–
166. Zur Datierung des LibAnt ins 1. nachchristliche Jahrhundert –
ob vor oder nach 70 ist kaum noch sicher zu entscheiden – vgl. E.
Reinmuth, Studien, 17–26.

lich zu füllen. Diese Redundanz ist um so bemerkens-
werter, als die Gesamtheit der übrigen Toravorschriften
lediglich summarisch erwähnt wird (11,15). Im Blick auf
ihre vertikale (erste Tafel) und horizontale (zweite Tafel)
Dimension sind die ebenso israelzentrisch wie universal
ausgerichteten dekalogischen Weisungen für Pseudo-
Philo geschichtlich endgültiger Offenbarungsinhalt des
ewigen Gesetzes (11,2.5, 32,7) und konkrete Handlungsmaxime in einem. Eine Differenzierung findet nur insofern statt, als die auf das Verhältnis Mensch – Gott bezogenen Gebote in der auf Vergeltung verzichtenden Barmherzigkeit Gottes gründen (12,10, vgl. 49,7), während die
das zwischenmenschliche Verhalten regelnden Gebote
vom allgemeingültigen Prinzip der Goldenen Regel her
bestimmt sind (11,10–13)[36].
Auf die Sinai-Theophanie folgt ein deutlicher Einschnitt,
der mit einem Adressatenwechsel einhergeht: *Et stetit
omnis populus a longe, Moyses autem accessit ad nebu-
lam, sciens quoniam ibi erat Deus. Et tunc dixit ei* (sc.
dem Mose) *Deus iusticias et iudicia sua* (11,15). Der
Neueinsatz ist sicher kein zureichendes Argument, das
Gewicht der nun von Mose dem Volk verkündeten *iusti-
ciae* und *iudicia* zu minimieren und ihre Verbindlichkeit
unterhalb der des Dekalogs anzusiedeln[37]. Dennoch bleibt
festzuhalten, daß Pseudo-Philo analog zu Philo und Josephus den Dekalog als unmittelbare Gottesrede präsen-
tiert und ihn damit besonders herausstellt (11,6).
Alle bisher genannten Beispiele entstammen umfangreicheren literarischen Werken. Sie sind von vorneherein
schriftlich konzipiert und für einen bestimmten Adressa-
tenkreis gedacht. Das gilt auch für das pseudo-phokylideische Lehrgedicht, obwohl seine Disposition ein über-
greifendes Ordnungsprinzip vermissen läßt. Der Verfasser reproduziert überwiegend weisheitlich geprägte Sentenzen jüdischer und heidnischer Herkunft, die er neu ar-
rangiert und formal wie inhaltlich dem paränetisch-apo-

---

36  E. Reinmuth, Beobachtungen zum Verständnis des Gesetzes
im Liber Antiquitatum Biblicarum (Pseudo-Philo), JSJ 20 (1989)
151–170: 162f.
37  Vgl. E. Reinmuth, Beobachtungen, 164f.

logetischen Abfassungszweck dienstbar macht. Es ist
deshalb prinzipiell denkbar, daß die Texte eher präskrip-
tiv als deskriptiv zu verstehen sind. In diesem Fall hätte
die ihnen eingeschriebene *intentio auctoris* eine primär
rezeptionssteuernde Funktion. Dem Dekalog soll aus
Sicht ihrer Autoren bzw. Tradenten der ihm gebührende
Rang zuallererst verschafft werden. Weitere Belege lassen freilich keinen Zweifel daran, daß diese Möglichkeit
auszuschließen ist. Man wird im Gegenteil sogar sagen
dürfen, daß der Dekalog etwa um die Zeitenwende tief im
Bewußtsein der meisten Juden verankert war und seine
Gebote für sie zu den geläufigsten der Tora gehörten[38].
Dies bestätigt zunächst der 1902 in Ägypten gefundene
Papyrus Nash (ca. 2./1. Jh. v.Chr.) [39]. Er enthält (nicht
ganz vollständig) den Dekalog in Form eines „unierten
Textes", der die beiden Fassungen Ex 20 und Dtn 5 verarbeitet, sowie den Anfang des Sch^ema (Dtn 6,4f), das
durch den im MT fehlenden LXX-Einschub: „Dies sind
die Gesetze (הַחֻקִּים = τὰ δικαιώματα) und Rechtsvorschriften (הַמִּשְׁפָּטִים = τὰ κρίματα) ..." (Dtn 6,4) eingeleitet wird. Die Kombination von Dekalog und Sch^ema
weist auf eine Zusammenstellung für den gottesdienst-
lich-liturgischen oder auch katechetischen Gebrauch
hin[40]. Zur Zeit des zweiten Tempels wurde der Dekalog
im Rahmen des täglichen Morgengebets unmittelbar vor
dem Sch^ema und zwei weiteren Toraabschnitten (Dtn
11,13–21; Num 15,37–41) rezitiert (mTam 5,1). Papyrus
Nash dürfte ein früher Zeuge dieser vermutlich nicht auf
den Tempel beschränkten Gebetspraxis sein.
Eine beträchtliche Anzahl der in Qumran entdeckten
Phylakterien[41] und die samaritanischen Dekalog-Inschrif-

---

38  K.-W. Niebuhr, Gesetz und Paränese, 63.
39  Zur Datierung und zu seinem Charakter vgl. F.C. Burkitt, The
Hebrew Papyrus of the Ten Commandments, JQR 15 (1903) 392–
408; W.F. Albright, A Biblical Fragment from the Maccabean Age:
The Nash Papyrus, JBL 56 (1937) 145–176; E. Tov, Textual Criti-
cism of the Hebrew Bible, Minneapolis u.a. 1992, 118.
40  F. Dexinger, Der Dekalog im Judentum, BiLe 59 (1986) 86–
95: 87f; G. Stemberger, Dekalog, 98.
41  Zu ihnen K.G. Kuhn, Phylakterien aus Höhle 4 von Qumran
(AHAW.PH 1957/1), Heidelberg 1957; H. Schneider, Der Dekalog

ten[42], die sich cum grano salis als Pendant zur jüdischen
Mezuza verstehen lassen, unterstreichen die verbreitete
Hochschätzung des Dekalogs im palästinischen Kernland.
Die Qumran-Phylakterien verdienen besondere Beach-
tung[43]. Abweichend von dem später im Rabbinentum
(bBer 12a; yBer 1,8[3c], vgl. mSan 11,3) normierten
Textbestand für die Tefillin (Ex 13,1–10.11–16; Dtn 6,4–
9; 11,13 21) und Mezuzot (Dtn 6,4 9; 11,13–21) enthalten sie – wiederum in variabler Abfolge – auch andere
Passagen aus dem Pentateuch, und zwar einschließlich
des Dekalogs[44].

---

in den Phylakterien von Qumran, BZ NF 3 (1959) 18–31; G. Vermes, Pre-Mishnaic Jewish Worship and the Phylacteries from the
Dead Sea, VT 9 (1959) 65–72; G. Stemberger, Dekalog 97f; Y.
Yadin, Tefillin from Qumran (XQ Phyl 1–4), Jerusalem 1969 (kritisch zu Yadin M. Baillet, Nouveaux phylactères de Qumran [XQ
Phyl 1–4]. A propos d'une édition récente, RdQ 7 [1969–71] 403–
415); E. Tov, Hebrew Bible, 119.
42　Vgl. H.G. Kippenberg, Garizim und Synagoge. Traditionsgeschichtliche Untersuchungen zur samaritanischen Religion der
aramäischen Periode (RVV 30), Berlin / New York 1971, 153–155;
F. Dexinger, Das Garizimgebot im Dekalog der Samaritaner, in:
Studien zum Pentateuch. W. Kornfeld zum 60. Geb., hg. von G.
Braulik, Wien u.a. 1977, 111–133; G. Stemberger, Dekalog, 98f; J.
Zangenberg, SAMAREIA Antike Quellen zur Geschichte und
Kultur der Samaritaner in deutscher Übersetzung (TANZ 15), Tübingen / Basel 1994, 318 (ebd. 180–186 ein knapper, aber informa-
tiver Überblick über die mit dem samaritanischen Pentateuch verbundenen Probleme, besonders auch was die samaritanische Form
des Dekalogs angeht).
43　Es handelt sich um die folgenden: 1Q13 [DJD I, 72–76];
4Q128 (recto) [DJD VI, 49f]; 4Q129 (recto) [DJD VI, 52]; 4Q134
(recto) [DJD VI, 59f]; 4Q137 (recto) [DJD VI, 65f]; 4Q139 [DJD
VI, 70]; 4Q142 (recto) [DJD VI, 74]; 8Q3 frgm. 20–25 [DJD III,
154]. 4Q149 [DJD VI, 80f] (Inschrift einer Mezuza = Ex 20,7–12);
4Q151 [DJD VI, 82f] (Inschrift einer Mezuza = Dtn 5,1–6,9; 10,12
– 11,12).
44　Näheres bei K.G. Kuhn, Phylakterien, 24–29. Daß der Dekalog von den Rabbinen aus der Sch^ema-Rezitation und den Phylakterien entfernt wurde, könnte mit ihrem Insistieren auf der Gleich-
wertigkeit aller Gebote zusammenhängen (vgl. 4Makk 5,20f). In
bBer 12a; yBer 1,3c[11a] wird diese Reaktion mit der gegenteiligen
Behauptung der *minim* begründet, vgl. mSan 11,3; mKel 18,8. Sif
Dev 1,3 warnt ausdrücklich vor einer Überbetonung des Dekalogs

Ich ziehe ein weiteres Fazit. Trotz seiner relativ schmalen
Bezeugung in der frühjüdischen Literatur darf man davon
ausgehen, daß der Dekalog für weite Kreise eine Art Ori-
entierungsrahmen bildete. Wie kaum ein zweiter Text war
er in der Lage, den wesentlichen Inhalt der Tora prägnant
zu bündeln und das Proprium jüdischen Glaubens in kon-
zentrierter Form zum Ausdruck zu bringen. Seine lebenspraktische und damit alltagsweltliche Tauglichkeit bestand gerade darin, auf der Basis der in der ersten Tafel
kodifizierten Gottesbeziehung ein aus dieser Beziehung
resultierendes Ethos zu propagieren. Zwar unterscheidet
sich das im Dekalog sich manifestierende Ethos *funktio-
nal* nicht von dem der übrigen Toravorschriften. Als sta-
tusrelevanter Faktor jüdischer Identität diente es wie sie
primär der eigenen religiösen Vergewisserung und för-
derte die den inneren Zusammenhalt des Judentums stär-
kenden Kohäsionskräfte[45]. Insofern leistete das vom Dekalog repräsentierte Solidaritätsethos immer auch der
Tendenz Vorschub, abzugrenzen und in Konkurrenz zu
ihm stehende ethische Optionen für illegitim zu erklären[46]. Aber es eröffnete doch zugleich die Chance, die
mit ihm konvergierenden ethischen Tugendideale der pa-

---

auf Kosten der übrigen Gesetze. Vgl. H. Schneider, Phylakterien,
25–29; G. Vermes, The Decalogue and the Minim, in: ders., Post-
Biblical Jewish Studies (SJLA 8), Leiden 1975, 169–177: 171–174;
G. Stemberger, Dekalog, 99–101.

45   Aus diasporajüdischer Sicht vgl. exemplarisch Arist 139.142;
3Makk 3,4–7, ferner Josephus, Ap 2,68.179–181.294. Die innerjüdische Gegenposition formuliert 1Makk 1,11.

46   Davon betroffen sind in erster Linie die beiden letzten der sog.
„Kardinalsünden" Götzendienst, Unzucht, Blutvergießen, d.h.
Mord. Sie wiegen so schwer, daß ein Jude gegen ihr Verbot selbst
bei Gefahr für das eigene Leben nicht verstoßen darf, yShevi
4,2[35a]; ySan 3,6[21b]; bSan 74a. Näheres zu dieser Trias und
weitere rabbinische Belege bei M. Milard, Die rabbinischen
noachidischen Gebote und das biblische Gebot Gottes an Noah. Ein
Beitrag zur Methodendiskussion, WuD NF 23 (1995) 71–90: 82–
84. Demgegenüber war εἰδωλολατρία außerjüdisch fast der Nor-
malfall und wurde πορνεία als Bestandteil des Alltagsethos weithin
toleriert, sexueller Verkehr mit Prostituierten und das Essen von
Götzenopferfleisch sogar in Kreisen christlicher Gemeinden (1Kor
6,12–20; 8,1–6; 10,23–31).

ganen Umwelt zu integrieren. Dabei wuchs die Größe der potentiell vorhandenen Schnittmenge in dem Maße, wie es gelang, aus dem Ghetto des *exklusiv* verstandenen Ethos auszubrechen und die Teilhabe an einem die „boundary markers" (J.D.G. Dunn) überwindenden *inklusiven* Ethos auch nach außen zu vermitteln. Anknüpfungspunkte gab es viele, nicht zuletzt die vier aus der hellenistischen Moralphilosophie stammenden Kardinaltugenden δικαιοσύνη (*iustitia*), ἀρετή [ἀνδρεία] (*fortitudo*), σωφροσύνη (*temperamentia*) und φρόνησις (*sapientia*), die gelegentlich um εὐσέβεια (*pietas*) erweitert wurden. Sie konnten jüdischerseits problemlos integriert werden[47]. Vor allem aber ließen sich die auf ihrer Grundlage entwickelten Verhaltensmaßregeln unschwer mit denen des Dekalogs korrelieren, zumal seine Gebote nicht auf die näheren Umstände eines Tatbestands fixiert, sondern allgemein und sanktionslos formuliert sind. Ihre im eigentlichen Sinne des Wortes *theo*-logische Verankerung entsprach besonders den Bedürfnissen der zahlreichen heidnischen Sympathisanten des Judentums, die mehrheitlich von einem aufgeklärten philosophischen Monotheismus herkamen und ihn mit einem Ethos zu verbinden suchten, das ihnen vertraut war[48].

---

47  Vgl. Weish 1,1; 4,1; 5,6.13; 8,7; Arist 121–124.131.168.272. 277; 4Makk 1,1–6.18; 5,22–24 (der Verfasser des 4Makk leitet sie hier aus „unserer" Philosophie ab, während sie nach 1,18 „Ausprägungen der Weisheit" sind). Zur weisheitlichen Rezeption der in platonischer und stoischer Tradition stehenden griechisch-hellenistischen Kardinaltugenden vgl. H. Hübner, Zur Ethik der Sapientia Salomonis, in: Studien zum Text und zur Ethik des Neuen Testaments. FS zum 80. Geb. von H. Greeven, hg. von W. Schrage (BZNW 47), Berlin / New York 1986, 166–187; ders., Die Weisheit Salomos (ATD-Apokryphen 4), Göttingen 1999, 116–118.
48  Zu diesem Personenkreis und seiner Affinität zum Judentum vgl. S. McKnight, A Light Among the Gentiles. Jewish Missionary Activity in the Second Temple Period, Minneapolis 1991; L.H. Feldman, Jew and Gentile in the Ancient World. Attitudes and Interactions from Alexander to Justinian, Princeton 1993, 342–382; B. Wander, Gottesfürchtige und Sympathisanten. Studien zum heidnischen Umfeld von Diasporasynagogen (WUNT 104), Tübingen 1998; M. Hengel / A.M. Schwemer, Paulus zwischen Damaskus und Antiochien. Die unbekannten Jahre des Apostels, mit ei-

Beide Aspekte der Dekalogvergegenwärtigung sind komplementär aufeinander zu beziehen. So dominant das Moment der Vergewisserung nach innen auch gewesen sein mag, so wenig darf der produktive Nebeneffekt dieser Primärfunktion – die positive Wahrnehmung des Dekalogs heidnischerseits – unterschlagen werden. Hier wie dort realisierte er seine Fähigkeit, jüdische Lebensnorm und Lebensform auf einprägsame Weise zu vermitteln, um so „die Forderungen der Tora überschaubar zu machen und ... ein Leben nach dem Willen Gottes zu ermöglichen"[49].

Das gilt in erster Linie, freilich nicht exklusiv, für die Gemeinden der hellenistisch-jüdischen Diaspora. Ihre Mitglieder bewegten sich stets in einem bipolaren Spannungsfeld: Segregation und Isolation auf der einen, abgestufte Grade von Akkulturation und Partizipation auf der anderen Seite[50]. In dieser Situation mußten Glaube und Ethos den Erfordernissen des Alltags genügen und praktikabel sein. Der auf die wesentlichen theologischen und ethischen Grund-Sätze komprimierte Dekalog bot sich hier als handlungsnormierende, zugleich aber interpretationsoffene Richtschnur geradezu an. Sofern nötig, konnten seine Gebote situativ umgestaltet und konventionellen Sprachmustern angepaßt werden, ohne den Kern ihrer Substanz preiszugeben. Völlig zu Recht charakterisiert darum der im Papyrus Nash vor das Sch[e]ma eingeschobene Zusatz den Dekalog als Inbegriff „der Gesetze und Rechtsvorschriften".

---

nem Beitrag von E.A. Knauf (WUNT 108), Tübingen 1998, 101–132; D. Sänger, Heiden – Juden – Christen. Erwägungen zu einem Aspekt frühchristlicher Missionsgeschichte, ZNW 89 (1998) 141–172, bes. 159ff.

49 M. Konradt, Christliche Existenz, 195f (hier jedoch bezogen auf die Tora als Ganze).

50 G. Delling, Die Bewältigung der Diasporasituation durch das hellenistische Judentum, Berlin 1987; T. Rajak, The Jewish communities and its boundaries, in: J. Lieu u.a. (Hg.), The Jews among pagans and Christians in the Roman Empire, London / New York [2]1994, 9–28; S. McKnight, Light, 11–29.125–131; J.M.G. Barclay, Jews in the Mediterranean Diaspora. From Alexander to Trajan (323 BCE – 117 CE), Edinburgh 1996, 103–124.320–335.

## II

Wenden wir uns nach diesem vorläufigen und gewiß noch ergänzungsbedürftigen Resümee dem Neuen Testament zu. Dabei kann ein Vergleich mit dem frühjüdischen Rezeptionshorizont dazu verhelfen, die neutestamentlichen Konturen schärfer zu profilieren und sowohl Gemeinsamkeiten als auch Unterschiede zu entdecken.

Beginnen wir mit den augenfälligsten Differenzen. Gemessen an Zahl, Umfang und chronologischer Erstreckung der zwischentestamentlichen Schriften finden sich im Neuen Testament erstaunlich viele direkte oder indirekte Bezugnahmen auf den Dekalog. Das Spektrum ist breit. Es reicht von den ältesten Stufen der synoptischen Tradition (Mk 10,19; Mt 5,21.27) bis hin zur paulinischen (Röm 2,21f; 7,7; 13,9) und nachpaulinischen (Eph 6,2f; Jak 2,11) Briefliteratur. Daß der Dekalog zumeist im Zusammenhang konkreter Mahnungen begegnet, verwundert nicht. Trotz ihrer Leitfunktion als Repräsentanten eines universalisierbaren Ethos konnten die Gebote der zweiten Tafel jederzeit wieder zum inhaltlichen Kriterium eines dezidiert *exklusiven* Ethos werden. Dies war leicht dann der Fall, wenn die Notwendigkeit bestand, zur Bewältigung aktueller innergemeindlicher Probleme auf einen transindividuell verbindlichen, konsensfähigen und biblisch fundierten Kanon ethischer Weisungen zurückzugreifen. In materialethischer Hinsicht zählen sie darum zu den Kristallisationskernen frühchristlicher Paränese. Allerdings wird keine der beiden alttestamentlichen Fassungen jemals als Dekalog bezeichnet, auch nirgends vollständig angeführt[51]. Wörtliche Zitate beschränken sich auf z.T. fragmentarisch wiedergegebene Einzelgebote oder Gebotsreihen. Deren Abfolge kann variieren (vgl. Mk 10,19 par.; Röm 13,9; Jak 2,11) und der jewei-

---

51  Aber nicht deshalb, weil „die Gebote ... von Jesus und der urchristlichen Theologie stets auf ihren Sinn und ihre ursprüngliche Intention hin hinterfragt" würden und „die Erfüllung einzelner oder gar aller Gebote" kein Garant sei, „daß der eigentliche Anspruch Jesu erkannt" werde, wie H. Schüngel-Straumann meint, Der Dekalog – Gottes Gebote? (SBS 67), Stuttgart ²1980, 13 (Kursivierung im Orig.).

lige Wortlaut von dem der LXX abweichen.

Der Textbefund im einzelnen. Das nach Philos Zählung die erste Tafel abschließende Elterngebot begegnet in seiner Kurzform τίμα τὸν πατέρα (σου) καὶ τὴν μητέρα (σου) in Mk 7,10a / Mt 15,4a und Mk 10,19 par., jedesmal im Munde Jesu. Während es an den beiden zuerst genannten Stellen mit dem apodiktisch formulierten Rechtssatz aus Ex 21,17 [LXX] „Wer Vater oder Mutter flucht, der soll des Todes sterben" (ὁ κακολογῶν πατέρα ἢ μητέρα θανάτῳ τελευτάτω) zu einem Gebotspaar verbunden ist, geht ihm in der Perikope vom reichen Mann eine mit dem Tötungsverbot (Mk 10,19 / Mt 19,18) bzw. Ehebruchverbot (Lk 18,20) beginnende Gebotsreihe voraus. Hingegen bietet Eph 6,2f im Rahmen der Haustafel 5,21 – 6,9 die komplette Fassung des Elterngebots, also inklusive des (gekürzten) Verheißungsteils ἵνα εὖ σοι γένηται καὶ ἔσῃ μακροχρόνιος ἐπὶ τῆς γῆς[52].

Exegetisch von sekundärer Bedeutung, aber dennoch erwähnenswert ist die divergierende Sprachgestalt der vier Glieder innerhalb der Zitatenkette Mk 10,19 par.[53], da sie für die Frage nach dem ursprünglichen „Sitz-im-Leben" solcher Gebotsreihen aufschlußreich ist. Matthäus ändert in 19,19 seine Markusvorlage (μή plus

---

52  Ex 20,12b.c [LXX]: ἵνα εὖ σοι γένηται καὶ ἵνα μακροχρόνιος γένῃ ἐπὶ τῆς γῆς τῆς ἀγαθῆς ἧς κύριος ὁ θεός σου δίδωσίν σοι. Dtn 5,16 [LXX] fügt vor den Finalsatz noch ὃν τρόπον ἐνετείλατό σοι κύριος ὁ θεός σου ein, läßt dafür aber das attributiv gestellte τῆς ἀγαθῆς aus.

53  Mk 10,19 erweitert um μὴ ἀποστερήσῃς. Nach K. Berger ersetzt dieses Glied das zehnte Gebot bzw. summiert es, Gesetzesauslegung, 419, vgl. 382–384. Denkbar ist aber auch, daß der Zusatz im Sinne von Ex 21,10; Sir 4,1; 29,6 zu interpretieren ist, womit der soziale Aspekt der Gebotsreihe unterstrichen wäre. Noch einmal anders K. Stendahl, The School of St. Matthew and its Use of the Old Testament (ASNU 20), Lund / Philadelphia ²1968, 62: Markus formuliere unabhängig von der biblischen Textvorlage. Seine Fassung verrate „Jewish ethical teaching", das seinerseits wiederum auf die LXX eingewirkt habe, wie die von LXX^A vertretene v.l. οὐκ ἀποστερήσεις anstelle des von LXX^B gelesenen οὐκ ἀπαδικήσεις in Dtn 24,14 zeige. Ähnlich R.H. Gundry, The Use of the Old Testament in St. Matthew's Gospel with special Reference to the Messianic Hope (NT.S 18), Leiden 1967, 17 („varying forms which the decalogue took in catechetical use"). K.J. Thomas nimmt vor allem die Endstellung des Elterngebots als Indiz, daß die Reihe der Prohibitive im Laufe ihres katechetischen Gebrauchs eine Erweiterung erfahren habe, Liturgical Citations in the Synoptics, NTS 22 (1976) 205–214: 207.

Verb im Konj. Aor.), indem er sie an den LXX-Wortlaut angleicht (οὐ plus Verb im Ind. Fut.)[54]. Lukas geht mit dem ältesten Evangelisten konform (18,20). Die Abfolge der Dekaloggebote in Röm 13,9 entspricht exakt der von Dtn 5,17–19 [LXX][55], wobei Paulus oder schon die ihm vorliegende Tradition die Reihe durch das οὐκ ἐπιθυμήσεις des zehnten Gebots erweitert.

Mt 5,21 und 5,27 zitieren das fünfte und sechste Gebot entweder als Bestandteil (5,21) oder alleinigen Inhalt (5,27) der die Antithese kontrastierenden These. Jakobus stellt beide Gebote nebeneinander, wiederum in der Reihenfolge von Dtn 5,17f [LXX]. Durch das einleitende, ihre Herkunft markierende ὁ γὰρ εἰπών (Jak 2,11aα) bzw. εἶπεν καί (Jak 2,11aαβ) – Subjekt ist jeweils Gott – werden sie wie bei Philo und Josephus als Teil eines übergreifenden, von Gott selbst autorisierten Gebotsganzen kenntlich gemacht. Ein Indiz dafür, daß Jakobus den Kontext der Gebote mitdenkt und trotz seiner Beschränkung auf zwei „einen Begriff" vom Dekalog hat"[56]. Unstrittig ist der Zitatcharakter des οὐκ ἐπιθυμήσεις in Röm 7,7, wo Paulus das zehnte Gebot mit dem Verbot aus Gen 2,16f verbindet (7,7–13). Die Verse Röm 2,21f zitieren nicht das siebte und sechste Gebot, nehmen aber mit μὴ κλέπτειν (V 21) und μὴ μοιχεύειν (V.22) deren entscheidende Stichworte auf[57]. Wie E. Reinmuth gezeigt hat, hat die Warnung vor Habsucht und Unzucht in der frühjüdischen Ethik eine zentrale Rolle gespielt[58]. Häufig stehen beide Laster metonymisch für alle Unsittlichkeit, die dem Willen Gottes zuwiderläuft[59]. Im Umkehrschluß ergibt sich: Wer

---

54 Matthäus bleibt also konsequent, vgl. 5,21.27.

55 Die in Ex 20,13–15 [LXX] ist textlich unsicher. Wie MT stellt LXX^A das Tötungsverbot vor das Ehebruch- und Diebstahlverbot.

56 Chr. Burchard, Nächstenliebegebot, Dekalog und Gesetz in Jak 2,8–11, in: Die Hebräische Bibel und ihre zweifache Nachgeschichte. FS für R. Rendtorff zum 65. Geb., hg. von E. Blum u.a., Neukirchen-Vluyn 1990, 517–533; 519. Vgl. auch R.F. Collins, Commandments, 310.

57 H. Hübner sieht Ps 49,16–21 [LXX], näherhin die V.16–18 im Hintergrund von Röm 2,20–22, Vetus Testamentum in Novo, Bd. 2: Corpus Paulinum, Göttingen 1997, 42.

58 E. Reinmuth, Geist und Gesetz. Studien zu Voraussetzungen und Inhalt der paulinischen Paränese (ThA 44), Berlin 1985, 22–41.103–117.

59 Vgl. bes. äthHen 94,6–8; 96,4–8; 97,7f; 99,11–15; TestJud 18,2–6; Sib 3,36–45.184–189; Ps.-Menander [Philemon] 8–15 (= Clem. Alex., Strom V 119,2 [SC 278, p. 218]); Ps.-Phok 3–6.42–47.193f; syrMenander 65,20; 67,14; 69,7.12 [ed. J.P.N. Land, Anecdota Syriaca I, 1862] (die Sammlung selbst ist nachchristlich, jüdischer Ursprung aber sehr wahrscheinlich); Ps.-Heraklit 4,3; 7,10 [ed. A.-M. Denis, PVTG 3, 157–160] (jüdische Herkunft steht

sich ihrer enthält, erfüllt „die beiden vordringlichen Forderungen des Gesetzes"[60]. Röm 2,21f und Jak 2,11 liegt demnach das gleiche holistische Verständnis zugrunde. Die genannten Tatbestände Mord / Ehebruch und Diebstahl / Ehebruch stehen pars pro toto und weisen über sich hinaus, indem sie den Makrokontext ins Gedächtnis rufen, den sie leitmotivisch verkörpern. Das von ihnen bezeugte Ethos wird transparent für den unteilbaren, in der Tora und im Dekalog bekundeten Gotteswillen[61].

Über die Liste möglicher Anspielungen auf den Dekalog kann man streiten. Sie fällt mal länger, mal kürzer aus, je nachdem, ob die Annahme intertextueller Bezüge auf einem enger oder weiter gefaßten Verständnis von Intertextualität[62] beruht und wie das

---

nicht zweifelsfrei fest); CD 2,17–3,12; 4,17f. In diese Rubrik gehören auch die von E. Reinmuth nicht berücksichtigten Texte Weish 14,22–31 und ApkAbr 24,1–25,8. Vgl. ferner Ps 50,18; Josephus, Ap 2,215f; Vita 80; 1Kor 7,29f; 1Thess 4,3–6.

60   E. Reinmuth, Geist und Gesetz, 39.

61   Diese Absicht verkennt K. Haacker. Für ihn liegt der Auswahl der in Röm 2,21f genannten konkreten Verfehlungen „kein durchsichtiges Prinzip zugrunde", Der Brief des Paulus an die Römer (ThHK 6), Leipzig 1999, 69.

62   Hinter diesem Begriff steckt mehr, als Traditionsgeschichte bisher meinte. Etwas vergröbert gesagt umschreibt er all „das, was sich zwischen Texten abspielt, d.h. den Bezug von Texten auf andere Texte", U. Broich / M. Pfister (Hg.), Intertextualität. Formen, Funktionen, anglistische Fallstudien, Tübingen 1985, IX. Über die vielfach noch ungeklärte Verwendung dieses interpretationsbedürftigen Neologismus informiert M. Pfister, Konzepte der Intertextualität, ebd. 1–30. Nachhaltig den Blick gelenkt auf die theologischen Implikationen der intertextuellen „Dialogizität" (M. Bachtin) speziell in der paulinischen Literatur hat die Studie von R.B. Hays, Echoes of Scripture in the Letters of Paul, New Haven / London 1989. Die Resonanz auf das in ihr entwickelte Theoriemodell fällt sehr unterschiedlich aus. Kontrovers diskutiert werden vor allem die methodischen Prämissen des neuen Programms, H. Hübner, Intertextualität – die hermeneutische Strategie des Paulus. Zu einem neuen Versuch der theologischen Rezeption des Alten Testaments im Neuen, in: ders., Biblische Theologie als Hermeneutik. GAufs., hg. von A. u. M. Labahn, Göttingen 1995, 252–271; C.A. Evans / J.A. Sanders (Hg.), Paul and the Scriptures of Israel (JSNT.SS 83), Sheffield 1993; M. Rese, Intertextualität. Ein Beispiel für Sinn und Unsinn ‚neuer' Methoden, in: C.M. Tuckett (Hg.), The Scriptures in the Gospels (BEThL 131), Leuven 1997, 431–439. Dieser Kongreßband dokumentiert die Bandbreite der gegenwärtig in der neutestamentlichen Forschung vertretenen Positionen.

Assoziationspotential des mutmaßlichen Referenztextes einge-
schätzt wird. Die Warnung, daß subjektives Empfinden damit unter
der Hand kriteriologische Bedeutung gewinnt, ist berechtigt[63].
Doch ist nach wie vor ungeklärt, welches operationalisierbare me-
thodische Verfahren darüber entscheidet, ob es sich im konkreten
Fall um ein Zitat, eine Paraphrase oder Anspielung handelt oder ob
bloß biblisierende Sprache vorliegt[64]. Von den hier zu diskutieren-
den Alternativen kommt m.E. noch am ehesten Lk 13,14 in Frage.
Der Vers erinnert an den zweiten Teil des Sabbatgebots (Ex 20,9 /
Dtn 5,13). Alle übrigen Vorschläge, darunter Mt 15,19; Lk 23,56;
Joh 5,23; Röm 1,29f; 1Kor 5,9.11; 6,9f; Eph 4,25–31; Kol 3,5f.20;
1Tim 1,9f und Apk 9,21[65], können außer Betracht bleiben[66].

Ergebnis: Bis auf Eph 6,2f und Jak 2,11 finden sich
förmliche Dekalogzitate oder unzweideutige Anspielungen auf einzelne Gebote des Dekalogs konzentriert im
Römerbrief und in der synoptischen Überlieferung. Dort
jedoch nie in der Logienquelle oder im lukanischen Son-
dergut, läßt man Lk 13,14 einmal beiseite. Über diese allgemeine Feststellung hinaus gestattet der soeben skiz-

---

63  An diesem Punkt teile ich die Bedenken M. Reses gegenüber
R.B. Hays, Intertextualität, 433.
64  Vgl. D.-A. Koch, Die Schrift als Zeuge des Evangeliums.
Untersuchungen zur Verwendung und zum Verständnis der Schrift
bei Paulus (BHTh 69), Tübingen 1986, 11–20.
65  Vgl. R.M. Grant, The Decalogue in Early Christianity, HThR
40 (1947) 1–17: 6f; J. Jeremias, Untersuchungen zum Quellenpro-
blem der Apostelgeschichte, in: ders., Abba. Studien zur neutestamentlichen Theologie und Zeitgeschichte, Göttingen 1966, 238–
255: 244; F.E. Vokes, Commandments, 151; R.F. Collins, Commandments, 308f (unter Einschluß aller in den Evangelien überlieferten Sabbatkonflikte); B. Reicke, Die Zehn Worte in Geschichte
und Gegenwart (BGBE 13), Tübingen 1973, 52f; H. Hübner, Art.
Dekalog III. Neues Testament, TRE 8 (1981) 415–418: 415,28f. K.
Berger klassifiziert Mt 15,19 als „Lasterkatalog mit Nähe zum Dekalog", Apk 9,21 als „eine dekalogähnliche Reihe von Vergehen",
Gesetzesauslegung, 392.
66  Mt 5,33 zitiert kein Dekaloggebot, so fälschlich H. Schüngel-
Straumann, Dekalog, 10f, auch wenn die dritte Antithese das dritte
Gebot (Heiligung des Namens Gottes) einschärfen will, vgl. Philo,
Decal 157; Ps.-Phok 16. Dazu G. Dautzenberg, Ist das Schwurver-
bot Mt 5,33–37; Jak 5,12 ein Beispiel für die Torakritik Jesu?, in:
ders., Studien zur Theologie der Jesustradition (SBAB 19), Stuttgart 1995, 38–62.

zierte Befund auf dem Hintergrund des zuvor Gesagten
einige weitere Schlußfolgerungen.

1. Die frühe Christenheit kennt, anerkennt und rezipiert
die von der Mehrheit ihrer jüdischen Umwelt geteilte
Sonderstellung des Dekalogs innerhalb des Pentateuch.
Sie steht damit in Kontinuität vor allem zu hellenistisch-
jüdischen Kreisen (Philo von Alexandrien, Pseudo-Phokylides, LibAnt, Papyrus Nash). Josephus, die Qumran-
Phylakterien und die samaritanischen Dekaloginschriften
stützen ihrerseits die These, daß sich das palästinische
Judentum in dieser Frage vom Diasporajudentum allenfalls graduell unterschied. Die auf die Abwehr häretischer
Tendenzen (*minim*) zielende Entfernung des Dekalogs
aus dem täglichen Morgengebet bestätigt e contrario seinen – aus Sicht der Rabbinen freilich unangemessen –
hohen Stellenwert. Das Neue Testament trägt dieser
Wertschätzung des Dekalogs gleich in dreifacher Hinsicht
Rechnung. Seine Gebote werden a) als unmittelbare Gottesrede gewürdigt (Mt 15,4; Jak 2,11), liefern b) die mate-
riale Basis für theologische bzw. christologische Refle-
xionen in ethischer Perspektive (vgl. Mt 5,21f.27f im
Kontext von 5,17–20; Mk 10,19 par. im Kontext von
10,17–31 par.) und bilden c) wie selbstverständlich die
Matrix eines Ethos, dessen von der Schrift legitimierte
Autorität das in der Gemeindeparänese angemahnte Verhalten schlüssig begründet (Röm 13,9; Eph 6,2f; Jak 2,11,
vgl. Mk 7,10a par.).

2. Modifikationen im Wortlaut und die wechselnde Reihenfolge der zitierten Dekaloggebote erklären sich am
besten durch die Aufnahme unterschiedlicher liturgischer
oder katechetisch-didaktischer Überlieferung. Die Varia-
bilität ist also jüdisches Erbe und durch praktischen Gebrauch bedingt. Er resultiert aus dem Bestreben, alltags-
relevante Themenbereiche (Sexualität, Umgang mit Besitz, Schutz des Schwachen, gemeinschaftsschädigendes
und -förderndes Verhalten etc.) zu bündeln und so die
Forderungen der Tora einprägsam zu vergegenwärtigen.
Spuren dieser interpretierenden und aktualisierenden
Weitergabe im Stil lehrhaft verdichteter „Behaltsformen"
(H. Schürmann) schimmern im Neuen Testament noch
durch. Mit einiger Wahrscheinlichkeit ist dies in Mk

10,17ff par. und Röm 2,21f der Fall, wo vom Stamm
διδασκ- abgeleitete Derivate und Dekaloggebote unmittelbar aufeinander bezogen sind. Nachdem Jesus in Mk
10,17 von einem Fragesteller ehrerbietig (γονυπετήσας)
mit διδάσκαλε ἀγαθέ angeredet worden ist[67], zitiert er
im direkten Anschluß Gebote der zweiten Tafel (Mk
10,19 par.), worauf sich der Mann mit fast gleicher Anrede noch einmal an Jesus wendet (V 20). Dieser kaum
zufällige Konnex weist in die gleiche Richtung wie die
klimaktische Anordnung des vierten Gebots, das betont
hinter das achte plaziert ist. Denn die soziale Verpflichtung der Kinder ihren Eltern gegenüber war ein zentrales
Anliegen frühjüdischer Paränese und katechetischer
Anamnese[68]. Den gleichen Hintergrund verrät Paulus'
Vorwurf an den exemplarischen Ἰουδαῖος (Röm 2,17),
die von ihm selbst gelehrten (διδάσκειν) Gebote durch
das eigene Verhalten zu mißachten (2,21f). Aus dem Widerspruch, daß der κατηχούμενος (!) ἐκ τοῦ νόμου
(2,18) gegen eben diesen νόμος verstößt, gewinnt die An-
schuldigung ihre polemische Schärfe.
Doch auch außerhalb des jüdischen Bereichs und über das

---

67  Jesus wird in den synoptischen Evangelien von Außenstehen-
den gerade dann als διδάσκαλος angesprochen, wenn es um eine
Lehrentscheidung geht, Mk 12,14 par; Mt 22,36 / Lk 10,25, vgl.
Mk 12,32. Zu diesem spezifischen Gebrauch von διδάσκαλος
(aram. רבּי) und ῥαββί in den Evangelien vgl. A.F. Zimmermann,
Die urchristlichen Lehrer. Studien zum Tradentenkreis der
διδάσκαλοι im frühen Urchristentum (WUNT II/12), Tübingen
²1988, 148–157; R. Riesner, Jesus als Lehrer. Eine Untersuchung
zum Ursprung der Jesus-Überlieferung (WUNT II/7), Tübingen
³1988, 246–264; F. Hahn, Christologische Hoheitstitel. Ihre Überlieferung im frühen Christentum (UTB 1873), Göttingen ⁵1995,
75–78. Vgl. auch K. Berger, Gesetzesauslegung, 581.
68  Vgl. K. Stendahl, School, 61–64; B. Reicke, Worte, 57f; K.
Berger, Gesetzesauslegung, 278–290.418f. Schon A. Seeberg hatte
von der Flexibilität der Gebotsreihen auf unterschiedliche katechetische Prägung geschlossen, Die beiden Wege und das Apostelde-
kret, Leipzig 1906, 3–9.10f.24–34. Es liegt kein zureichender
Grund vor, die Endstellung des Elterngebots auf das Konto der
markinischen Redaktion zu buchen, gegen D. Lührmann, Das Markusevangelium (HNT 3), Tübingen 1987, 175. Noch kurz vorher
weist er allein V.17a dem Evangelisten zu, ebd. 174.

Neue Testament hinaus gibt es Indizien für die Existenz
und das Weiterleben dekalogischer Weisungen in geprägten „Behaltsformen", die ihre strukturelle Festigkeit
der Revitalisierung alter katechetischer Tradition verdan-
ken. In einem Brief an Kaiser Trajan berichtet der bithy-
nische Statthalter Plinius d.J. über Strafsanktionen gegen
Christen und solche, die von anonymen Denunzianten des
Christseins verdächtigt wurden (Ep X 96). Während ihres
Verhörs bestreiten die vor Plinius Geschleppten, sich ir-
gendeines Verbrechens schuldig gemacht zu haben. Sie
hätten sich lediglich im sonntäglichen *Gottesdienst* eid-
lich verpflichtet, „keinen Diebstahl, Raubüberfall oder
Ehebruch zu begehen, ein gegebenes Wort nicht zu bre-
chen, eine angemahnte Schuld nicht abzuleugnen" (*ne
furta, ne latrocinia, ne adulteria committerent, ne fidem
fallerent, ne depositum appellati abnegarent,* 96,7). Sollte
diese Antwort liturgische Dekalog-Verwendung reflektieren – *furta* bezöge sich dann auf das achte, *latrocinia* auf
das sechste und *adulteria committerent* auf das siebte Gebot; die Wendung *ne fidem fallerent, ne depositum appellati abnegarent* wäre als eine Paraphrase des neunten
und zehnten Gebots aufzufassen[69] –, hätten wir für ihr
Nachwirken in frühchristlicher Zeit eine externe Bestäti-
gung[70].

3. Daß im Neuen Testament kein Gebot der ersten Tafel
zitiert wird, hat verschiedentlich den Verdacht genährt,

---

69  F.E. Vokes, Commandments, 148. Damit hätte der Dekalog,
der von Beginn an „mehr ein Gebrauchstext im Kult und ein Me-
moriertext als ein Literaturtext" war, Ch. Bultmann, Fremde, 67,
seine ursprüngliche Funktion beibehalten bzw. wiedergewonnen.
Auch M. Weinfeld vermutet hinter Ep X 96,7 den Einfluß von
„Jewish liturgical practice" mit Sch$^e$ma und Dekalog als festen
Elementen, Grace after Meals in Qumran, JBL 111 (1992) 427–
440: 428.

70  Vgl. ferner Did 1,2–3a; 2,2f; Aristides, Apol 15,2–5; Justin,
Dial 93,2; Theophil, Ad Autol 2,34; Athenagoras, De resurr 23;
Ps.-Clem. Hom VII 4,3f; Clem. Alex., Paed III 88,1.3 u.ö., hierzu
W. Rordorf, Beobachtungen zum Gebrauch des Dekalogs in der
vorkonstantinischen Kirche, in: The New Testament Age. Essays in
Honor of B. Reicke, Vol. 2, hg. von W.C. Weinrich, Macon 1984,
431–442. Rordorf selbst denkt an den Taufunterricht als „Sitz-im-
Leben" der dekalogischen Paränese.

durch das Bekenntnis zum Kyrios Jesus Christus sei die Geltung des ersten Gebots wenngleich nicht explizit, so doch faktisch suspendiert worden. Eine abgemilderte Variante führt die Ursache des Schweigens auf das (vermeintliche) christologische Dilemma zurück, in dem die frühe Christenheit sich befunden habe. Sie habe es nicht vermocht, die kultische „Anbetung" und „Verehrung" Christi mit dem biblisch-jüdischen Eingottglauben[71] in Einklang zu bringen[72]. Weder der eine noch der andere Erklärungsversuch überzeugt. Beide verkennen die durchweg situations- und adressatenbezogene Aussageabsicht der mit dekalogischen Weisungen operierenden Paränese und übersehen, daß auch innerhalb der frühjüdischen Literatur bestimmte Einzelgebote, ja sogar ganze Teile der Tora unberücksichtigt bleiben konnten, ohne daß man unterstellen darf, sie seien deswegen abgelehnt oder in ihrer Gültigkeit eingeschränkt worden[73]. Vor al-

---

71  Ob es im Sinne des Alten Testaments sachgemäß ist, von Monotheismus zu sprechen, und wenn ja, von welchem Zeitpunkt der Geschichte Israels an, ist nach wie vor kontrovers. Zumindest das erste Gebot schließt die Existenz anderer Götter nicht aus. Es fordert vielmehr die alleinige Hinwendung zu Jahwe als dem einen Gott, vgl. Ex 23,13; 34,14; 2Kön 1,3; Mi 4,5; Ps 81,10 u.ö. Zur neueren Diskussion vgl. B. Lang (Hg.), Der einzige Gott. Die Geburt des biblischen Monotheismus, München 1981; E. Haag (Hg.), Gott, der einzige. Zur Entstehung des Monotheismus in Israel (QD 104), Freiburg u.a. 1985; W. Dietrich / M.A. Klopfenstein (Hg.), Ein Gott allein? JHWH-Verehrung und biblischer Monotheismus im Kontext der israelitischen und altorientalischen Religionsgeschichte (OBO 139), Freiburg (Schweiz)/Göttingen 1994; F. Stolz, Einführung in den biblischen Monotheismus, Darmstadt 1996, bes. 84–203, sowie den Abriß von W.H. Schmidt, Art. Monotheismus II. Altes Testament, TRE 23 (1994) 237–248.
72  Exemplarischer Vertreter beider Varianten ist G. Müller, Dekalog, 85–87.92f. R.F. Collins wertet das Schweigen als Konsequenz der spätestens zur Zeit der Abfassung der Evangelien bereits vollzogenen Trennung von Judentum und Christentum. Das Verhältnis beider zueinander sei daher „no longer defined according to the First Table of the Law", Commandments, 309.
73  Vgl. K.-W. Niebuhr, Tora ohne Tempel. Paulus und der Jakobusbrief im Zusammenhang frühjüdischer Torarezeption für die Diaspora, in: B. Ego u.a. (Hg.), Gemeinde ohne Tempel. Zur Substituierung und Transformation des Jerusalemer Tempels und sei-

lem ignorieren sie, daß die neutestamentlichen Autoren –
bis auf Lukas m.e. allesamt Judenchristen – keinen Zweifel daran lassen, daß der in den Schriften Israels bezeugte
*eine* Gott identisch ist mit dem Gott, dessen Namen zu
heiligen Jesus seinen Jüngern im Vaterunser gebietet (Mt
6,9 / Lk 11,2)[74] und der das theologische Zentrum seiner
Basileia-Verkündigung ist[75]. Es ist derselbe Gott, der Jesus Christus von den Toten auferweckt (Röm 4,24b; 8,11;

nes Kults im Alten Testament, antiken Judentum und frühen Christentum (WUNT 118), Tübingen 1999, 427–455, bes. 430ff.446f.

74  Vgl. Mt 4,9f/Lk 4,7f; Mt 15,31; Mk 10,18 par.; 12,29 par.; Joh
5,44; 17,3; Röm 3,29f; 15,5f; 1Kor 8,6a; 12,6; 15,28; 1Thess 1,9;
Eph 4,5f; 1Tim 1,17; 2,5; 6,15f; Apk 15,4, ferner Mt 6,24.33;
24,36; Act 14,15; 17,23–31; Röm 4,16; 11,33–36; 15,5f.9–12;
2Kor 4,15; Gal 3,20; 4,8; Phil 2,11; Hebr 6,1f. Die monotheistische
Grundstruktur des im Neuen Testament bezeugten Christusglau-
bens wird auch durch Stellen wie Joh 1,1; 10,30 (Wesenseinheit
von Vater und Sohn), Röm 10,9; 1Kor 8,6b; 12,3: Jud 4 ([Jesus]
Christus als κύριος bzw. δεσπότης); Röm 10,12f; 1Kor 1,2; Act
9,21; 22,16; 2Tim 2,22 (Anrufung des Namens des Herrn Jesus
Christus) nicht aufgehoben. Vgl. G. Delling, ΜΟΝΟΣ ΘΕΟΣ, in:
ders., Studien zum Neuen Testament und zum hellenistischen Judentum. GAufs. 1950–1968, hg. von F. Hahn u.a., Berlin 1970,
391–400: 399f; W. Schrage, Theologie und Christologie bei Paulus
und Jesus auf dem Hintergrund der modernen Gottesfrage, EvTh 36
(1976) 121–154; E. Gräßer, „Ein einziger ist Gott" (Röm 3,30).
Zum christologischen Gottesverständnis bei Paulus, in: ders., Der
Alte Bund im Neuen. Exegetische Studien zur Israelfrage im Neuen
Testament (WUNT 35), Tübingen 1985, 231–258, bes. 237ff.249ff;
U. Mauser, Εἷς θεός und Μόνος θεός in Biblischer Theologie,
JBTh 1 (1986) 71–87, bes. 74–83. Th. Söding, „Ich und der Vater
sind eins" (Joh 10,30). Die johanneische Christologie vor dem Anspruch des Hauptgebotes (Dtn 6,4f) [im Druck].
75  Diese Theozentrik gehört zu den semantischen Konstanten
schon der alttestamentlichen und frühjüdischen Basileia-Vorstel-
lung, Ps 103,19; 145,11; Jes 24,21–23; 52,7; 61,1f; Dan 2,44f;
Zeph 3,14f; Sach 14,5b–9; PsSal 5,15–20; 17,1–3.46; äthHen 84,2;
103,11; Sib 3,767; AssMos 10,1.7–10; TestDan 5,13; TestBenj 9,1;
1QM 12,7f, vgl. Mt 6,10 par.; Mk 4,26–29.30–32 par.; 13,32 par.;
1Kor 15,24–28. Eine gute Problemübersicht geben H. Merklein,
Die Einzigartigkeit Gottes als die sachliche Grundlage der Botschaft Jesu, in: ders., Studien zu Jesus und Paulus II (WUNT 105),
Tübingen 1998, 154–173, und G. Theißen / A. Merz, Der historische Jesus. Ein Lehrbuch, Göttingen ²1997, 226–231.

2Kor 4,14; Gal 1,1; Eph 1,20 u.ö.) und sich im Osterge-
schehen als der eschatologisch Handelnde endgültig offenbart hat. Das Zurücktreten der ersten Tafel im Neuen Testament
läßt sich ungezwungener und ohne Überfrachtung durch
spekulative Hypothesen erklären, berücksichtigt man
stärker die spezifische Gestalt und Funktion der frühjüdischen Dekalog-Vergegenwärtigung. Die verbreitete jüdische Praxis, die sittlichen Forderungen der Tora zu katechetischen, liturgischen und wohl auch homiletischen
Zwecken „handhabbar" zu machen und sie in wenigen,
ihre Gesamtintention aufnehmenden Kernsätzen zusam-
menzufassen, ist ein wesentlicher Bedingungsfaktor für
die urchristliche Dekalogrezeption gewesen. Damit partizipiert das Neue Testament an einem Traditionsstrom, der
freilich nun noch erweitert, gleichzeitig aber theologisch
neu kontextualisiert wurde. Indem das frühe Christentum
sich in diesen Strom einreihte, übernahm es auch die im
zeitgenössischen Judentum vielfach zu beobachtende
Konzentration auf Gebote der zweiten Tafel[76]. Der Grund
liegt auf der Hand. Sie sind ethisch ebenso eindeutig wie
verbindlich, aber dennoch so allgemeingültig formuliert,
daß mit ihnen konvergierende ethische Standards integriert werden können, selbst wenn sie andere Wurzeln
haben. Daher stellen sie für Heiden- wie für Judenchristen eine prinzipiell konsensfähige „Gebrauchsform von
Tora"[77] dar. Für *diesen* Zweck waren die Gebote der ersten Tafel schlicht ungeeignet, mithin entbehrlich.

---

76   Die primär soziale Ausrichtung ihrer Gebote („soziale Reihe")
hat sicher dazu beigetragen, daß der Dekalog auch „eine wichtige
Funktion in der Proselytenkatechese des hellenistischen Judentums
innegehabt" hat, K. Berger, Gesetzesauslegung, 270. Daß seine
Rolle sich aber im wesentlichen darin erschöpfte, eine Art „Handbuch" für „Proselytenkatecheten" zu sein, ebd. 261, ist doch zu eng
gedacht.
77   M. Konradt, Christliche Existenz, 196.

## III

Mit alledem ist freilich noch nichts oder nur wenig über die interpretierende Aneignung und die aus dem Vollzug dieser Aneignung sich ergebende theologische Neuakzentuierung der Dekaloggebote ausgesagt. In welchen übergreifenden Horizont werden sie eingestellt, wie auf zentrale Inhalte des christlichen Kerygmas bezogen? Und vor allem, unter welchen hermeneutischen Voraussetzungen werden sie zur Geltung gebracht? Aus Raumgründen muß ich mich knapp fassen und auswählen.

*Mt 5,21–26.27–30.* Den sechs Antithesen geht mit 5,17–20 ein Vorspruch voraus, der sich nur auf sie, nicht auf die ganze Bergpredigt bezieht. Alle legen inhaltlich aus, was Matthäus als die „bessere Gerechtigkeit" (5,20) bezeichnet. Dieser Gedanke kehrt im περισσόν von 5,47 wieder und wird am Schluß der Spruchgruppe im doppelten τέλειος (5,48) noch einmal gebündelt. In diesem redaktionellen Vor- und Rückverweis steckt die Leseanweisung für das Dazwischenliegende. Matthäus verdeutlicht, welche Funktion er den Antithesen im jetzigen Kontext zumißt. In seinem Verständnis illustrieren sie exemplarisch, was es heißt, die Gebote (ἐντολαί) zu „tun" und zu „lehren" (5,19). Die Antithesen stellen also, kurz gesagt, eine Form von Toraparänese dar[78]. Für die

---

[78] Darin stimme ich mit H. Frankemölle grundsätzlich überein, ohne daß ich seinen einzelnen Ausführungen folgen möchte, Die Tora Gottes für Israel, die Jünger Jesu und die Völker nach dem Matthäusevangelium, in: ders., Jüdische Wurzeln christlicher Theologie (BBB 116), Bodenheim 1998, 261–293. Eine andere Frage ist, ob die Bergpredigt in ihrer jetzigen Gestalt für Matthäus eine Art „Katechismus" ist, dessen ursprüngliche Form auf den „Unterweisungsbetrieb der Gemeinde" zurückgeht, W. Popkes, Paränese und Neues Testament (SBS 168), Stuttgart 1996, 67. Denn obwohl W. Popkes den paränetischen Charakter der Bergpredigt zu Recht betont, ebd. 66f.69f, ist damit noch nicht über ihre vormatthäische Herkunft entschieden. Vor allem H.D. Betz hat in mehreren Beiträgen nachzuweisen versucht, daß sie eine nach thematischen Lehrgegenständen gruppierte Komposition darstellt, die Matthäus seinem Evangelium als Quelle eingegliedert hat, vgl. Studien zur Bergpredigt, Tübingen 1985; ders., The Sermon on the Mount in Matthew's Interpretation, in: B.A. Pearson (Hg.), The

beiden ersten erhellt dies unmittelbar aus dem Zitatcharakter des vorausgehenden οὐ φονεύσεις und οὐ
μοιχεύσεις, für alle sechs mittelbar aus dem einleiten-
den: „Ihr habt gehört, daß zu den Alten gesagt worden
ist", das mal um die „Alten" gekürzt (5,27.38.43), mal auf
das „Es ist gesagt worden" (5,31) reduziert ist. Gemeint
ist die Sinaigeneration[79]. Nichts spricht dagegen, die erste
und zweite Antithese – allein um sie geht es jetzt – auf
Jesus selbst zurückzuführen, vielleicht sogar ihre antithe-
tische Form[80]. Natürlich setzen die Antithesen die in der
Eingangsthese zitierten Dekaloggebote[81] nicht außer
Kraft. Aber auch die geläufige Auskunft, das Tötungs-
und Ehebruchverbot werde überboten oder radikalisiert[82],

---

Future of Early Christianity. Essays in Honor of H. Köster, Minneapolis 1991, 258–275, bes. 259–264.
79  Vgl. D. Sänger, Schriftauslegung im Horizont der Gottesherrschaft. Die Antithesen der Bergpredigt (Mt 5,21–48) und die Verkündigung Jesu, in: Christlicher Glaube und religiöse Bildung. FS
für F. Kriechbaum zum 60. Geb., hg. von H. Deuser / G. Schma-
lenberg (GSTR 11), Gießen 1995, 75–109: 83. Für ein erweitertes
Verständnis der ἀρχαῖοι plädieren u.a. E. Lohse, „Ich aber sage
euch", in: ders., Die Einheit des Neuen Testaments. Exegetische
Studien zur Theologie des Neuen Testaments, Göttingen 1973, 73–
87: 82; R.A. Guelich, The Sermon on the Mount, Waco 1982, 179;
H.-W. Kuhn, Das Liebesgebot Jesu als Tora und als Evangelium.
Zur Feindesliebe und zur christlichen und jüdischen Auslegung der
Bergpredigt, in: Vom Urchristentum zu Jesus. Für J. Gnilka, hg.
von H. Frankemölle / K. Kertelge, Freiburg u.a. 1989, 194–230:
214.
80  T. Holtz, „Ich aber sage euch". Bemerkungen zum Verhältnis
Jesu zur Tora, in: I. Broer (Hg.), Jesus und das jüdische Gesetz,
Stuttgart u.a. 1992, 135–145: 139; U. Luz, Das Evangelium nach
Matthäus 1. Teilband Mt 1 – 7 (EKK 1/1), Zürich u.a. ⁴1997, 249;
J. Roloff, Jesusforschung am Ausgang des 20. Jahrhunderts
(SBAW.PH. 1998/4), München 1998, 35.
81  In 5,21 ist das οὐ φονεύσεις alleiniger Inhalt des ἐρρέθη. Die
anschließende Strafbestimmung bildet lediglich „die exegetische
Brücke zur Antithese", R. Bergmeier, „Und deinen Feind hassen",
in: ders., Das Gesetz im Römerbrief und andere Studien zum
Neuen Testament (WUNT 121), Tübingen 2000, 122–128: 125
(Kursivierung im Orig.).
82  Vgl. nur H.-W.Kuhn, Liebesgebot, 216, und zuletzt K.-W.
Niebuhr, Die Antithesen des Matthäus. Jesus als Toralehrer und die
frühjüdische weisheitlich geprägte Torarezeption, in: Gedenket an

erscheint mir noch zu unpräzise. Von einer polemischen Absicht ist ebenfalls wenig zu spüren[83]. Berücksichtigt man, daß bereits die Liste der in 5,22 genannten Vergehen unter das fünfte Gebot fällt und schon der begehrliche Anblick einer Frau gegen das sechste verstößt (5,28), wollen die beiden Antithesen diese Gebote nicht verschärfen, sondern deren einschränkende, (nur) auf Töten und Ehebruch begrenzte Auslegung beseitigen. Im Sinne der Präambel 5,17–20 bezeugen sie damit den ursprünglichen, von „Gesetz und Propheten" offenbarten Willen Gottes[84].

Dadurch wird Jesus jedoch nicht zu einem Schriftgelehrten höherer Ordnung[85]. Der Argumentationshorizont ist ein anderer, was Matthäus kompositorisch mit Hilfe seines Stoffarrangements und durch zielgerichtet positionierte Textmarker veranschaulicht. Hermeneutische Signalfunktion haben zunächst die fast identischen Summarien 4,23 und 9,35, die sich ringförmig um die Kap. 5 – 9 legen. Ihre Leitbegriffe διδάσκειν, εὐαγγέλιον τῆς βασιλείας, θεραπεύειν präludieren bzw. rekapitulieren

---

das Wort. FS für W. Vogler zum 65. Geb., hg. von Ch. Kähler u.a., Leipzig 1999, 175–200: 182.

83   Anders z.B. G. Müller, Dekalog, 88; H. Hübner, Art. Dekalog III. Neues Testament, 415; H.-J. Eckstein, Die Weisung Jesu Christi und die Tora des Mose, in: Jesus Christus als die Mitte der Schrift. Studien zur Hermeneutik des Evangeliums, hg. von Ch. Landmesser u.a. (BZNW 86), Berlin / New York 1997, 379–403: 397–400.

84   Ch. Burchard, Versuch, das Thema der Bergpredigt zu finden, in: Studien zu Theologie, Sprache und Umwelt des Neuen Testaments, 27–50: 41

85   In diese Richtung tendieren u.a. G. Röhser, Jesus – der wahre „Schriftgelehrte". Ein Beitrag zum Problem der „Toraverschärfung" in den Antithesen der Bergpredigt, ZNW 86 (1995) 20–33, bes. 24.30f.33; H.-J. Becker, Auf der Kathedra des Mose. Rabbinisch-theologisches Denken und antirabbinische Polemik in Matthäus 23,1–12 (ANTZ 4), Berlin 1990, 88–92; M. Limbeck, Das Gesetz im Alten und Neuen Testament, Darmstadt 1996, 133f. Vgl. demgegenüber die begründeten Einwände von H.-J. Eckstein, Weisung, 396ff. Anders als er glaube ich jedoch nicht, daß die Antithesen sich gegen die zitierten Toragebote richten. M.E. lassen sie sich selbst als eine Form von Toraauslegung verstehen (vgl. meinen Anm. 79 genannten Beitrag).

deren narrativen Aufbau und inhaltlichen Bezugsrahmen. Das διδάσκειν wird in Kap. 5 – 7 (καὶ ... ἐδίδασκεν αὐτούς, 5,2), das θεραπεύειν in Kap. 8 – 9 entfaltet. Dem „Evangelium von der Herrschaft (Gottes)" korrespondiert das Syntagma βασιλεία τῶν οὐρανῶν, das im begründenden ὅτι-Satz der ersten und letzten der in der 3. Pers. Plur. formulierten Seligpreisungen wiederkehrt (5,3.10). Die im futurischen Passiv formulierten Nachsätze der Makarismen Mt 5,4–9 enthalten eschatologische Verheißungen und erläutern, was Himmelreich konkret bedeutet. Signalfunktion hat ferner die betonte Endstellung des nicht konditionierten, auch den Feind einschließenden Liebesgebots (5,43f), das in Korrespondenz zu 5,21f steht. Es bildet die Klimax der Antithesenreihe und wird damit zum Herzstück der „besseren" Gerechtigkeit, deren *qualitatives* Mehr der Evangelist im Stichwort τέλειος zusammenfaßt (5,48, vgl. 19,21)[86]. Worauf es ihm entscheidend ankommt, verdeutlicht schließlich die Goldene Regel (7,12a). Indem Matthäus, wie die Q-Parallele Lk 6,31 zeigt, den Zusatz οὗτος γάρ ἐστιν ὁ νόμος καὶ οἱ προφῆται (7,12b) anfügt, lenkt er auf 5,17a zurück (Inklusion) und zieht das Fazit des von 5,17 bis 7,12 reichenden Hauptteils der Bergpredigt[87]. Damit wehrt er nicht nur dem Mißverständnis, als werde durch den Gehorsam gegenüber den Weisungen Jesu „Gesetz und Propheten", d.h. Gottes gesamte Willenskundgabe in der Schrift, aufgehoben, sondern stellt auch klar, daß gerade dadurch, daß Jesus seine „Lehre" (7,28; 22,33, vgl. 28,20) im umfassenden Liebesgebot konzentriert (22,40), „Gesetz und Propheten" erfüllt und uneingeschränkt zur Geltung gebracht werden[88].

Wie die Bergpredigt insgesamt, so sind auch die Antithe-

---

86 Vgl. U. Luz, Matthäus I, 307; E. Lohse, „Vollkommen sein". Zur Ethik des Matthäusevangeliums, in: Salz der Erde – Licht der Welt. Exegetische Studien zum Matthäusevangelium. FS für A. Vögtle zum 80. Geb., hg. von L. Oberlinner / P. Fiedler, Stuttgart 1991, 131–140; R. Hoppe, Vollkommenheit bei Matthäus als theologische Aussage, ebd. 141–164.
87 Vgl. Ch. Burchard, Versuch, 49; U. Luz, Matthäus I, 186.391f; R. Hoppe, Vollkommenheit, 157.
88 H.-J. Eckstein, Weisung, 395f.401.

sen und mit ihnen die in 5,21a.27a. zitierten Dekaloggebote im Horizont des von Jesus verkündeten εὐαγγέλιον
τῆς βασιλείας zu interpretieren. Verbindlichkeit und Intention der dekalogischen Weisungen müssen sich nach
Matthäus danach beurteilen lassen, inwieweit sie dem
Inhalt der Gottesherrschaft entsprechen. Ihr einziges Kriterium ist der Wille Gottes, wie er sich im Liebesgebot
zentriert (5,43–48; 7,12; 22,40, vgl. 9,13; 12,7; 23,23).
Von ihm her werden sie ausgelegt, christologisch entfaltet
und   zu   der   eschatologischen   „Fülle"   gebracht
(πληρῶσαι, 5,17b)[89], die ihnen seit ihrer Bekanntgabe
am Sinai (ἐρρέθη τοῖς ἀρχαίοις) bestimmt ist. Bedeutet
dies einerseits nicht, daß sie damit abgeschafft
(καταλῦσαι, 5,17a.b) sind, heißt es andererseits gleich-
wohl, daß der matthäische Jesus die Tora und also auch
die Dekaloggebote theologisch neu generiert. Zwar
spricht er „keine andere Sprache als der Vater, der seinem
Volk am Sinai die Tora als Urkunde seines Bundes über-
geben hat"[90]. Aber weil er der in göttlicher Vollmacht
lehrende (7,28b.29; 22,33) „geliebte Sohn" (3,17) ist, der
den Willen seines himmlischen Vaters (7,21; 12,50) verkündet[91], wird die Autorität der Tora nun zur Autorität

---

89   Bei Matthäus bestimmt das Liebesgebot „inhaltlich die ‚Fülle'
von Tora und Propheten und ist das Kriterium für diese ‚Fülle'",
H.-W. Kuhn, Liebesgebot, 220.
90   K.-W. Niebuhr, Antithesen, 199.
91   Daß Matthäus mit ἐξουσία „weniger die Herkunft oder
Begründung als vielmehr die Wirkungen der Lehre Jesu" anspre-
che, H. Weder, „Ich aber sage euch". Zur Begründung der Gesetzesauslegung Jesu in der Bergpredigt, in: ders., Einblicke ins Evangelium. Exegetische Beiträge zur neutestamentlichen Hermeneutik.
GAufs. aus den Jahren 1980–1991, Göttingen 1992, 201–217: 205,
gilt sicher für V 28b, jedoch nicht für V 29. Überhaupt dürfte die
dahinter stehende These, Jesus rekurriere in den Antithesen auf
keine fremde Autorität, sondern allein auf sein Ich, weil „kein
fremdes Gewicht das Gesagte wichtig macht, sondern ... es nur
noch das Gewicht des Gesagten gibt", ebd. 213, eher auf sprach-
ontologischen Prämissen beruhen, als daß sie exegetisch ausweis-
bar wäre. Denn daß Gott selbst Subjekt der Basileia und damit auch
Real- und Erkenntnisgrund von Jesu Basileia-Verkündigung ist,
stellt im Kontext der Bergpredigt Mt 6,10a unmißverständlich heraus.

dessen, in dem „die Verkündigung der nahen Basileia die Nähe dieser Basileia selbst ist"[92]. Von deren Zentrum her gewinnt die spezifische Gestalt von Jesu Toraauslegung ihre Eindeutigkeit. Indem er die grenzenlose Liebe des Vaters (5,45, vgl. 6,9) ihren alleinigen Maßstab sein läßt, wird die an eben diesem Maßstab ausgerichtete Verwirklichung des im fünften und sechsten Gebot Geforderten zum Interpretament – nicht Verifikationsprinzip! – des von Jesus vergegenwärtigten Anbruchs der Gottesherrschaft[93].

*Mk 10,17–22.* Die Erzählung vom reichen Mann[94] steht im Aufriß des Markusevangeliums an exponierter Stelle[95]. Ab 8,27 wendet sich der Blick nach Jerusalem, dem Ziel des Weges Jesu. Dort wird sich erfüllen, was die drei Leidensankündigungen 8,31; 9,31; 10,33f sagen. Die zweite eröffnet einen thematisch relativ geschlossenen Zusammenhang, der sich vorwiegend mit Fragen des Gemeindelebens befaßt[96]. 10,17–22 ist bis auf die redaktionelle Einleitung und das Wegmotiv (vgl. 8,27; 9,33f; 10,32.52) eine literarische Einheit, die um zwei Anhänge erweitert wurde. Im ersten (10,23–27) geht es darum, ob Besitz und Eingang in die Basileia einander ausschließen[97], der zweite (10,28–31) handelt vom Lohn der Nach-

---

92 E. Käsemann, Zum Thema der urchristlichen Apokalyptik, in: ders., Exegetische Versuche und Besinnungen 2, Göttingen ³1968, 105–131: 118.

93 Vgl. H. Weder, „Ich aber sage euch", 214.

94 Daß er ein νεανίσκος ist, sagt erst Matthäus (19,20). Konsequent läßt er daher ἐκ νεότητός μου (Mk 10,20) weg. Lukas stellt ihn als einen ἄρχων vor (18,18).

95 Die beiden Parallelfassungen Mt 19,16–22 und Lk 18,18–23 bleiben im folgenden ausgespart.

96 9,33–35.36f.38.42–50; 10,1–12.13–16.17–22.23–27.28–31. 35–45. Im Kontext des Evangeliums werden hier die Regeln 8,34–9,1 ekklesiologisch angewandt, P. Kristen, Nachfolge leben. Drei Modelle von Kreuzesnachfolge in Q und Markus, in: Text und Geschichte. Facetten theologischen Arbeitens aus dem Freundes- und Schülerkreis. D. Lührmann zum 60. Geb., hg. von S. Maser / E. Schlarb (MThSt 50), Marburg 1999, 89–106: 101.

97 M.E. steht nicht das ethische Problem von Besitz und Besitzverzicht im Vordergrund, so zuletzt wieder M. Ebersohn, Liebesgebot, 165: 10,17–22 beschränke sich auf den ethischen Be-

folge. Diese Verse greifen mehrfach auf 10,17–27 zurück. Das Doppellogion 10,29f (zu V 29 vgl. die Q-Parallele Lk 14,26) knüpft an den Nachfolgespruch 10,21c (δεῦρο ἀκολούθει μοι) an und bezieht ihn auf die Jüngersituation; die Objekte des Elterngebots, Vater und Mutter (10,19b), kehren ebenso wieder wie der Frageinhalt des Finalsatzes von 10,17b (ζωὴ αἰώνιος). Obwohl sie unterschiedlichen Traditionsstufen angehören, sind die drei Sequenzen auf der synchronen Ebene eng miteinander verzahnt. Das fünfmal begegnende, mit Ausname von 10,14 stets mit εἰσέρχεσθαι (finite Verbform oder Inf. Aor.) verbundene Syntagma βασιλεία τοῦ θεοῦ (10,14f.23–25) rahmt die Szene.

Die Frage „Was soll ich tun, damit ich das ewige Leben erbe?" ist identisch mit der nach der Teilhabe am Reich Gottes[98]. Das Interesse des Mannes zielt auf das Leben im kommenden Äon (10,30) nach der von Gott erhofften Auferstehung der Toten (vgl. bBer 28b [Bar.]; bBB 10b [Bar.] u.ö.)[99]. In Jesu Antwort klingt zunächst das Sch^ema an (V.18b), es folgen Gebote der zweiten Tafel des Dekalogs (V.19)[100]. Die Versicherung des Mannes, er habe

---

reich, „griffig expliziert am Beispiel des Reichtums". Zu unpräzise auch H.-W. Kuhn, Ältere Sammlungen im Markusevangelium (StUNT 8), Göttingen 1971, 147.149: es gehe um das Verhältnis von Reichtum und Christsein.

98  Wie die Verbindung von εἰσελθεῖν mit ζωή in 9,43.45 und mit βασιλεία τοῦ θεοῦ 9,47; 10,15.23–25 zeigt, interpretieren sich „ewiges Leben" und „Reich Gottes" wechselseitig.

99  Zum ewigen Leben als Topos frühjüdischer eschatologischer Heilshoffnung vgl. Dan 12,2; PsSal 3,12.16.; 9,5; 13,11; 14,4–7.10; äthHen 37,4; 40,9; 58,3; 4Esr 7,127–131; 2Makk 7,9; TestAss 5,2; 6,6; JosAs 8,10; CD 5,6.

100  Zu μὴ ἀποστερήσῃς vgl. oben Anm. 53. Matthäus fügt noch das Liebesgebot Lev 19,18 an, womit er sich ganz auf der eben skizzierten Linie bewegt. Daß er bewußt an 5,43–48 anknüpft, zeigt überdies das betont plazierte τέλειος in 19,21 (nur hier und 5,48), vgl. J. Piper, ‚Love your enemies', 146–149; M. Ebersohn, Liebesgebot, 204–207. Nach O. Wischmeyer spiegelt die Verbindung von Sch^ema(anklang), Dekalogsätzen und Liebesgebot hellenistisch-jüdische Tradition, Nächstenliebe, 180. Das ist zwar prinzipiell denkbar, in diesem Fall aber so gut wie ausgeschlossen. Da Matthäus die Markusfassung vorlag, die Lev 19,18 gerade nicht enthält, wird er sie um das Liebesgebot erweitert haben.

sie alle (ταῦτα πάντα) gehalten, zweifelt Jesus nicht an. Andernfalls bliebe seine Reaktion unerklärlich: „Er sah ihn an und gewann ihn lieb"[101]. Das nun folgende ἕν σε ὑστερεῖ soll dem Fragenden weder „deutlich machen, daß von einem Halten der Gebote bei ihm im Ernst nicht die Rede sein kann"[102], noch darf es stillschweigend durch den Zusatz ergänzt werden „zur vollen Erfüllung der Gebote", so als erweitere Jesus den Dekalog um ein elftes Gebot[103]. Solche Defizite lastet er dem Mann gerade nicht an. Was ihm wirklich fehlt, gerät vom Ende der Erzählung in den Blick: die Bereitschaft, alles dranzugeben und Jesus nachzufolgen[104].

Das Stichwort „Nachfolge" liefert den Schlüssel zum Verständnis der zweigeteilten Antwort Jesu. Sie ist eingebettet in den größeren Komplex 8,27 – 10,52, der die ekklesiologischen und soteriologischen Konsequenzen der Nachfolge thematisiert (ἀκολουθεῖν: 8,34[2x]; 9,38; 10,21.28.32.52). Sprachlich wie sachlich knüpft 10,17–31 an die beiden Logien 8,34b.35 an[105]. Dort wird demjeni-

---

101   ἠγάπησεν αὐτόν heißt nicht „er küßte ihn", wie R. Pesch und J. Gnilka in ihren Kommentaren im Anschluß an K. Berger, Gesetzesauslegung, 397f, übersetzen, vgl. D. Sänger, Recht und Gerechtigkeit in der Verkündigung Jesu. Erwägungen zu Mk 10,17–22 und 12,28–34, BZ NF 36 (1992) 179–194: 187.

102   W. Zimmerli, Die Frage des Reichen nach dem ewigen Leben, in: ders., Gottes Offenbarung. GAufs. zum Alten Testament (TB 19), München 1969, 316–324: 318.

103   Zu Recht abgewiesen von H.-W. Kuhn, Sammlungen, 147.

104   Der semantische Gehalt von ἀπῆλθεν (V.22) schillert. Auf der Textebene ist natürlich gemeint, daß der Mann weggeht, sich entfernt. Darüber hinaus kontrastiert das Verb Jesu Ruf in die Nachfolge δεῦρο ἀκολούθει μοι (V 21) und kennzeichnet die negative Reaktion auf sein Wort (V.22a). ὁ λόγος absolut gebraucht, steht bei Markus metonymisch für den Inhalt von Jesu Verkündigung, wie sie 1,15 programmatisch formuliert (1,45; 2,2; 4,14–20[8x].33; 8,32; 13,31). ἀπῆλθεν konnotiert aber auch die Weigerung des Fragestellers, von seinem Reichtum (κτήματα πολλά) „wegzugehen".

105   Sie begegnen auch in Q. Mk 8,34b hat seine Parallele in Lk 14,27 / Mt 10,38 (vgl. Joh 12,26; Hebr 13,13; EvThom 55 [101]), Mk 8,35 in Lk 17,33 / Mt 10,39. Die Kombination beider Logien übernimmt Matthäus von Markus. Umfassende Diskussion der literarkritischen, traditions und redaktionsgeschichtlichen Probleme

gen, der ἕνεκεν ἐμοῦ καὶ τοῦ εὐαγγελίου (8,35) bereit
ist, alles preiszugeben und Jesus nachzufolgen (Mk
8,34b), verheißen: σῶσαι αὐτήν [sc. τὴν ψυχὴν αὐτοῦ]
(8,35). Dieser Gedanke kehrt abgewandelt in 10,29f wieder. Wer sich darauf einläßt, ἕνεκεν ἐμοῦ καὶ ἕνεκεν
τοῦ εὐαγγελίου (10,29) alle materiellen Sicherheiten
aufzugeben, ja sogar die familiären Bindungen abzubre-
chen, wird jetzt und ἐν τῷ αἰῶνι τῷ ἐρχομένῳ ζωὴν
αἰώνιον haben (10,30). Daß sich der inhaltliche Akzent
des Doppelspruchs gegenüber 8,34b.35 verschoben hat,
ist durch den veränderten Problemhorizont bedingt, den
10,17–22 aufreißt. Denn die an Petrus adressierte Antwort Jesu (10,28) gilt nicht nur ihm, sondern schlägt mit
ζωὴ αἰώνιος einen Bogen zu 10,17 und integriert auch
das ängstliche τίς δύναται σωθῆναι (10,26b) in die mit
10,30 eröffnete eschatologisch-soteriologische Perspektive.
Die Frage des Mannes und Jesu erste Antwort mit ihrem
Hinweis auf Einzelgebote des Dekalogs bilden eine Einheit. Sie reicht bis ins Alte Testament zurück, wo die Le-
benszusage Gottes an das Halten seiner Gebote gekoppelt
wird. „Ihr sollt meine Gebote halten und meine Rechtsvorschriften (מִשְׁפָּט). Denn der Mensch, der sie tut, wird
durch sie leben. Ich bin JHWH" (Lev 18,5, vgl. Dtn 4,1;
5,33; 8,1). Kürzer heißt es Prov 4,4: „Halte meine Gebote
(מִצְוֹתַי), so wirst du leben" (vgl. 7,2)[106]. Daß Gehorsam
gegenüber den Geboten der Tora Heil und Leben nach
sich zieht, entspricht auch frühjüdischer Überzeugung
und läßt sich vielfach belegen[107]. Gemessen an dem, was
er bisher schon wußte, erfährt Jesu Gesprächspartner zu-

---

bei J. Schröter, Erinnerung an Jesu Worte. Studien zur Rezeption
der Logienüberlieferung in Markus, Q und Thomas (WMANT 76),
Neukirchen-Vluyn 1997, 379–417

106  Nach W. Zimmerli führt die alttestamentliche Vorgeschichte
von Mk 10,17 in den kultischen Bereich. Die Frage nach dem Leben habe ihren festen Sitz in der Toreinlaßliturgie gehabt (vgl. Ps
15,1 in Verbindung mit Ps 36,10) und sei an der Schwelle zum
Heiligtum zur Selbstprüfung wachgehalten worden, Frage, 318–
322.

107  Neben dem von Bill. III, 129–131.237.277f.498, dargebote-
nen Material vgl. noch TPsJ zu Dtn 30,19f.

nächst also nichts Neues. Seine Entgegnung ταῦτα πάντα ἐφυλαξάμην ἐκ νεότητός μου V 20b) impliziert dieses Wissen, aber auch, daß er sich mit ihm nicht zufrieden gibt[108]. Insofern drängt *er* Jesus zu einer weiteren Antwort: Zum Ruf in die Nachfolge.

Im Gefälle der Erzählung werden beide Antworten nicht so einander zugeordnet, als sei das Halten der Gebote eine zwar notwendige, aber im Gegensatz zur Nachfolge noch keine zureichende Bedingung, um ewiges Leben zu erlangen. Es geht nicht um ein *quantitatives* Plus. Das ἕν σε ὑστερεῖ[109] verweist vielmehr auf das im Horizont der bereits angebrochenen Basileia[110] hier und jetzt unbedingt Geforderte. Die zeitliche Differenz zwischen Gegenwart und Zukunft spielt, anders als im apokalyptischen Denken, keine entscheidende Rolle mehr[111], so wenig die Gottesherrschaft in der Gegenwart einfach aufgeht. Das Ineinander von der schon jetzt „antizipatorisch gegenwärtig(en)"[112], freilich nur als „Fragment" wahrnehmbaren Gottesherrschaft[113] und ihrer universalen Verwirklichung ermöglicht es, an ihr aktiv teilzuhaben[114].

---

108 Matthäus hat dies erkannt und deshalb das bei Markus im Munde Jesu begegnende „eines fehlt dir" als Frage des νεανίσκος formuliert: τί ἔτι ὑστερῶ (19,20b).
109 Der neutrische Sing. zeigt an, daß es dem Mann an *einem* mangelt. Seinen Besitz zu verkaufen und ihn den Armen zu geben ist nichts, was zur Nachfolge noch hinzukommt, sondern ist sowohl deren Ermöglichungsgrund als auch Konsequenz.
110 In Markus' programmatischer Zusammenfassung der Verkündigung Jesu (1,15) hat das Perfekt ἤγγικεν resultative Bedeutung. Die Basileia „hat sich genaht" = „sie ist da", vgl. 14,42; Lk 10,9[Q].
111 Vgl. H. Weder, Gegenwart und Gottesherrschaft. Überlegungen zum Zeitverständnis bei Jesus und im frühen Christentum (BThSt 20), Neukirchen-Vluyn 1993, 41–64.
112 P. Kristen, Nachfolge, 102 (unter Bezug auf den hundertfachen Lohn der Nachfolge schon „in dieser Weltzeit", 10,30)
113 Ich lehne mich hier an eine Formulierung H. Weders an, Gegenwart, 61.
114 Mk 3,14f; 6,7 par; 6,12f; Lk 10,17–20, vgl. Mt 16,19; 18,18f. Daß bei Markus allein Jesus die Nähe der Gottesherrschaft verkündigt, nicht aber seine Jünger, so P. Kristen, Nachfolge, 103, ist unzutreffend. Der Jüngerauftrag umfaßt nach 3,14 ausdrücklich auch das κηρύσσειν (vgl. 6,12), dessen Inhalt 1,15 prägnant identifi-

Von daher versteht es sich, daß das Halten der Gebote weder in der Bergpredigt noch in Mk 10,17ff eschatologisch begründet wird. Das ἕν σε ὑστερεῖ zielt ja gerade nicht auf ein Mehr an Gebotserfüllung, sondern auf die Nachfolge Jesu. Nur ihr gilt die Verheißung von Mk 8,35 und 10,30. Indem Jesus die Zeit der Gottesherrschaft in die Gegenwart hineinzieht und dadurch Nachfolge νῦν ἐν τῷ καιρῷ τούτῳ (10,30a) ermöglicht, die allein zum ewigen Leben ἐν τῷ αἰῶνι τῷ ἐρχομένῳ führt (10,30b), wird die Nachfolge, zugespitzt formuliert, zum Modus der schon jetzt realisierten eschatologischen Heilsteilhabe.

Die Gebote verlieren damit nicht ihre Gültigkeit. Mk 7,10 (viertes Gebot) und die ebenfalls Jesus in den Mund gelegten dekalogischen Weisungen (10,19) machen deutlich, daß sie nach wie vor ethisch verbindlich sind. Nur sind sie keine „Wegweiser zum ewigen Leben" mehr[115]. Denn der lebenschenkende Glaube ist *einzig* durch den Bezug auf das εὐαγγέλιον τῆς βασιλείας (Mk 1,15) bestimmt[116].

*Röm 13,8–10.* Paulus zitiert in Röm 13,9 vier Verbote der zweiten Tafel des Dekalogs[117]. Das ist bemerkenswert, weil er nur selten auf Toragebote rekurriert. Der engere Kontext ist 13,8–10, der Beginn des weiteren wird zumeist in 12,9 gesehen und 13,8 direkt an 12,9–21 angeschlossen. Dafür sprechen mehrere Gründe. ἀγαπᾶν

---

ziert.

115 Gegen Th. Söding, Leben nach dem Evangelium. Konturen markinischer Ethik, in: ders. (Hg.), Der Evangelist als Theologe. Studien zum Markusevangelium (SBS 163), Stuttgart 1995, 167–195: 171.

116 Vgl. Ch.D. Marshall, Faith as a theme in Mark's narrative (MSSNTS 64), Cambridge u.a. 1989, 34–56; Th. Söding, Glaube bei Markus. Glaube an das Evangelium, Gebetsglaube und Wunderglaube im Kontext der markinischen Basileiatheologie und Christologie (SBB 12), Stuttgart ²1987, bes. 133–142.280–287. Zu Recht hebt Th. Söding hervor, daß Glaube und Nachfolge für Markus zwar keine Synonyma, „wohl aber ähnlich ausgerichtete und strukturierte Parallelbegriffe" sind, ebd. 286.

117 Zu οὐκ ἐπιθυμήσεις und ἐπιθυμία als Zusammenfassung des zehnten Gebots vgl. neben Röm 7,7 auch Philo, Decal 142.150.173; 4Makk 2,4.6.

nimmt das Stichwort ἀγάπη von 12,9 wieder auf. Das reziproke Verhältnis der in 12,10 angemahnten φιλαδελφία, in der die Gemeindeglieder einander (ἀλλήλους, 12,10.16, vgl. 12,5) begegnen sollen, wird in 13,8a noch einmal betont[118]. Es setzt sich in 13,8b (ὁ γὰρ ἀγαπῶν τὸν ἕτερον[119]) und im πλησίον des Zitats aus Lev 19,18 fort (13,9c, vgl. 13,10a; 15,2). Stets geht es um ein Verhalten der Christen. Nur sie, nicht die Menschen aus ihrer paganen Umwelt kann Paulus auf Gebote der Tora verpflichten. Andersgläubige kommen jedoch insofern in den Blick, als die ἀγάπη sich auch ihnen gegenüber bewähren muß (12,17–21)[120]. Ferner ist auf das viermalige μή bzw. μηδενί in 12,16b.17.19.21 zu verweisen, das in 13,8 abermals begegnet und ein strukturbildendes Element darstellt. Deshalb gilt 13,8–10 in der Regel als Weiterführung des von 12,9–21 reichenden Gedanken-

---

118 Die φιλαδελφία konkretisiert sich im ἀλλήλους ἀγαπᾶν. Eine enge Sachparallele ist 1Thess 4,9.
119 M.E. gehört τὸν ἕτερον als Objekt zu ὁ ἀγαπῶν, nicht als Attribut zu νόμον (vgl. die syntaktischen Parallelen Mt 6,24 par. Lk 16,13; Jak 4,12 v.l.). Dafür spricht zum einen, daß die mit ἀλλήλους Gemeinten (13,8a) wie auch die hinter τὸν πλησίον Stehenden (13,9f) Objekt von ὁ ἀγαπῶν sein müssen, zum anderen, daß Paulus ὁ ἕτερος durchaus im Sinne von „Nächster" gebraucht, Röm 2,1.21; 1Kor 4,6; 6,1; 10,24.29; 14,17; Phil 2,4, vgl. U. Wilckens, Der Brief an die Römer. 3. Teilband Röm 12–16 (EKK 6/3), Zürich u.a. [2]1989, 68; F.-J. Ortkemper, Leben aus dem Glauben. Christliche Grundhaltungen nach Römer 12 – 13 (NTA NF 14), Münster 1980, 128f; K. Haacker, Römer, 271f. Die gegenteilige Meinung vertreten zuletzt wieder Ch. Burchard, Die Summe der Gebote (Röm 13,7–10), das ganze Gesetz (Gal 5,13–15) und das Christusgesetz (Gal 6,2; Röm 15,1–6; 1Kor 9,21), in: Studien zu Theologie, Sprache und Umwelt des Neuen Testaments, 151–183: 161f (wegen des fehlenden Objekts liest er das Partizip ὁ ἀγαπῶν als verkürzende Anapher, vgl. 1Joh 3,14; 4,7f), und K. Finsterbusch, Die Thora als Lebensweisung für Heidenchristen. Studien zur Bedeutung der Thora für die paulinische Ethik (StUNT 20), Göttingen 1996, 101. Beide Möglichkeiten hält z.B. D. Zeller für denkbar, Der Brief an die Römer (RNT), Regensburg 1985, 214.217.
120 Sie sind auch im μηδενί von 13,8 eingeschlossen. Im ἀγαπᾶν τὸν ἕτερον ebenfalls, sollte ἕτερον nicht durch πλησίον austauschbar sein (vgl. die vorhergehende Anm.).

gangs, der lediglich durch die Obrigkeitsparänese (13,1–
7) unterbrochen wird. Sie wird denn auch als „Fremdkörper" (E. Käsemann), „selbständige Einlage" (O.
Michel), übergangsloses „Zwischenstück" (H. Schlier) u.ä. beurteilt oder gar als literarisch sekundär und unpaulinisch
ausgeschieden[121].
Das Bild ändert sich, sobald man den von Paulus selbst
geschaffenen Interpretationsrahmen berücksichtigt. Der
Leitbegriff ἀγάπη, der 12,9 – 13,10 umklammert, hat un-
verkennbar Signalcharakter. Er gibt „das Thema des gesamten parakletischen Stückes vor"[122]. Durch die An-
fangs- und Endstellung von ἀγάπη wird das in 12,9 zu τὸ
πονηρόν, in 12,21 und 13,3f zu (τὸ) κακόν in Opposition
stehende Abstraktum τὸ ἀγαθόν, dessen ethischer und
religiöser Bedeutungsgehalt[123] im zeitgenössischen

---

121   Etwa von J. Kallas, Romans XIII.1–7: An Interpolation, NTS
11 (1964/65) 365–374; J.C. O'Neill, Paul's Letter to the Romans
(PNTC), London 1975, 15; W. Schmithals, Der Römerbrief. Ein
Kommentar, Gütersloh 1988, 29.458–462; W. Munro, Romans
13:1–7: Apartheid's Last Biblical Refuge, BTB 20 (1990) 161–
168. Jedoch fehlt dieser Abschnitt in keinem der griechischen
Textzeugen, Irenäus zitiert ihn Adv. Haer. V 24,1. Zudem ist er
durch übergreifende Sprach- und Strukturmerkmale (Wortwieder-
holung, Inklusionen, thematische Rückbezüge) in den Kontext integriert und weist darüber hinaus im Vokabular enge Bezüge zu
Röm 2,7–11 auf. Daher kann weder die paulinische Herkunft von
13,1–7 zweifelhaft sein, noch daß dieser Passus in den Zusammenhang der in 12,9 beginnenden Paränese fest eingebunden ist. Vgl. J.
Friedrich u.a., Zur historischen Situation und Intention von Röm
13,1–7, ZThK 73 (1976) 131–166: 146–153; V. Riekkinen, Römer
13. Aufzeichnung und Weiterführung der exegetischen Diskussion
(AASF.DHL 23), Helsinki 1980, 7–51; T.C. de Kruijf, The Literary
Unity of Rom 12,16–13,8a: A Network of Inclusions, Bijdr. 48
(1987) 319–326; J.A. Fitzmyer, Romans. A New Translation with
Introduction and Commentary (AncB 33), New York u.a. 1993,
663f.
122   Th. Söding, Liebesgebot, 241.
123   Im Alten Testament und antiken Judentum ist ὁ ἀγαθός als
Gottesprädikat vielfach belegt, 1Chr 16,34; 2Chr 5,13; 2Esr 3,11f
[LXX]; Ps 106,1; 107,1; 118,1–4.29; Weish 15,1; Philo, Gig 45;
All 1,47; Som 1,149; Mut 7; Decal 176; Ber 9,2; bPes 161a; MRuth
3,13; MQoh 7,8, vgl. Mk 10,18 par. Weiteres bei Bill. I, 809; W.
Grundmann, Art. ἀγαθός κτλ. ThWNT 1 (1933) 10–20, bes. 12–14

Sprachgebrauch parallel laufen, inhaltlich als Liebe definiert. Angesichts des rhetorisch kunstvoll disponierten brieflichen Gesamtgefüges liegt es nahe, daß Paulus damit zugleich an die in Christus Person gewordene ἀγάπη Gottes erinnern will, von der in Röm 5,5–8; 8,32ff.37.39 (vgl. Gal 2,20) die Rede ist. Diese in Christus erschienene Liebe gilt allen Menschen (5,6.8; 8,32), weil ausnahmslos alle vor Gott schuldig sind und verloren wären (1,18 – 3,20), hätte Gott uns, seine Feinde, nicht mit sich selbst versöhnt (5,10f, vgl. 2Kor 5,17–21).

Auf dem Hintergrund dieser im Evangelium erschlossenen und im Glauben zugeeigneten *neuen* Wirklichkeit des Menschen coram deo kann die Erfahrungswirklichkeit des durch die Liebe bestimmten Guten seinem Inhalt entsprechend auch nur umfassend gedacht werden. Sie bleibt nicht auf den Binnenraum der Gemeinde beschränkt, sondern überschreitet deren Grenze[124]. Zum Wesen der Liebe gehört, daß sie gegenüber jedermann auf Vergeltung verzichtet (12,17), das Böse überwindet (12,21), dem Nächsten nichts Böses antut (13,10a), ja überhaupt dem Guten anhängt (12,9, vgl. 1Kor 13,6). Es gibt keinen triftigen Grund, zwischen τῷ ἀγαθῷ (12,9) und τὸ ἀγαθόν (12,2) eine semantische Inkongruenz anzunehmen, zumal die parataktische Verknüpfung durch das nebenreihende καί die beiden Verse 12,1 und 12,2 eng aufeinander bezieht und ihnen den Charakter einer „Präambel"[125] verleiht. Sie steht als Überschrift über Kap. 12f, fungiert darüber hinaus aber auch als Scharnier und verbindet, wie das folgernde οὖν paraeneticum im asyndetisch anschließenden Neueinsatz 12,1 zeigt, die vorhergehenden Kapitel mit Kap. 12 – 15. Daraus folgt, daß bereits die imperativische Struktur von 12,1f (μὴ συσχηματίζεσθε ... ἀλλὰ μεταμορφοῦσθε) auf die Paränese von 12,9ff vorbereitet und das Stichwort τὸ ἀγαθόν deren eigentliches Thema antizipiert. Alle späteren

---

(zur allgemein ethischen Valenz ebd. 10–12).
124 Vgl. hierzu die Erwägungen W. Schrages, Die konkreten Einzelgebote in der paulinischen Paränese. Ein Beitrag zur neutestamentlichen Ethik, Gütersloh 1961, 249–271, bes. 262ff.
125 J. Friedrich u.a., Situation, 153.

Einzelweisungen sind Ausdruck der ἀγάπη, die das
θέλημα τοῦ θεοῦ (12,2) nicht nur unverwechselbar identifiziert, sondern in der es sich auch ethisch realisiert.
M.a.W., Paulus ermahnt die Christen zu prüfen, was
Gottes Wille ist, indem sie ihn „als *die Fülle der Tora* im
Tun der *Liebe* wahrnehmen"[126]. Ist das richtig, ist der
Kontext des Liebesgebots von 13,9 weiter gesteckt. Es
summiert nicht allein die zuvor zitierten Dekaloggebote,
sondern faßt zugleich die Reihe der das Gute, d.h. die
ἀγάπη exemplarisch konkretisierenden Weisungen zwischen 12,9 und 13,10 – also einschließlich 13,1–7 – zusammen und bezieht sie auf die Liebe als das πλήρωμα
νόμου (13,10b)[127].
Röm 12f repräsentiert das gleiche holistische Gesetzes-
verständnis, das wir bereits in Röm 2,21f; Jak 2,11 und in
weiten Teilen der frühjüdischen Literatur angetroffen haben. Der in 12,14–21 durchgehend zu beobachtende
Rückgriff auf zumeist weisheitlich geprägte Traditionen[128] läßt nicht nur erkennen, daß Paulus seine ethischen
Weisungen mit dem Erfahrungsbereich der Adressaten zu
korrelieren sucht, sondern macht auch deutlich, daß er
ihre lebenspraktische Relevanz aus der Schrift und jüdischen Überlieferung ableitet[129]. Von daher hat die Annahme, 12,9–21 basiere auf einem konventionellen Kanon hellenistisch-jüdischer Ethik[130], der schon vorpauli-

---

126  R. Bergmeier, Das Gesetz im Römerbrief, in: Das Gesetz im
Römerbrief und andere Studien zum Neuen Testament, 31–102: 80
(Kursivierung im Orig.).
127  Vgl. R. Bergmeier, Gesetz, 80.
128  Vgl. 12,15 mit Sir 7,34; 12,16 mit Prov 3,7 und Jes 5,21;
12,17 mit Prov 3,4; 12,18 mit Ps 34,14; 12,19 mit Lev 19,18 und
Dtn 32,35; 12,20 mit Prov 25,21f; 12,21 mit TestBenj 4,3f. Die
nächsten formalen Analogien zu Röm 12,10–13 sind Prov 3,22–25
und Sir 6,24–27, W.T. Wilson, Love without Pretense. Romans
12,9–21 and Hellenistic-Jewish Wisdom Literature (WUNT II/46),
Tübingen 1991, 144f.
129  Vgl. J. Piper, ‚Love your enemies', 113f; W.T. Wilson, Love,
205f.
130  C.H. Talbert, Tradition and Redaction in Romans XII 9–21,
NTS 16 (1969/70) 83–94 (V 9b–13 weist er aber einer palästinischen Quelle zu); J.D.G. Dunn, Romans 9 – 16 (WBC 38B), Dallas
1988, 738f; W. Schrage, Ethik, 137f; R. Bergmeier, Die Loyali-

nisch christlich erweitert und modifiziert worden sei[131], einiges für sich. In jedem Fall ist 13,8–10 eng mit den vorhergehenden Versen zu verbinden. Daß der Abschnitt aber speziell auf 13,1–7 zu beziehen ist, wie Ch. Burchard jüngst vorgeschlagen hat[132], leuchtet mir noch nicht ein. Dann wäre in 13,8–10 gesagt, daß und warum „gegenseitiges Lieben zur Ausfüllung des ὑποτάσσεσθαι (V

---

tätsparänese Röm 13,1–7 im Rahmen von Römer 12 und 13, in: Das Gesetz im Römerbrief und andere Studien zum Neuen Testament, 144–160: 148–156; W.T. Wilson, Love, bes. 96–148. Kritisch dazu J. Sauer, Traditionsgeschichtliche Erwägungen zu den synoptischen und paulinischen Aussagen über Feindesliebe und Wiedervergeltungsverzicht, ZNW 76 (1985) 1–28: 17–22; Th. Söding, Liebesgebot, 242. Hinter der Kritik steckt möglicherweise das Mißverständnis, als werde damit die Existenz eines fixierten Katechismus behauptet. Dies ist natürlich nicht gemeint, wie R. Bergmeier zu Recht klarstellt, ebd. 156. J. Friedrich u.a. sprechen nur im Blick auf 12,3–16a (!) von „katalogartigen Formen der Ermahnung", hingegen sei der Abschnitt 12,16b – 13,7 im „argumentierend-begründenden paränetischen Stil" gehalten, Situation, 153. M.E. ist diese Zäsur zwischen 12,16a und 12,16b trotz der vorgebrachten formalen und sprachlichen Argumente (ebd. 150f) sachlich nicht gerechtfertigt. Der unter dem „Leitgedanke der ἀγάπη" stehende „Tugendkalalog" darf schon deshalb nicht auf 12,9–13 reduziert werden (ebd. 150), weil sowohl das ἀγαθόν von V 21 als auch sein Synonym καλά in V 17b inhaltlich durch die ἀγάπη gefüllt werden und sie weiter explizieren.
131 Teile dieser christlichen Erweiterung sind der Verkündigung Jesu entnommen, vgl. Röm 12,14 mit Mt 5,44 / Lk 6,28, Röm 12,17 mit Mt 5,38f. Jedoch ist nicht mehr auszumachen, ob und inwieweit Paulus selbst dafür verantwortlich ist. Auszuschließen ist das nicht. Immerhin bezieht er sich mehrfach auf Herrenworte, z.B. Röm 14,14; 1Kor 7,10f.25; 9,14; 11,23–25, auch Röm 8,15–17; 1Kor 13,2; 14,37; Gal 4,6f; 5,14; 1Thess 5,3 sind hier zu nennen. Vgl. P. Stuhlmacher, Jesustradition im Römerbrief? Eine Skizze, ThBeitr 14 (1983) 240–250; N. Walter, Paulus und die urchristliche Jesustradition, NTS 31 (1985) 498–522; R. Riesner, Paulus und die Jesus-Überlieferung, in: Evangelium, Schriftauslegung, Kirche. FS für P. Stuhlmacher zum 65. Geb., hg. von J. Adna u.a., Göttingen 1997, 347–365, bes. 359ff (seine These, Paulus habe in der Gemeindeunterweisung eine selbständige, auf die wörtliche Form bedachte Weitergabe von Jesus-Überlieferung praktiziert, teile ich jedoch nicht); J.D.G. Dunn, The Theology of Paul the Apostle, Edinburgh 1998, 189–195.
132 Ch. Burchard, Summe, 158–166.182f.

1) über die Leistung der einzelnen ὀφειλαί hinaus taugt"[133]. Das Problem des speziell auf die Obrigkeitsparänese beschränkten Rückbezugs liegt darin, daß der λόγος des Nächstenliebegebots (13,9) nach diesem Verständnis allein die vier zitierten Dekalogverbote zusammenfaßt[134]. Gerade die Unbestimmtheit des auf die Zitationskette folgenden καὶ εἴ τις ἑτέρα ἐντολή dürfte eher ein Indiz dafür sein, daß Paulus hier an die biblischen Weisungen denkt, aus deren materialethischem Fundus 12,9–21 und 13,1–7 schöpfen. Kurzum, daß 13,8–10 die Obrigkeitsparänese fortsetzt und sich in erster Linie auf sie bezieht, halte ich aus den genannten Gründen für problematisch.

Die Frage ist nun allerdings, wie sich die ἀγάπη, genauer das ἀγαπήσεις τὸν πλησίον σου ὡς σεαυτόν zu den ἐντολαί des νόμος verhält, die es summarisch bündelt (ἀνακεφαλαιοῦται)[135]. Der verbreiteten Ansicht, das „Lieben" trete an die Stelle der aufgezählten Gebote[136], steht schlicht die Tatsache entgegen, daß Paulus sie zitiert. Es bliebe ein Rätsel, warum er sie dennoch anführt, wollte er sie durch das Nächstenliebegebot ersetzen. Mit der gleichen Schwierigkeit hat die Auskunft zu kämpfen, Paulus reduziere die Tora auf das Liebesgebot, um das Gesetz durch das Gesetz aufzuheben[137]. Noch weniger

---

133  Ch. Burchard, Summe, 161. Ihm folgt darin K. Finsterbusch, Lebensweisung, 100–103.107.

134  Daß gerade sie zitiert werden, begründet Ch. Burchard damit, daß sie „Verbote von leicht sichtbaren Verbrechen (sind), wie sie auch die Obrigkeit ahndet", Summe, 163.

135  So die wohl adäquateste Übersetzung, H. Schlier, Art. κεφαλή, ἀνακεφαλαιόομαι ThWNT 3 (1938) 672–682: 681,11–13. Vgl. J.D.G. Dunn, Theology, 646 Anm. 102.

136  Vgl. nur A. Lindemann, Die biblischen Toragebote und die paulinische Ethik, in: ders., Paulus, Apostel und Lehrer der Kirche. Studien zu Paulus und zum frühen Paulusverständnis, Tübingen 1999, 91–114: 111f.

137  O. Wischmeyer, Nächstenliebe, 182.187. Ähnlich argumentiert H. Hübner, Das Gesetz bei Paulus. Ein Beitrag zum Werden der paulinischen Theologie (FRLANT 119), Göttingen ³1982, 77f. Daß Paulus die Gebote zitiere, um den Nachweis zu erbringen, daß sich das Gesetz „nicht gegen die ‚neue Ethik'" richte, O. Wischmeyer, ebd. 185, ist kaum mehr als eine Verlegenheitslö-

überzeugt die Behauptung, Christus sei „das Ende des
Gesetzes auch für die Ethik", da die Liebe „alle nur
denkbaren Forderungen des Gesetzes erfüllt und damit
überflüssig gemacht" habe[138]. πληροῦν heißt nirgends
„erfüllen" im Sinne von „überflüssig machen"[139]. Das
Perfekt πεπλήρωκεν („er hat ihn [sc. den νόμος] erfüllt
und erfüllt ihn") betont vielmehr die Vollständigkeit im
Blick auf die Anerkennung des Nomos[140]. Der Gedanke
an eine in quantitativer Hinsicht ethisch-perfektionisti-
sche Gebotserfüllung kann dabei kaum mitschwingen,
weil durch das Befolgen des Liebesgebots nicht schon
alle übrigen Gebote der Tora erfüllt sind. Daher soll das
substantivierte Ensemble der vier Dekaloggebote καὶ εἴ
τις ἑτέρα ἐντολή am ehesten das Nächstenliebegebot
konkretisieren, auf das als πλήρωμα νόμου auch alle
Einzelmahnungen von 12,9 an bezogen sind. Anders formuliert, die Dekaloggebote legen das Nächstenliebegebot
verbindlich aus, wie es umgekehrt zu deren Auslegung
anleitet. So verstanden bilden sie für Paulus auch weiterhin die schriftgemäße Basis ethischen Verhaltens[141]. Das
heißt aber, daß er das Nächstenliebegebot weder an die
Stelle der Tora setzt noch mit ihm formal und stofflich
eine neue Ethik begründen will[142].
Freilich ist damit noch nicht alles gesagt. Gerade die Ver-

---

sung. Die frührabbinische Literatur kennt eine Reihe von Beispielen, nach denen das Tun eines Gebots die ganze Tora erfüllt, ohne
daß sich damit ein reduktionistisches Moment verbindet. Vgl. die
Belege bei K. Finsterbusch, Lebensweisung, 103–106.
138 W. Schmithals, Römerbrief, 476 (unter Aufnahme einer Formulierung E. Kühls).
139 G. Delling, Art. πλήρης κτλ., ThWNT 6 (1959) 283–309:
285–296.
140 Vgl. Ch. Burchard, Summe, 162f.
141 Vgl. hingegen H. Hübner, Biblische Theologie des Neuen
Testaments Bd. 2. Die Theologie des Paulus und ihre neutestamentliche Wirkungsgeschichte, Göttingen 1993, 321f.
142 So mit Recht Ch. Burchard, Summe, 182; R. Bergmeier, Gesetz, 82. Festgehalten auch von W. Schrage, Paränese, 233 („Röm
13,9 zeigt ..., daß Paulus die inhaltliche Identität des hier und dort
[sc. in der Tora, D.S.] Geforderten diskussionslos und axiomatisch
voraussetzt"), und G. Strecker, Strukturen einer neutestamentlichen
Ethik, ZThK 75 (1978) 117–146: 135.

bindung von παρακαλῶ mit dem folgernden οὖν in 12,1
zeigt ja, daß der Apostel nun die praktischen Konsequenzen seiner rechtfertigungstheologisch fundierten Evange-
liumsverkündigung zieht, die er wie diese selbst (1Kor
7,16f, vgl. Gal 1,15f) unter den Anspruch des Willens
Gottes stellt. Etwas pointiert formuliert: Die im programmatischen Auftakt des Römerbriefs (1,16f) zur
Sprache gebrachte soteriologische Dimension des Evangeliums, dessen ethische Implikationen Röm 8,4 thetisch
vorwegnimmt, wird in Kap. 12 – 15 nach eben dieser
Seite hin näher entfaltet[143]. Wie der Abschnitt 12,9 –
13,10 insgesamt, steht auch 13,8–10 unter dem christolo-
gisch-pneumatologischen Vorzeichen, daß die ἐν Χριστῷ
(8,1) nicht mehr κατὰ σάρκα περιπατοῦσιν ἀλλὰ κατὰ
πνεῦμα (8,4). Die Verse illustrieren exemplarisch, was
„Wandel im Geist", d.h. im Geiste Jesu Christi (8,2.8–
11.14–16), im einzelnen bedeuten kann[144]. Indem er auf
den Dekalog zurückgreift, stellt Paulus klar, daß ein Leben unter der Herrschaft des Geistes nicht im Widerspruch zu der in der Tora sich bekundenden Rechtsforde-
rung Gottes steht (vgl. 6,1.15, vgl. Gal 2,17). Doch erst in

---

143 Es gehört zu den auffallenden sprachlich-rhetorischen Stil-
merkmalen des Römerbriefs, daß Paulus auf zunächst nur stich-
wortartig angerissene Problemfelder später wieder zurückkommt,
D. Sänger, Die Verkündigung des Gekreuzigten und Israel. Studien
zum Verhältnis von Kirche und Israel bei Paulus und im frühen
Christentum (WUNT 75), Tübingen 1994, 100 (Anm.
112).126.151–154.
144 Dieser für die Interpretation von 13,8–10 wichtige
Zusammenhang wird von Ch. Burchard entweder übersehen oder
scheint ihm unerheblich zu sein, Summe, 165: „ ... über Motivation
und Energie steht in V 7–10 nichts. Also auch nichts vom Geist.
Alles das spielt für den Argumentationszweck keine Rolle". M.E.
ist das genaue Gegenteil der Fall. In diesem Sinne auch H. Hübner,
Biblische Theologie 2, 250. Nicht ganz eindeutig äußert sich F.W.
Horn, Wandel im Geist. Zur pneumatologischen Begründung der
Ethik bei Paulus, KuD 38 (1992) 149–170: 167f. Einerseits spricht
er der Weisung Röm 13,8–10 und speziell dem Liebsgebot in V 9
eine „pneumatologische Grundlegung" ab, andererseits hat für ihn
bereits der Satz Röm 8,4 die in den Leitbegriffen ἀγάπη und
φιλαδελφία zum Ausdruck kommende „Zielsetzung der Nächsten-
und Bruderliebe im Blick".

der Kraft des Geistes kommt zur Verwirklichung, was die Tora als Gottes Willen bezeugt (8,5ff). Weil das Leben der Glaubenden, die „für die Sünde tot sind, aber für Gott leben in Jesus Christus" (Röm 6,11), eben diesem Willen Gottes entspricht, kann Paulus das ihn realisierende ἀγαπήσεις τὸν πλησίον σου ὡς σεαυτόν als πλήρωμα νόμου bezeichnen.

Ich halte es deshalb für ausgeschlossen, daß die Liebe „das andere Gesetz (sc. die Tora als solche) vollständig zur Geltung" bringen soll[145], sofern damit gemeint ist, der Glaubende sei zur Erfüllung des Gesetzes durch die Liebe verpflichtet. Die Liebe ist für Paulus nichts, was zum Glauben an Christus noch hinzutreten müsse. Denn nach Gal 5,6 ist der vom Evangelium gewirkte Glaube als solcher πίστις δι' ἀγάπης ἐνεργουμένη. Er hat, worauf O. Hofius zu Recht hinweist, „*notwendig* die Liebe als das dem Evangelium gemäße Verhalten bei sich"[146].

Nachdem der Apostel in Röm 12,2 die Gemeinde zur Prüfung des θέλημα τοῦ θεοῦ aufgefordert hat, gibt er ihr zugleich das Liebesgebot als Richtschnur an die Hand, diesen Willen zu erkennen. Das Prüfen ist unter den Bedingungen des gegenwärtigen Äons keine abschließbare, sondern ständig neu sich stellende und zu bewältigende Aufgabe. Dies machen vor allem die Weisungen in 12,9–21 deutlich, die kaum zufällig recht allgemein formuliert sind. Was es im Einzelfall heißt, mit den Notleidenden zu teilen (12,13), auf Vergeltung zu verzichten (12,17), wenn irgendwie möglich mit allen Menschen in Frieden zu leben (12,18) und das Böse mit dem Guten zu besiegen (12,21), steht nicht von vorneherein fest. Das hier notwendige δοκιμάζειν (12,2) läßt oftmals Raum für unterschiedliche ethische Optionen. Einen Königsweg gibt es nur selten. Wohl auch deshalb läßt sich aus den paulinischen Briefen kein auf alle Situationen anwendbares Kompendium christlicher Ethik destillieren. Eine sol-

---

145 K. Finsterbusch, Lebensweisung, 102. Sie zieht in Röm 13,8a ἕτερον als Attribut zu νόμον.
146 O. Hofius, Das Gesetz des Mose und das Gesetz Christi, in: ders., Paulusstudien (WUNT 51), Tübingen ²1994, 50–74: 69 Anm. 66 (Kursivierung im Orig.).

che Systematisierung liefe der in Christus geschenkten Freiheit der Glaubenden zuwider (Gal 5,1.13), so wenig diese Freiheit mit Beliebigkeit oder Relativismus verwechselt werden darf[147]. Ihr Kriterium ist und bleibt das im Evangelium von der Rechtfertigung des Gottlosen εἰς σωτηρίαν παντὶ τῷ πιστεύοντι (Röm 1,16) bezeugte θέλημα τοῦ θεοῦ, dem christliches Verhalten, das sich auf diesen Willen beruft, in Worten und Taten der ἀγάπη zu entsprechen hat[148]. Die Tora und mit ihr die Dekaloggebote bieten *eine*, freilich nicht die einzig mögliche Orientierungshilfe, den materialen Gehalt des Willens Gottes zu erkennen. Allerdings nur, sofern das aus ihnen erwachsende Reden und Tun im Geiste Jesu Christi geschieht, der zum „Wandel im Geist" erst befähigt. In der Liebe zum Nächsten kommt der so verstandene νόμος zu seiner Erfüllung und verwirklicht sich[149].

Wie sich dieser Nomos zu dem im νόμος τοῦ Χριστοῦ (Gal 6,2) proklamierten Anspruch Christi verhält[150] und welche Perspektiven sich daraus für eine Konzeption von Biblischer Theologie ergeben, kann ich abschließend nur noch als Frage formulieren[151]. Sie benennt einen weiteren Problemaspekt, der zu den hermeneutisch anspruchsvollsten und in exegetischer wie systematischer Hinsicht theologisch brisantesten Themenfeldern gehört, die zu bearbeiten christlicher Theologie aufgegeben ist.

---

147   Vgl. W. Schrage, Paränese, 122–129; S. Vollenweider, Freiheit als neue Schöpfung. Eine Untersuchung zur Eleutheria bei Paulus und seiner Umwelt (FRLANT 147), Göttingen 1989.
148   Vgl. 1Kor 13; 14,1; 16,14; 2Kor 5,14; Gal 5,6.13.22; Phil 2,2; 1Thess 1,3; 3,12; 4,9; 5,8.12f; Phlm 5, ferner Mt 19,19; Mk 12,31 par; Jak 2,8; Did 1,2; Barn 19,5; Justin, Dial 93,2.
149   Vgl. E. Reinmuth, Geist und Gesetz, 92.
150   Vgl hierzu O. Hofius, Gesetz, 70–74; P. Stuhlmacher, Biblische Theologie des Neuen Testaments I: Grundlegung. Von Jesus zu Paulus, Göttingen ²1997, 379f.
151   Eine Fülle von Anregungen gibt die den Dialog mit gegenwärtigen Entwürfen Biblischer Theologie aufnehmende und die Diskussion weiterführende Skizze von Th. Söding, Entwürfe Biblischer Theologie in der Gegenwart. Eine neutestamentliche Standortbestimmung, in: H. Hübner / B. Jaspert (Hg.), Biblische Theologie. Entwürfe der Gegenwart (BThSt 38), Neukirchen-Vluyn 1999, 41–103.

# Ulrich Kellermann

## Der Dekalog in den Schriften des Frühjudentums

### Ein Überblick

Seit den grundlegenden Überblicken K. BERGERs (1972)[1], F. DEXINGERs (1986)[2] und G. STEMBERGERs (1989)[3] ist man in der deutschsprachigen Literatur der Frage nach der Rezeption des Dekalogs oder einzelner Baublöcke dieser Urkunde des alttestamentlichen Glaubens und Ethos im Frühjudentum eher aus dem Weg gegangen. Während K. BERGER beim Aufweis der Gattung der „sozialen Reihen" in frühjüdischen und urchristlichen Texten deren besondere Verknüpfung mit der zweiten Tafel des Dekalogs einerseits und die Normierung des Gesetzesbegriffs durch die dekalogbestimmten Reihen andererseits noch klar herausstellen konnte, haben die detaillierten Ausführungen K.W. NIEBUHRs zu den katechismusartigen Weisungsreihen in der frühjüdischen Literatur (1987)[4] den Nachweis einer Zitierung oder inhaltlichen Rezeption ungemein erschwert. Das lassen auch die Untersuchungen G. MAYERs zu „Lebensnorm und Lebensform in den griechisch überlieferten jüdischen Schriften aus hellenistisch – römischer Zeit" (1999)[5] erkennen. Bei der Suche nach Texten zu Gesetzen und Sitten in der griechisch überlieferten Literatur, auf denen sich die jüdische Iden-

---

1   K. Berger, Die Gesetzesauslegung Jesu (WMANT 40) 1972, 258–361.

2   F. Dexinger, Der Dekalog im Judentum: BiLi 59 (1986) 86–95.

3   G. Stemberger, Der Dekalog im frühen Judentum: JBTh 4 (1989) 91–103.

4   K.W. Niebuhr, Gesetz und Paränese. Katechismusartige Weisungsreihen in der frühjüdischen Literatur (WUNT II 88) 1987.

5   In: S. Beyerle / G. Mayer / H. Strauss (Hg.), Recht und Ethos im Alten Testament – Gestalt und Wirkung. FS H. Seebass (1999) 283–313.

tität gründete, fallen die Hinweise auf den Dekalog recht
mager aus. In der neuesten Arbeit „Das Gesetz im hellenistischen Judentum" (2000)[6] stellt R. WEBER die Frage
nach der Funktion des Dekalogs im Ganzen der Tora
nicht mehr, wie schon das Register erkennen lässt[7]. Dennoch bleibt es wichtig in Anküpfung vor allem an die
Untersuchung K. BERGERS, für die Frage nach der Rezeption des Dekalogs die wenigen Texte zusammenzutra-
gen und in einen Gesamtzusammenhang einzubringen. In
dem nachfolgenden Überblick ist die Fragestellung angesichts der Fülle inhaltlicher Parallelen in der frühjüdischen Literatur zu einem Einzelgebot des Dekalogs methodisch so orientiert, dass nur solche Texte herangezo-
gen werden, in denen ein Dekalogsatz zitiert oder minde-
stens auf zwei in der kanonischen Reihenfolge zusammenhängende bzw. auf mehrere nichtzusammenhängende
Einzelgebote des Dekalogs inhaltlich angespielt wird.

1.    Der Dekalog in der hellenistisch-jüdischen Tradition
      Alexandrias

1.1   Zur Septuaginta Ex 20,2–17 / Dtn 5,6–21[8]
*Dtn 5,6–21* LXX übersetzt den hebräischen Text relativ
genau. Kleine Veränderungen bleiben übersetzungsbe-
dingt und sind nicht gravierend[9] mit Ausnahme derer im

---

6   R. Weber, Das Gesetz im hellenistischen Judentum. Studien
zum Verständnis und zur Funktion der Thora von Demetrios bis
Pseudo-Phokylides (ARGU 10) 2000.
7   Das Stichwort „Dekalog" erscheint einmal im Wortregister, im
Stellenregister werden Dekalogtexte nicht angeführt.
8   Text: Ed. A. Rahlfs, Septuaginta, 2 Bde (1979) I 119f.295f.
9   V 14 MT: „...der siebte Tag ist Sabbat für JHWH, deinen Gott.
Du sollst keinerlei Arbeit tun" / LXX: „...am siebten Tag ist Sabbat
für den Herrn, deinen Gott. An ihm sollst du keinerlei Arbeit tun.
MT: „...und dein Fremder in deinen Toren ..." / LXX: „und der
Fremde, der bei dir wohnt ..." – V 15 MT: „... dass du bewahrst den
Sabbattag ..." / LXX: „... dass du bewahrst den Sabbattag und ihn
heiligst" (wie Ex 20,11 MT). – V 16 MT: „... damit deine Tage
lange währen und es dir gut geht auf der Scholle ..." / LXX: „...
damit es dir gut geht und du deine Tage verlängerst auf dem Land
..." (Reihenfolge umgeordnet nach dem üblichen Gebrauch im Dtn;
vgl. Dtn 4,40; 5,33; 22,7). – V 20 MT: „Du sollst nicht auftreten

zweiten Gebot. Es fällt die syntaktische Umordnung in der Begründung V 7b auf, die sich parallel auch in Ex 20,5b findet. Liest MT

„denn ich, JHWH, dein Gott, bin ein eifernder Gott",

so ordnet LXX

„denn ich bin der HERR, dein Gott, ein eifernder Gott ...".

Damit legt LXX in Aufnahme der Eröffnung zum ersten Gebot einen gleichlautenden und dadurch noch stärkeren Rahmen um Dtn 5,6–9a bzw. Ex 20,2–5a. Das Verbot der Proskynese vor anderen Göttern wird so in Dtn 5,9a LXX (Ex 20,5a LXX) zunächst mit dem exklusiven Gottsein JHWHs für Israel begründet und erst dann mit dem ergänzenden Hinweis auf seine Eifersucht verschärft, während im MT diese selbst die verschärfende Begründung liefert. In der so gerahmten Einheit findet sich in Dtn 5,8 und auch Ex 20,4 nun eine sinnverändernde Übersetzung, wenn LXX das hebräische פֶּסֶל nicht wie sonst üblich mit γλυπτός (Skulptur) sondern mit dem t.t. εἴδωλον, d.h. Götzenbild, wiedergibt, worauf besonders W.B. TA-TUM.[10] hingewiesen hat. Nach LXX verbietet so das zweite Gebot nicht die Abbildung JHWHs, sondern die Herstellung von Götzenbildern als Vergehen gegen das erste Gebot. So fassen die Rahmung zum ersten und zweiten Gebot und die Sinnveränderung des zweiten Gebots Dtn 5,7–10 wie auch Ex 20,2–6 als Verbot der Fremdgötterverehrung zusammen, was dann die Aufspaltung des zehnten Gebots in zwei Zähleinheiten nötig machte und zur Grundlage der katechetischen Zähltradi-

---

gegenüber deinem Nächsten als nichtiger Zeuge" / LXX: „Du sollst nicht lügenzeugen gegen deinen Nächsten ein Lügenzeugnis" (wie Ex 20,16a MT). – V 21 MT: „Du sollst nicht begehren ... sein Rind, seinen Esel und alles, was deinem Nächsten gehört" / LXX: „... sein Rind, sein Zugtier, noch irgendein anderes Haustier und alles, was deinem Nächsten gehört" (Ergänzung nach V 14 LXX).

10  W.B. Tatum, The LXX Version of the Second Commandment (Ex. 20,3–6 = Deut. 5,7–10): A Polemic against Idols, not Images: JSJ 17 (1986) 177–195.

tion der abendländischen Kirchen wurde, die das Bilderverbot als Teil des ersten Gebots verstehen und deshalb
auslassen.

Eine bedeutsame Veränderung liegt in der Abfolge der
Prohibitive des sechsten bis achten Gebots vor. Statt der
Anordnung des MT „morden – ehebrechen – stehlen"
lautet in den Hauptzeugen von Dtn 5,17–19 LXX die
Folge „ehebrechen – morden – stehlen" und von Ex
20,13–15 LXX „ehebrechen – stehlen – morden". Die
Vorordnung des Ehebruchsverbots in der LXX ist kon-
stitutiv für eine alternative Zähltradition im Frühjudentum, in der Urchristenheit und in der Alten Kirche geworden[11].

Die LXX-Übersetzung von *Ex 20,2–17* weicht stärker
von der hebräischen Vorlage ab als Dtn 5,6–21 LXX. Einige z.T. mit Dtn 5 übereinstimmende Varianten sind
übersetzungstechnisch bedingt[12]. Auffallend bleiben die
Veränderungen, welche die Tendenz einer Angleichung
an die Übersetzung von Dtn 5 verraten. Dazu zählt die
Umgestaltung des ersten und zweiten Gebots, wie sie bereits oben beschrieben wurde. Die Begründung des El-

---

11  Rezeption der MT-Abfolge: z.B. Codex A LXX Ex 20 / Dtn 5;
sam. Pentateuch und Dekaloginschriften; 4Q 41 III+IV, JosAnt III
91f; Mk 10,19 in den Hauptzeugen (s. K.W. Niebuhr 16 Anm. 36)
par Mt 19,18; Mt 5,21–33; Apk Abraham 24; Targum Onkelos;
Targum Pseudojonathan; Didache II 2. – Rezeption der LXX-Abfolge Dtn 5 z.B.: Philo Decal 36.51.121ff.168; Specleg III 8; Her
173; PapyrNash; Pseudo-Phokylides 3–8; Pseudo-Philo LAB
11,10f; Sap 14,24f; Lk 18,20; Röm 13,9; Jak 2,11; Mk 10,19 in
weniger wichtigen Handschriften; Barnabasbrief 20,1; Justin Dial
93; Theophil ad Autol II 35; III 9: Clemens Alex. Stromata VI
146,3; 147,2; Quis Div Sal 4; äth Gorgorius Apk 90f. – Rezeption
der LXX-Abfolge Ex 20 z.B.: Gnomologion Pseudo-Menander
(Philemon) 9–15.

12  V 2 MT: „mir ins Angesicht" / LXX: „außer mir" – V 10 MT:
„Der siebte Tag ist Sabbat für JHWH, deinen Gott. Du sollst keinerlei Arbeit tun." / LXX: „Am siebten Tag ist Sabbat für den
HERRN, deinen Gott, an ihm sollst du keinerlei Arbeit tun." MT:
„und dein Fremder in deinen Toren" / LXX: „und der Fremde, der
bei dir wohnt" – V 12 MT: „damit deine Tage lange währen auf
der Scholle" / LXX: „damit du deine Tage verlängerst auf dem
guten Land" (fester dtn Topos, vgl. z.B. Dtn 1,25.35; 3,25; 4,22;
6,18; 8,7.10.12; 9,6; 11,17).

terngebots wird wesentlich nach Dtn 5 erweitert. Liest
MT

„damit deine Tage lange währen auf der Scholle, die JHWH, dein
Gott, dir gibt",

so führt LXX aus:

„damit es dir wohl ergeht und du deine Tage verlängerst auf dem
guten Land, das der Herr, dein Gott, dir gibt".

Eine gravierende Veränderung besteht in der Umordnung
der Prohibitive des sechsten bis achten Gebots freilich in
geringer Abweichung von Dtn 5 LXX mit „ehebrechen –
stehlen – morden". Am Ende zeigt sich in der Fassung
des zehnten Gebots eine offenkundige Angleichung an
Dtn 5 LXX:

| | |
|---|---|
| Ex 20,17 MT: | Du sollst nicht begehren das Haus deines Nächsten. |
| | Du sollst nicht begehren die Frau deines Nächsten, |
| | noch seinen Knecht und seine Magd, |
| | noch sein Rind und seinen Esel, |
| | noch alles, was deinem Nächsten gehört. |
| Dtn 5,21 MT: | Du sollst nicht begehren die Frau deines Nächsten. |
| | Und du sollst nicht gieren nach dem Haus deines Nächsten, |
| | nach seinem Feldbesitz, |
| | seinem Knecht und seiner Magd, |
| | seinem Rind und seinem Esel |
| | und allem, was deinem Nächsten gehört. |
| Dtn 5,21 LXX: | Du sollst nicht begehren die Frau deines Nächsten. |
| | Du sollst nicht begehren das Haus deines Nächsten, |
| | noch seinen Feldbesitz, |
| | seinen Knecht und seine Magd, |
| | noch sein Rind und sein Zugtier, |
| | *noch irgendein anderes Haustier,* |
| | noch alles, was deinem Nächsten gehört. |
| Ex 20,17 LXX: | Du sollst nicht begehren *die Frau* deines Nächsten. |
| | Du sollst nicht begehren *das Haus* deines |

Nächsten,
*noch seinen Feldbesitz,*
noch seinen Knecht, noch seine Magd,
noch sein Rind und sein Zugtier,
*noch irgendein anderes Haustier,*
noch alles, was deinem Nächsten gehört.

In der LXX deutet sich die Tendenz an, die Dekalogfassungen einander anzugleichen und damit den Dekalog als Grundnorm für Glauben und Handeln zu einem Einheits- oder Standardtext festzuschreiben. Zu dieser Feststellung geben folgende Beobachtungen Anlass:
1. Die Fassung Dtn 5 wird normativ auch für die Wiedergabe von Ex 20 MT. Die Einwirkungen von Dtn 5 LXX auf Ex 20 LXX sind zahlreich, während die von Ex 20 LXX auf Dtn 5 LXX geringfügig und eher zufällig bleiben. Man kann diese Normativität von Dtn 5 zweifach erklären: Einmal steht Dtn 5 als bewusste Wiederholung des Sinaidekalogs, wie die Einleitung Dtn 5,2–5 und die gleichlautenden Rückverweise in Dtn 5,12.16 („wie es JHWH, dein Gott, dir zur Pflicht gemacht hat") deutlich zeigen, und damit als Aktualisierung und Revision[13] an zweiter Stelle im Pentateuch. So bietet Dtn 5 die „kanonisch" end- und letztgültige Fassung des Dekalogs, an der sich natürlich die Übersetzung und Rezeption orientiert. Zum anderen zählt die Fassung Dtn 5 genau 10 Sinneinheiten, wie die spätere Einteilung der Masoreten durch S$^e$tumot zeigt, und entspricht damit eher der biblischen Bezeichnung „Zehn Worte" nach Dtn 4,13; 10,4[14], während diese in Ex 20 nur 9 Sinneinheiten zählt[15].
2. Die LXX-Übersetzung von Jer 7,9 („stehlen – morden – ehebrechen – falsch schwören – dem Baal opfern, anderen Göttern nachlaufen") gleicht die Parallelen zu den drei Prohibitiven des Dekalogs an die Reihenfolge im hebräischen Dekalogtext an zu „morden – ehebrechen – stehlen". Die Zählung des Dekalogs war hier möglicher-

---

13   Vgl. C. Dohmen, Dekalogexegese und kanonische Literatur: VT 37 (1987) 81–85.
14   Vgl. noch Ex 34,28.
15   Dazu vgl. S. Schreiner, Der Dekalog in der jüdischen Tradition und im Koran: Kairos NF 23 (1983) 17–30, 18.

weise normativ. Freilich könnte es sich auch um einen Zufall handeln, denn kein anderer der Prophetentexte in der LXX sonst, bei denen m.E. zu Unrecht von manchen eine Rezeption von Dekalogteilen vermutet wird, verrät eine über die hebräische Vorlage hinausgehende Ausrichtung nach dem Dekalog[16].

3. Die Umordnung der drei Prohibitive in der LXX-Abfolge mit der Voranstellung des Ehebruchverbots als sechstem Gebot zeigt den Versuch einer neuen inhaltlichen Gliederung an: Sabbatgebot, Gebot der Elternehrung und Verbot des Ehebruchs eröffnen nach den auf die Gottesverehrung bezogenen Geboten nun den ersten ethischen Teil, der fraglos dem Schutz der Familie gilt[17], bevor sich die für den Schutz der Gesellschaft relevanten Weisungen des siebten bis zehnten Gebots anschließen.

4. K. BERGER[18] weist auf den Vorgang der Verallgemeinerung bedeutungsspezifischer Verben im Hebräischen bei der Übersetzung ins Griechische hin. So könnte das Verbot des Mords ursprünglich noch die Wahrnehmung der Blutrache meinen[19] und dann in der LXX mit dem viel allgemeineren φονεύειν übersetzt sein. In jedem Fall gibt die LXX das Begehren des zehnten Gebots, bei dem in Dtn 5,21 im hebräischen Wortlaut zwischen חמד und אוה unterschieden wird, einheitlich mit dem allgemeinen ἐπιτυμεῖν wieder, ohne dass damit die Grundbedeutung des hebräischen חמד als eine Verkettung von Machenschaften vom Sehen bis zur tatsächlichen Inbesitznahme annähernd erfasst wäre. Dass hinter dem Diebstahlverbot

---

16  Vgl. Hos 3,1; 4,2; 13,4; Sach 5,3f; Mal 3,5.
17  Zur Reihenfolge und zu den Versuchen, die LXX-Fassung inhaltlich zu gliedern, vgl. bes. D. Flusser, „Do not commit adultery", „Do not murder": Textus 4 (1964) 220–224; A. Schenker, Die Reihenfolge der Gebote auf der zweiten Tafel. Zur Systematik des Dekalogs, in: W. Lesch / M. Loretan (Hg.), Das Gewicht der Gebote und die Möglichkeiten der Kunst (Studien zur Theologischen Ethik 53) (1993) 145–159, bes. 155ff.
18  K. Berger 261.
19  Vgl. Num 35,19.28, dazu z.B. H. Graf Reventlow, Gebot und Predigt im Dekalog (1962) 72ff; anders jedoch W.H. Schmidt / H. Delkurt / A. Graupner, Die Zehn Gebote im Rahmen Alttestamentlicher Ethik (1993) 108f.

des Dekalogs noch das traditionsgeschichtlich ältere Verbot des Menschendiebstahls[20] stehen soll, wie K. BERGER mit Hinweis auf A. ALTs Untersuchung[21] annimmt und es auch die rabbinische Auslegung weiß[22], vermag ich angesichts des Trends zur Verallgemeinerung im Dekalog so nicht zu sehen[23]. Dennoch könnte dieser in der LXX sich fortsetzen, wie er sich besonders in der Rezeption durch das hellenistische Judentum Alexandrias bei Philo und anderen entwickelt, so dass das Urteil K. BERGERs auch für die LXX einen hohen Grad von Wahrscheinlichkeit gewinnt: „Durch die Übersetzung in das Griech. sind die einzelnen Delikte so umfassend geworden, daß der Dekalog nunmehr einen Katalog von Kapitalvergehen darstellt"[24]. So zeichnet sich in der LXX der Beginn einer Vereinheitlichung und Standardisierung der Dekalogtexte als Norm des Glaubens ab.

Hat solche Tendenz möglicherweise einen besonderen Sitz im Leben? Auf diese Frage könnte ein Textzusatz in der LXX vor Dtn 6,4, der sich auch im hebräisch abgefassten Papyrus Nash findet[25], hinweisen:

„Und dieses (sind) die Gebote und Gesetze, die Mose den Söhnen Israels in der Wüste befahl, als sie aus dem Land Ägypten zogen".

Das in der heiligen Schrift auf einen vorangehenden Toratext zurückweisende einleitende „und dieses (sind)...." kann im Kontext des Deuteronomiums nur den Dekalog Dtn 5,6–21 im Zusammenhang mit der Erinnerung Israels an den Bundesschluss Dtn 5,1–5 meinen. In Dtn 5,1 ordnet Mose an:

„Höre Israel die Gebote und Gesetze, die ich an diesem Tag euren Ohren vortrage. Ihr sollt sie lernen und darauf achten sie zu tun".

---

20  Vgl. Ex 21,16.
21  A. Alt, Das Verbot des Diebstahls im Dekalog (1949), in: KS I (1959) 333–340
22  Vgl. H. Gottstein, „Du sollst nicht stehlen": ThZ 9 (1953) 394f.
23  So auch W.H. Schmidt / H. Delkurt / A. Graupner 123.
24  K. Berger 264; ähnlich 394.
25  Dazu s.u. 5.1.

Die Fortsetzung in Dtn 6,4–7 nimmt diese Terminologie wieder auf, fügt das Sch<sup>e</sup>ma Jisrael mit dem gleichen Anfang „Höre Israel" Dtn 6,4b.5 an und stiftet dann mit Dtn 6,6f sozusagen den Familienkatechumenat, in dem die Dekalogüberlieferung ihren Sitz im Leben hat:

> „Diese Worte, auf die ich dich heute verpflichte, sollen auf deinem Herzen geschrieben sein. Und du sollst sie deinen Söhnen (zur Weitergabe) wiederholen, und du sollst in ihnen beredt sein, wenn du zu Hause sitzest, und wenn du auf der Straße gehst, wenn du dich schlafen legst und wenn du aufstehst".

Die mnemotechnische Wiederholung des Dekalogs zusammen mit dem Sch<sup>e</sup>ma hat ihren Sitz im Leben nach diesem Text vor allem im Familienkatechumenat zur Weitergabe der wesentlichen Glaubensinhalte.

## 1.2   Aristeasbrief 128–171[26]

Expressis verbis wird der Dekalog im Aristeasbrief aus dem letzten Viertel des 2. Jh. v.Chr. nicht erwähnt. Inhaltlich findet sich nur in 228 und 238 ein kurzer Hinweis auf das Elterngebot Ex 20,12 par Dtn 5,16, wo dieses die Pflicht der Dankbarkeit gegenüber den Eltern begründet.

Wichtiger bleibt eine offenkundige Anspielung auf den Dekalog und seine Bedeutung im Abschnitt 128–171. Hier wird vorausgesetzt, dass Aristeas, Höfling des Ptolemäerkönigs, während seines Jerusalem-Aufenthalts Gelegenheit hat, den Hohenpriester Eleasar nach einigen jüdischen Gesetzen, die dem Nichtjuden exotisch erscheinen müssen, zu befragen. Die Erläuterungen des Hohenpriesters wollen die Speise- und Reinheitsvorschriften der Bücher Exodus bis Numeri im Pentateuch gegenüber Nicht-Juden rechtfertigen „und vielleicht auch innerhalb seiner aufgeklärten jüdischen Gemeinde neu begründen"[27]. Diese Belehrung betont am Anfang, dass die Tora (vom Sinai) solche Bestimmungen fundamental voranstellt, die die εὐσέβεια und die δικαιοσύνη des

---

26   Text: A. Pelletier, Lettre d'Aristée à Philocrate (SC 89) 1962; dt. Übers. N. Meisner, Unterweisung in erzählender Form. Aristeasbrief ( JSHRZ II,1) 1973, 35ff.

27   G. Stemberger 92.

Menschen betreffen.

(131) Unser Gesetzgeber hat nun zuerst Gebote erlassen, die Frömmigkeit (εὐσέβεια) und Gerechtigkeit (δικαιοσύνη) betreffen, und er behandelt jeden einzelnen Punkt, indem er – nicht nur in der Form des Verbots, sondern auch in der der Belehrung – die schädlichen Folgen und göttlichen Heimsuchungen für die Schuldigen vorher zu erkennen gab. (132) Zuallererst zeigte er, dass nur *ein* Gott ist und seine Kraft durch alle Dinge offenbar wird, da jeder Platz voll seiner Macht ist, und dass nichts, was die Menschen auf Erden heimlich tun, vor ihm verborgen ist, sondern was einer tut, und sogar das zukünftige Geschehen, ist ihm offenbar. (133) Indem er nun dies gründlich behandelte und klar vor Augen führte, zeigte er, dass keiner, auch wenn er nur beabsichtigt, etwas Schlechtes zu tun, im Verborgenen bleibt, geschweige denn, er führt es aus; denn durch die ganze Gesetzgebung tut er Gottes Macht kund. (134) An diesem Punkt einsetzend, legte er auch dar, dass alle übrigen Menschen außer uns glauben, es gebe viele Götter, obwohl sie (selbst) doch viel mächtiger sind als jene, die sie törichterweise verehren. (135) Sie basteln sich nämlich Standbilder aus Holz und Stein und sagen, es seien Bilder von denjenigen, die etwas für ihr Leben Nützliches erfunden haben. Diese beten sie an, obwohl sie (deren) Bewusstlosigkeit doch vor Augen haben (Übers. N. Meisner).

In diesem Abschnitt wie auch sonst im Aristeasbrief und in der griechischen Literatur ganz allgemein[28] bezeichnet εὐσέβεια das menschliche Verhalten Gott gegenüber und διακαιοσύνη, die Krone der vier Kardinaltugenden bei Plato, das zwischenmenschliche Wohlverhalten[29], die soziale Tugend schlechthin. Damit ist an dieser Stelle des Aristeasbriefes eindeutig auf den Dekalog in seiner Zweiteiligkeit angespielt, wie auch der Hinweis in 131 auf die dort[30] enthaltene „Belehrung" zeigt, welche die „schädlichen Folgen und die göttlichen Heimsuchungen für die Schuldigen vorher zu erkennen" gibt. Aber auch

---

28   Vgl. z.B. die Zusammenstellung der Belege bei K. Berger 143–151.
29   Vgl. im Aristeasbrief bes. 147.148.168.169.
30   Ex 20,5 par Dtn 5,9: „Denn ich , JHWH, dein Gott, bin ein eifersüchtiger Gott. Bei denen, die mir feind sind, verfolge ich die Schuld der Väter an den Söhnen, an der dritten und vierten Generation".

die Betonung der monotheistischen Verpflichtung im weiteren Textverlauf 132ff weist inhaltlich auf die beiden ersten Gebote des Dekalogs zurück. Wahrscheinlich haben die Ausführungen insgesamt Ex 20,1–6 par Dtn 5,6–10 im Blick. Dabei verrät die Auslegung des zweiten Gebots auf Fremdgötterverehrung den Traditionszusammenhang mit der Septuaginta-Interpretation.

Für den Verfasser des Aristeasbriefs dienen die Reinheits- und Speisegebote „als undurchdringliche Wälle und eherne Mauern" (139) zur Absonderung von den Nicht-Juden, die den Zweck haben, das Judentum im Gehorsam gegenüber dem ersten und zweiten Gebot zu halten. In allegorischer Auslegung wird hier mitgeteilt, dass in Blick auf den Genuss von unreinen Reptilien und Tieren sich jedes Gesetz (λόγος) auf Gott und den gerechten Umgang mit den Menschen bezieht. Diese Grundidee, das Naturprinzip (φυσική διάνοια) des Gesetzes, wird für den Aristeasbrief durch den zweiteiligen Dekalog am Anfang der Sinaigesetzgebung elementarisiert und zusammengefasst in den Forderungen der Alleinverehrung des einzigen Gottes und des gerechten Umgangs mit den Menschen.

Für die Wertung des Dekalogs im Aristeasbrief bleibt aber auch die Grunderzählung als Kontext der Ausführungen zur Tora zu beachten. Der Hohepriester, höchste Lehrinstanz des Judentums, belehrt den interessierten Heiden Aristeas über das jüdische Gesetz mit einer Zusammenfassung des Dekalogs unter besonderer Gewichtung der beiden ersten Gebote. So beendet Eleasar seine Information:

(168) Unser Gesetz befiehlt uns dagegen, niemandem mit Wort oder Tat Böses anzutun. Auch hierüber haben wir dich also kurz informiert, dass alles zum Zweck der Gerechtigkeit gesetzlich geregelt ist, und dass durch die Schrift nichts zufällig oder nur um des Erzählens willen angeordnet ist, sondern damit wir zeitlebens auch in unseren Taten gegen alle Menschen Gerechtigkeit üben, eingedenk Gottes des Herrschers. (169) Auch bezüglich der Speisen und der unreinen Schlangen und Tiere zielt jedes Wort auf Gerechtigkeit und das gerechte Zusammenleben der Menschen (Übers. N. Meisner).

Damit fasst der Hohepriester zunächst den zweiten, ethischen Teil des Dekalogs zusammen. Dem folgt ein Kurzhinweis auf die Gebote des ersten Teils: „eingedenk Gottes, des Herrschers". Diese Kurztheologie des Dekalogs nimmt einerseits den Juden unter die Herrschaft Gottes und verpflichtet ihn zum mitmenschlichen Verhalten, andererseits zeigt sie die Eignung des Dekalogs als Elementarisierung und Summe der Tora für die Belehrung interessierter Gojim an.

### 1.3   Sapientia Salomonis 14,22–31[31]

Es ist umstritten, aber nicht ausgeschlossen, dass die Sapientia in das Milieu des hellenistischen Judentums Alexandrias gehört[32]. Darauf könnten die starken Parallelen zu Philo, der Bezug der Stoffe auf Ägypten und der Rückgriff auf den LXX-Text hinweisen. Auch die Datierung der vorphilonischen Schrift bleibt unsicher, wobei sich die Mehrheit der Meinungen auf das ausgehende 2. Jh. v.Chr. einrichtet[33]. Das Opus ist parakletisch und paränetisch auf jüdische Leser ausgerichtet als Mahnung, „die eigene jüdische Identität" in einer nichtjüdischen Umwelt durch „Frömmigkeit und Sittlichkeit" zu wahren[34].

. In der zweiten großen Einschaltung Sap 13 – 15 über „Ursprung, Praxis und Folge des Götzendienstes"[35] innerhalb des dritten Teils Sap 10 – 19 findet sich nicht nur aufgeklärte Polemik gegen die Verehrung der Götzenbilder (Sap 13,10–19; 14,1–31; 15,1–19), freilich ohne eine direkte Anspielung auf das erste oder zweite Gebot, wie es ja in dieser Schrift überhaupt keine direkten Zitate aus

---

31   Text: A. Rahlfs, Septuaginta, 2 Bde (1979) II 366f; Übers. H. Hübner, Die Weisheit Salomos (ATDA 4) 1999, 176f.

32   Vgl. O. Kaiser, Grundriß der Einleitung in die kanonischen und deuterokanonischen Schriften des Alten Testaments Bd. 3 (1994), 114; D. Georgi, Weisheit Salomos (JSHRZ III 4) 1980, 39f; K.W. Niebuhr 211; zuletzt H. Hübner 16.

33   Vgl. D. Georgi 396. Der Diskussionsraum umfasst die Zeit vom letzten Drittel des 2. bis zur Mitte des 1. Jh. v.Chr., dazu vgl. O. Kaiser 106.114–116; H. Hübner 17–19.

34   K.W. Niebuhr 212.

35   K.W. Niebuhr 213.

dem Alten Testament gibt[36], sondern man liest eine in drei Teilen inhaltlich redundante Erörterung Sap 14,22–31 mit den Abschnitten V 22f / 24–26 / 27–31 zum Beweis der These

„Das Ersinnen von Götzenbildern ist der Anfang der Unzucht, ihre Erfindung der Verderb des Lebens" (Sap 14,12[37]).

Besonders im Mittelteil V 24–26 werden in einer „Reihe unsittlicher Verhaltensweisen"[38] die Folgen der Götzenanbetung katalogartig und auch in Wiederholungen unter besonderer Hervorhebung sexueller Verfehlungen genannt:

(24) Weder halten sie ihren Lebenswandel noch ihre Ehen rein.
Der eine belauert den anderen und tötet oder verletzt ihn zumindest durch *Ehebruch*.
(25) All das ist ein grauenvolles Gemisch von *Bluttat* und *Mord*, *Diebstahl* und *Betrug*,
von Verdorbenheit und Untreue, Aufruhr und *Meineid*,
(26) vom Umsturz sittlicher Werte und Undank,
von Verderbnis der Seelen und widernatürlichem Geschlechtsverkehr,
von *Zerrüttung der Ehen*, Unzucht und Zügellosigkeit.
(27) Denn die *göttliche Verehrung* namenloser *Götzenbilder*
ist Anfang und Ursache und Ende von allem Bösen. (Übers. H. Hübner)

Die Folge der Delikte Ehebruch, Mord, Diebstahl, Betrug und Meineid erinnert an die Dekalogreihe Dtn 5 LXX, wobei die Interpretation des zweiten Gebots in V 27 ebenfalls der Septuaginta entspricht. Deutlich erkennbare literarische Anspielungen gibt es freilich nicht. K.W. NIEBUHR[39] macht darauf aufmerksam, dass das Material dieser paränetischen Reihe weniger den Sprachgebrauch der Septuaginta verrate, sondern mehr jene hellenistische Sprachtradition, die auch bei Philo besonders deutlich belegt sei und in V 25f auch die Form der Lasterkataloge

---

36  K.W. Niebuhr 212 Anm. 204.
37  Vgl. Sap 14,21.27.
38  K.W. Niebuhr 213.
39  K.W. Niebuhr 215.

mit Motiven der kynisch-stoischen Diatribe erkennen lasse. Dennoch bleibt m.E. der Zusammenhang mit den katechismusartigen Reihen des hellenistischen Judentums insbesondere mit dem Dekalog bestehen[40]. Für K.W. NIEBUHR[41] ist der Dekalog hingegen nicht unmittelbare Quelle dieses Textes, sondern nur mittelbare, eine der vielen Speisungen des Fonds frühjüdischer ethischer Weisungen aus dem Gesamtreservoir des Pentateuchs. Wir dürfen davon ausgehen, dass dem Verfasser wie den Lesern der Dekalog als ethische Norm bekannt und bewusst war.

## 1.4   Aristobulos fr. 5 §12 (nach Euseb Praeparatio Evangelica XIII 12,11f)[42]

Aristobulos, älter als Philo[43] und in der jüdisch-alexandrinischen Tradition stehend[44], kommt in § 11f auf das Ende des Schöpfungsberichts mit der Schilderung des Sabbat Gottes Gen 2,2f und auf das Sabbatgebot zu sprechen. In dieser Zuordnung greift er wohl auch auf den Dekalog zurück[45]:

(11) ...Wenn aber im Gesetz klar ausgesprochen wird, dass Gott am (siebenten Tage) geruht habe, dann bedeutet das nicht, wie einige annehmen, dass Gott (seither) nichts mehr tue, sondern dass er anlässlich des Abschlusses der Ordnung (aller Dinge) angeordnet hat, dass sie eben so für alle Zeit (bestehen bleiben solle). (12) Denn dass er „in sechs Tagen den Himmel und die Erde und alles, was in ihnen ist, schuf", hat (seine) Bedeutung, (das tat er nämlich,) damit er die Zeiteinteilung kundtäte und von vornherein die Ordnung festlegte, welches (Ding) vor welchem anderen den Vorrang hat. Denn nachdem er (ein- für allemal alles) geordnet hat, erhält er es und lässt es (innerhalb dieses Rahmens) seine Wandlungen durchlaufen. Er hat uns aber den (siebenten Tag) klar als gesetzlich ge-

---

40   So auch G. Mayer 302.
41   K.W. Niebuhr 215 Anm. 228.
42   Text bei C.R. Holladay (Hg.), Fragments from Hellenistic Jewish Authors, Bd.3 (SBL.TT 39) 1995; Übers.: N. Walter, Fragmente jüdisch-hellenistischer Exegeten: Aristobulos, Demetrios, Aristeas (JSHRZ III 2) 1975, 276f.
43   Nach G. Mayer 296: 180–145 v.Chr.
44   N. Walter 266.
45   So auch G. Mayer 296; vgl. jedoch auch G. Schimanowski, Weisheit und Messias (WUNT 2,17) 1985, 71f.

boten(en Ruhetag) bezeichnet zum Zeichen für die über uns waltende Siebenergesetzmäßigkeit (ἕβδομος λόγος)[46], gemäß derer wir Erkenntnis (aller) menschlichen und göttlichen Dinge haben (können). (Übers. N. Walter)

Aristobulos spielt zuletzt inhaltlich auf des Sabbatgebot des Dekalogs Ex 20,8–11 an. Der Kontext seiner Ausführungen argumentiert mit der kosmischen Bedeutung der Siebenzahl. Unter dem λόγος ist hier nach N. WALTER kontextbedingt entsprechend stoischer Terminologie das „Weltgesetz" zu verstehen. Der Sabbat ist demnach als ἕβδομος λόγος ein Naturgesetz. Möglicherweise hat schon Aristobulos Weltgesetz, Naturgesetz und Dekalog wie später Philo elementar in einem zusammengesehen. Für unseren Fragezusammenhang bleibt wichtig, bei Aristobulos die Rezeption des Dekalogs innerhalb der Tora als besonderer Norm für biblisches und logisches Argumentieren festzuhalten.

1.5   Philo von Alexandria und der Dekalog
Für Philo (ca. 20 v. – 50 n.Chr.)[47] gewinnt der Dekalog nun offenkundig eine zentrale Bedeutung innerhalb des Ganzen der Tora. Bei ihm wird die Verbindung von Gesetz (νόμος) und Natur (φύσις) zur Leitidee des Toraverständnisses. Er führt die Identifizierung der auf dem Sinai geoffenbarten Tora mit dem stoischen νόμος φύσεως konsequent durch[48]. Kosmos und Nomos stehen in Harmonie miteinander (Op 2f; Mos II 47); die Tora des Mose bleibt das Naturgesetz schlechthin. Als Weltgesetz kann sie dann auch nicht nur Israel gelten, sondern ist sie für Philo das ideale Gesetz der Menschheit. Der Schöpfungsbericht am Anfang der Tora sichert diesen univer-

---

46   Ἕβδομος λόγος hier und in § 15 meint an sich nach N. Walter 277 Note 12d die Vernunft als siebente Fähigkeit der Seele entsprechend der stoischen Lehre von den acht Fähigkeiten der Seele. Der Kontext weist jedoch auch für N. Walter und G. Schimanowski 72 auf die kosmische Bedeutung der Siebenzahl hin.
47   Vgl. dazu grundlegend Y. Amir, Die Zehn Gebote bei Philon von Alexandrien, dt. in ders., Die hellenistische Gestalt des Judentums bei Philon von Alexandrien (1983) 131–163.
48   G. Stemberger 92.

salen Zusammenhang. Die Patriarchenerzählungen stehen
deshalb in der Genesis, weil die Patriarchen als vollkommene Persönlichkeiten (Abr 52) gleichsam Verkörperun-
gen ungeschriebener Gesetze (νόμοι ἄγραφοι Decal 1)
und des Weges zur Vollkommenheit (Abr 52) schon vor
der Sinaigesetzgebung sind. In diesem Zusammenhang
gewinnt der Dekalog nun eine zentrale Bedeutung.

Das wird schon an dem Tatbestand deutlich, dass Philo
der erste ist, der unserer Kenntnis nach eine eigene
Schrift über die Zehnworte[49] vom Sinai verfasst hat[50].

Auf seine herausragende Position weist auch die Stellung
des Dekalogs in der Schriftenreihe Philos über die Tora
als ganze hin. Mit De Decalogo eröffnet Philo sicherlich
entsprechend der Abfolge im Pentateuch den Teil, in dem
er die eigentlichen Gesetze behandelt, nachdem er im ersten Teil des Gesamttopus über die Mosegesetze die Frage
nach den Funktionen der Schöpfungs- und Väterge-
schichten in einem Gesetzbuch beantwortet hat[51].

Die Sonderstellung des Dekalogs innerhalb der Tora ergibt sich für Philo ferner daraus, dass Gott selbst in der
Sprache der 1. pers. sing. mit eigener Stimme am Sinai
seinem Volk diesen Teil der Tora verkündet (Decal
18.175; Praem 2) und mit seinen Händen selbst in die Tafeln (Ex 32,16) eingegraben (Her 167) hat, während alle
übrigen Gesetze nach der biblischen Überlieferung durch
den Propheten Mose vermittelt wurden. Die Dekalogsätze
sind „nicht durch einen (menschlichen) Dolmetscher offenbart" worden, sondern „in Himmelshöhe geformt und
mit vernünftiger Artikulierung". Hier in Praem 2 bezeichnet Philo die zehn Gebote als die zehn Hauptgebote
(τὰ δέκα κεφάλαια).

Auch die Zehnzahl der Gebote als vollendete Zahl im

---

49   De Decalogo. Text in Philo VII (Loeb Classical Library 320)
griech. und in engl. Übers. F.H. Colson, 1937 (1998) 1ff; dt.
Übers.: L. Treitel, in: Philo von Alexandria. Die Werke in deutscher Übersetzung, hg. v. L. Cohn / I. Heinemann u.a, Bd 1, 2.Aufl.
1962, 367ff. Auch alle anderen Philozitate im Folgenden sind nach
diesem Übersetzungsstandardwerk wiedergegeben.
50   Vgl. auch die Kurzinterpretation des Dekalogs in Her 167–
173.
51 Vgl. Y. Amir 133.

Geist pythagoreischer Philosophie (Decal 20ff), die alle Harmonien und Akkorde in sich einschließt[52], und als Zahl der Aristotelischen Kategorien, die alles Sein in seinen möglichen Erscheinungsformen erfassen (Decal 30), weist für Philo die besondere Bedeutung des Dekalogs aus. „Die kategoriale Gliederung der Toragebote durch Vermittlung der Zehn Gebote gewährleistet also das Recht der Tora Moses, als praktische Verwirklichung des Weltgesetzes zu figurieren". Es schließen die Zehnworte „von vornherein jeden rechtmäßigen Inhalt einer Gesetzgebung" in sich[53].

Sie gelten Philo so als die allgemeinen Grundlagen der von Mose gegebenen Spezialgesetze, auf die sich alle anderen zurückführen lassen (Decal 19.154; Her 173), und bilden an den verschiedenen Stellen in der Gesamtgesetzgebung die Hauptstücke (κεφάλαια) der Gebote, wie Philo im Abschluss seines Traktats über den Dekalog 154ff noch einmal unterstreicht und auch in seinem Werk De Specialibus Legibus, der Einzelauslegung aller Gebote der Tora, voraussetzt, wenn er hier den Aufbau der vier Bücher an der Reihenfolge des Dekalogs orientiert. Es gelingt ihm freilich nicht, das vielschichtige Material des ganzen Gesetzes auf den Dekalog aufzuteilen, was zur Abfassung der Nachträge De virtutibus und De praemiis et poenis führt[54]. Philo beendet De Decalogo mit einem Überblick über die Zusammenordnung von Dekalog und Einzelbestimmungen.

(154) ...Man muss aber auch wissen, dass die zehn Gottesworte den Hauptinbegriff der Einzelgesetze bilden, die an verschiedenen Stellen der Gesamtgesetzgebung der heiligen Schrift verzeichnet sind. (155) So begreift das *erste* Gebot alle die Bestimmungen über die Alleinherrschaft (Gottes) in sich; diese erklären, dass einer der Urgrund der Welt ist, einer der Herr und König, der das All zu seinem Heile lenkt und regiert, der die Herrschaft einiger wenigen oder die Herrschaft des Volkshaufens, schädliche Regierungsformen, wie sie bei den schlechtesten Menschen aus der Unordnung oder Anmaßung entstehen, aus dem reinsten Teil der Welt, seinem

---

52   G. Stemberger 93.
53   Y. Amir 138.
54   Y. Amir 136.

Himmel, verbannt hat.

(156) Das *zweite* Gebot ist die Grundlage für alle Gesetzesbestimmungen über Göttergebilde von Menschenhand, indem er Bildsäulen von Stein und Holz und überhaupt Bildwerke, wie sie Malerei und Bildhauerkunst, diese schädlichen Künste, schaffen, nicht herzustellen erlaubt, auch allen Mythendichtungen, wie denen von Götterehen, Göttergeburten und den damit zusammenhängenden argen Greueln ohne Zahl, keinen Eingang verstattet.

(157) Unter das *dritte* Gebot fallen alle Bestimmungen über das Nichtschwören sowie darüber, wegen welcher Dinge und wann und wo zu schwören ist, ferner wer schwören soll und wie man an Seele und Leib dazu beschaffen sein muss, und was sonst noch über rechtes Schwören und das Gegenteil von Gott verordnet ist.

(158) Das *vierte* Gebot, das vom siebenten Tag, ist überhaupt als das Grundgesetz der Feste anzusehen mit den für ein jedes vorgeschriebenen Weihen, den angemessenen Sprengungen, den Gebeten, die auf Erhörung rechnen dürfen, und den fehlerlosen Opfern, mit welchen der Dienst verrichtet wurde ...

(165) Das *fünfte* Gebot, das von der Ehrfurcht gegen Eltern, deutet zugleich auf viele wichtige Gesetze hin, wie die über Greise und Jünglinge, über Herrschende und Untergebene, über Wohltäter und Empfänger von Wohltaten, über Sklaven und Herren. (166) Eltern nämlich gehören zu der höheren Klasse der eben Genannten, in der die Älteren, die Herrschenden, die Wohltäter, die Herren sich befinden, Kinder dagegen in der niedrigeren Klasse, zu der die Jüngeren, die Untergebenen, die Empfänger von Wohltaten, die Sklaven gehören. ... (168) Damit endet die erste Reihe der Hauptgebote mit ihrem allgemeinen Charakter, wozu eine nicht geringe Zahl von Einzelgesetzen gehört.

Von der *zweiten* Reihe ist das *erste* Hauptstück das gegen Ehebrecher, unter welches sehr viele Gesetze fallen, wie die gegen Verführer, gegen Knabenschänder, gegen die, die ein ausschweifendes Leben führen und gesetzeswidrigen und unzüchtigen Geschlechtsverkehr pflegen. (169) Alle diese Arten hat das Gesetz nicht aufgeführt, um die große Mannigfaltigkeit der Zügellosigkeit zu zeigen, sondern um den ein unanständiges Leben Führenden das Beschämende ihres Tuns recht klar zu machen und ihre Ohren mit allem Schimpf zu erfüllen, so dass sie erröten müssen.

(170) Das *zweite* Hauptstück ist das Verbot des Tötens, worunter alle die Bestimmungen über Gewalttat, tätliche Beleidigung, Misshandlung, Verwundung, Verstümmelung fallen, wichtige und dem Gemeinwohl dienende Gesetze.

(171) Das *dritte* Hauptstück ist das Verbot des Stehlens, unter das alles fällt, was unter Hinterziehung von Schuldforderungen bestimmt ist, über Ableugnung von anvertrautem Gut, über Verletzung von Verträgen, über offenen, unverschämten Raub und über alle Vergehen aus Gewinnsucht überhaupt, von der manche sich

verleiten lassen, offen oder heimlich fremdes Gut zu entwenden. (172) Das *vierte* ist das Gebot, dass man nicht falsches Zeugnis ablege, mit dem wiederum vieles zusammenhängt, wie: keinen zu täuschen, keinen falsch anzuklagen, mit Verbrechern keine gemeinsame Sache zu machen, Treue und Glauben nicht zum Deckmantel der Untreue zu machen; über alle diese Dinge sind passende Gesetze gegeben. (173) Das *fünfte* Gebot endlich sucht die Quelle alles Unrechts, die unlautere Begierde, zurückzudrängen, von der die gesetzeswidrigsten Handlungen ausgehen, gegen Private wie gegen die Gesamtheit, kleine und große Vergehen, gegen das Heilige wie gegen das Profane, gegen Leib und Seele, wie gegen die sogenannten äußeren Güter. Denn nichts ist geschützt vor der Begierde, wie schon früher gesagt ist; ja, wie eine Flamme am Holz erfasst sie alles, verzehrt es und richtet es zugrunde (Übers. L. Treitel).

Diese Zusammenfassung weist sehr anschaulich inhaltliche Besonderheiten der Dekaloginterpretation Philos aus: Für Philo hat Mose die Verteilung der Gebote auf zwei Tafeln zu je fünf vorgenommen[55]. Der ersten Tafel kommt dabei vorrangige Bedeutung zu (Decal 50). Sie regelt die „heiligsten Pflichten" (Decal 106), nämlich die gegenüber Gott, die zweite die gegenüber den Menschen (Decal 51b.121–153.168–174). Die ersten fünf zielen auf die Ehre Gottes, die anderen verbieten jedes Unrecht gegen unseresgleichen, stellt Philo in Her 172 fest. So dominiert bei ihm „ganz eindeutig ein vertikaler Schnitt, der mitten durch den Dekalog selbst hindurchgeht"[56]. Er lässt sich die Leitlinie für diesen Schnitt durch den komplementären Dualismus des „traditionellen Kanons der zwei Tugenden" vorgeben, in dem das menschliche Verhalten zum einen hinsichtlich der Gottesbeziehung, zum anderen in Bezug auf das Verhältnis zu den Mitmenschen beschrieben werden kann[57]. Mit Hilfe der Äquation von zwei mal fünf lässt sich so auch verdeutlichen, dass die

---

55  Vgl. auch Her 168.
56  M. Wolter, „Zeremonialgesetz" vs. „Sittengesetz". Eine Spurensuche, in: S. Beyerle / G. Mayer / H. Strauss, Recht und Ethos im Alten Testament-Gestalt und Wirkung. FS H. Seebass (1999) 339–356, 351.
57  M. Wolter 351 mit Hinweis auf A. Dihle, Der Kanon der zwei Tugenden (1968), und K. Berger 143–151.

Dekalogsätze Symbole der ewigen Ideen sind[58]. Die fünf Gebote der ersten Tafel haben bei Philo als die „bessere Fünferreihe" den Vorrang (Decal 50), weil sie sich auf „das mehr Göttliche" (Decal 121) beziehen. An der Schnittstelle zwischen dem Mehr-Göttlichen und dem Zwischenmenschlichen steht als Bestandteil der ersten Tafel und in Brückenfunktion zur zweiten Tafel hinüberführend (Decal 106.121) das Gebot der Elternehrung.

„Die Natur der Eltern steht gleichsam an der Grenze zwischen unsterblichen und sterblichen Wesen" (Decal 107).

Auch dieses fünfte „Gebot ist heilig,

da es sich nicht auf Menschen bezieht, sondern auf den Urheber des Erzeugens und Erschaffens aller Dinge, im Vergleich zu dem Mutter und Vater nur scheinbar zeugen, da (sie in Wahrheit) nicht zeugen, sondern Werkzeuge des Zeugens sind" (Her 171)[59].

Nach Specleg 225 haben die Eltern nicht nur an der menschlichen Physis teil, sondern auch an der göttlichen, da sie durch die Zeugung ihrer Kinder Nicht-Seiendes zum Sein brachten und so als Mitschöpfer dem Menschengeschlecht eine Art von Unsterblichkeit verleihen konnten. Als Eltern sind sie für die Kinder sichtbare Gottheiten (ἐμφανεῖς θεοί Decal 120). Sie haben als Abbild Gottes, des Urhebers jeder menschlichen Existenz, in Analogie des Seins an Gottes schöpferischen Funktionen mandatsmäßig Anteil. Wer also die Eltern nicht ehrt, kann deshalb nicht φιλόθεος genannt werden (Decal 108–110). Solche Gedankengänge, die sich an Argumentationen der Stoa anlehnen [60], dienen dann auch zur Erklärung der Stellung des fünften Gebots im Dekalog.

„So ist der Anfang der einen Tafel Gott, der Vater und Schöpfer des Alls, und das Ende die Eltern, die in Nachahmung des Wesens Gottes die Einzelmenschen erzeugen" (Decal 51).

---

58  B. Reicke, Die zehn Worte in Geschichte und Gegenwart (BGBE 13) 1973, 21.
59  Vgl. dazu Tob 4,4.
60  Dazu s. K. Berger 286.

Die zweite Tafel umfasst nur Verbote (Decal 51.107). Philo folgt in der Reihung (Decal 121ff.154ff; Her 173) der Septuaginta-Tradition von Dtn 5 („ehebrechen – morden – stehlen"), die er auch in der Gliederung seines Werkes De Specialibus Legibus (Buch III) einhält. Das zweite Gebot bringt Philo gegen den ursprünglichen Sinn des hebräischen Dekalogtextes, aber in Übereinstimmung mit der Septuaginta-Tradition, in Zusammenhang mit der Anfertigung und Verehrung von Götzenbildern (Her 169; Specleg I 13ff). Das in seinem Bedeutungsspektrum unklare dritte Gebot legt Philo eindeutig auf das Schwören aus. Eine Sonderstellung nimmt bei ihm das Sabbatgebot ein. Er behandelt es in Decal 96–105 und 158–164. Es entspricht dem Vorrang der Siebenzahl in der Natur und lässt darin die Beziehung zum Naturgesetz besonders deutlich werden.

„Das vierte (Gesetz) betrifft die stets jungfräuliche und mutterlose Siebenzahl, damit das Geschöpf, sich der Sabbatruhe hingebend, des unsichtbar alles Schaffenden gedenke" (Her 170).
„Gleichsam wie durch einen Spiegel sieht der Geist durch sie (sc. die Zahl Sieben) Gott in seinem Wirken, in seiner welterschaffenden und welterhaltenden Tätigkeit" (Decal 105).

Auf die besondere Bedeutung des fünften Gebots an der Schnittstelle der beiden Tafeln wurde oben bereits hingewiesen. Philo begründet in der Interpretation des fünften Gebots eine Deutungstradition des Gehorsams von unten nach oben in allen gesellschaftlichen Bezügen (Eltern, Leibeigenschaft, Obrigkeit), die aber gleichzeitig Verantwortung der Oberen für die „Untergebenen" impliziert, wie sie dann im Neuen Testament (z.B. Eph 6,1–9; Kol 3,20–4,1) und in den Katechismen der Kirche beim fünften Gebot realisiert wurde. Am Kopf sämtlicher Verbote der zweiten Tafel steht für Philo nicht nur aufgrund der Textvorgabe durch die Septuaginta das Verbot des Ehebruchs, „dieses verabscheuenswerten und gottverhassten Verbrechens" (Decal 131), das alle anderen aus sich folgern lässt (Decal 121ff; Spec-

leg III 8)[61]. Philo versteht dabei wie Sap Sal 14,24–27 das
Ehebruchsverbot als Warnung vor Unzucht jeder Art und
begründet und bestätigt damit eine Interpretationsrichtung
des hellenistischen Judentums, wie in den nachfolgenden
Ausführungen noch gezeigt werden kann.

Bei der Unterscheidung zwischen dem Diebstahls- und
Begehrensverbot ordnet Philo die Machenschaften, un-
rechtes Gut auf jede Art an sich zu bringen, die sich im
hebräischen Text mit der Wurzel חמד verbinden, eher
dem achten Gebot zu und konzentriert das Begehrensverbot wahrscheinlich dem Septuaginta-Verständnis von
ἐπιθυμεῖν entsprechend auf das rein Triebhaft-Emotio-
nale. Es gilt, die unlauteren Begierden (Decal 51) als
Quelle allen Unrechts und als „Übel der Seele" (Specleg
IV 131) zurückzudrängen (Decal 173). Philo löst damit
für die Dekalogrezeption grundlegend das zehnte Gebot
aus dem ursprünglichen soziologischen Zusammenhang
mit der Welt des freien, an die Ackerscholle gebundenen
Grundbesitzers in Israel. Es nimmt das auf das Triebhafte,
auf die „Lüsternheit" (Her 173) und die „schlimmste aller
Leidenschaften" (Decal 142) zugespitzte Verbot der Begierde in Philos Auslegung mit Decal 142–153.173 und
in Specleg IV 79–131 einen breiten Raum ein. „Von einer
großen Animosität gegen die Sinnlichkeit erfüllt nannte
er die als zehntes Gebot zusammengefaßten Warnungen
vor Begehren die Vollendung der zehn Worte (IV 78b)",
„denn seine platonisch gefärbte Philosophie verlieh ihm
ein primäres Interesse für die Ablehnung der Sinnlichkeit"[62], und die stoische Lehre von den Affekten, derer
sich Philo in Specleg IV 79–131 in der Auslegung des
zehnten Gebots anschließt, bestätigt ihn darin. So bleibt
für ihn „jeder maßlose und übertriebene Drang und die
unverständige und naturwidrige Bewegung der Seele zu
verurteilen" (Specleg IV 79).

Eine Rezeption des Dekalogprologs sucht man bei Philo
vergeblich. Als Natur- und Weltgesetz können bei ihm

---

61  Vgl. auch die rabbinische Beurteilung, dass Ehebruch alle Gebote bricht, in Tanchuma Nasso 4, ed. S. Buber p. 13b–14a; s. auch
Tanchuma Nasso 2; NumR IX 12.
62  B. Reicke 22.

natürlich die Zehn Gebote nicht mehr die Bedeutung einer Urkunde der Erwählung Israels haben. Sie gelten vielmehr allen Menschen als Hilfe auf dem Weg der Seele zu Gott.

„Schön von Inhalt und dem Leben zum Nutzen sind beide (Tafeln des Dekalogs), denn sie öffnen breite Heerstraßen des Lebens, die auf *ein* Ziel hinausgehen, auf denen es eine Wanderung ohne Straucheln gibt für die Seele, die stets das Beste will" (Decal 50).

Letzthin wird damit von Philo dem Dekalog die jüdische Exklusivität genommen, und sind alle Menschen in den Nutzen des besten aller Sittengesetze eingeladen.
K. BERGER hat versucht, den Sitz im Leben der Dekalog-Katechese[63] Philos aufgrund der Gliederung seiner Schrift De Specialibus Legibus zu bestimmen. Dort wird der Behandlung der Torabestimmungen nach dem Ordnungsgerippe des Dekalogs in § 1 – 12 eine Erörterung der Beschneidung als Anfang vorangestellt, diese also aus dem eigentlichen Gesetzescorpus mit seiner Zuordnung von Dekaloggeboten und Einzelgesetzen herausgenommen. Für K. BERGER erscheint sie so als „Initiationsakt und Grundlage der Befolgung der Dekaloggebote". Als Sitz im Leben einer solchen Dekalogkatechese hält er die Proselytenkatechese, zu der den Katecheten das Opus De Specialibus Legibus als „Handbuch" gedient habe, für wahrscheinlich. M. WOLTER weist in einer Anmerkung jedoch m.E. mit Recht auf die Möglichkeit hin, den Grund für die Ausgliederung der Beschneidung darin zu suchen, „dass sie nicht zu den am Sinai erlassenen Geboten gehört, sondern bereits Abraham auferlegt wurde"[64].
Die theologiegeschichtliche Bedeutung der Dekalogrezeption Philos besteht m.E. in einem zweifachen: Philo erneuert nach dem Dekalogschweigen der spätnachexilischen Zeit expressis verbis das in den Schriften einmalige deuteronomistische Verständnis des Dekalogs als Summe der Tora, der sich alle Einzelbestimmungen des Mosegesetzes zuordnen lassen. Davon wird am Ende dieses Kapitels

---

63  K. Berger 138.261.
64  M. Wolter 352 Anm.49.

noch zu handeln sein[65]. Zum anderen ist Philo nach der bisherigen Quellenkenntnis wohl der erste, der eindeutig den Dekalog als Sittengesetz für alle Menschen wertet und damit die jüdische Exklusivität des Dekalogs als Urkunde der Erwählung Israels transzendiert. Die Bedeutung des Judentums unter den Weltanschauungen der Antike besteht nach Philo darin, diese „Philosophie"[66] im großen Angebot aller Stimmen der Weisheit für den Weg der Seele zum Göttlichen und zur Bewältigung des Lebensalltags vermitteln zu können.

### 1.6 Das Dramatiker-Gnomologion Pseudo-Menander (Philemon) 9–15

In die alexandrinische Tradition gehört höchstwahrscheinlich auch das Dramatiker-Gnomologion Pseudo-Menander/Philemon 9–15[67] aus dem 1. Jh. v.Chr.[68], das für eine jüdische Leserschaft bestimmt ist. Es ist überliefert bei Clemens von Alexandrien (Stromata V 119–120) und abhängig von diesem bei Euseb (Praep. Ev. XIII 13,45f) unter dem Namen Menander sowie bei Peudo-Justin (De Monarchia 4) unter dem Namen Philemon[69]. Menander (ca. 341–290 v.Chr.) und Philemon gelten als bedeutende Vertreter der Neuen Attischen Komödie[70]. Geradezu katechismusartig stellt das Gnomologion gefälschter Dramatikerverse zusammen, „welche Inhalte" des Glaubens „ein hellenistischer Jude für unverzichtbar und auch dem Denken der nichtjüdischen Gebildeten integrierbar ansah"[71]. Es geht in 9–15 um die klassische Frage alttestamentlich-jüdischer Weisheit, was Gott wohlgefälliger sei: Opfer oder gerechtes Leben. Am Ende

---

65  S.u. 1.8.
66  Vgl. Y. Amir 132.137.
67  Text: A.M. Denis, Fragmenta Pseudepigraphorum quae supersunt graeca una cum historicorum et auctorum Judaeorum hellenistarum fragmentis (PsVTGr IIIb) 1970, 161ff, und auch K.W. Niebuhr 230; Übers.: N. Walter, Pseudepigraphische jüdisch-hellenistische Dichtung (in JSHRZ IV 3) 1983, 267–269
68  Dazu vgl. N. Walter 254; K.W. Niebuhr 228 Anm. 293.
69  K.W. Niebuhr 227.
70  N. Walter 245.
71  N. Walter 252.

des großen Abschnitts 1–20 wird der Leser angewiesen: „Opfere Gott, indem du ständig gerecht bist" (20). Dabei beschreibt nun der Verfasser Rechtschaffenheit als „Enthaltung von konkreten Vergehen"[72]. Dazu dienen auch u.a. Dekalogbestimmungen, wobei nach N. WALTERs Erkenntnis[73] Peudo-Justin einen älteren Text (V 9f), der sich bei Clemens von Alexandria findet, nach dem Dekalog Ex 20,17 par Dtn 5,21 mit dem zehnten Gebot in V 11–14 aufgefüllt hat. Diese Ergänzung lässt erkennen, dass der Verfasser in V 9f eine Anspielung auf den Dekalog sah und diese ausdrücklich festschreiben wollte:

(1)  Wenn einer Opfer darbringt, o mein Pamphilos ...
(6)  und glaubt, er könne Gott (auf diese Weise ) wohlgesonnen machen,
(7)  dann irrt sich der und zeigt nur oberflächliche Gedanken.
(8)  Rechtschaffen muss der Mann sich (stets) erweisen,
(9)  darf Jungfrauen *nicht* schänden oder *ehebrechen*,
(10) (*nicht*) *stehlen* oder *morden* um Besitzes willen,
(11) (*nicht*) *nach fremdem* (*Gut*) *schielen* und (*nicht*) *begehren*
(12) nach einer prunksüchtigen *Frau* oder nach (fremdem) *Haus*,
(13) nach (fremdem) *Besitz* oder *Sklaven* oder *Magd* geradezu,
(14) nach Pferden, *Rindern* überhaupt oder Kleinvieh. – Was aber dann?
(15) *Nicht* eine einzige Schlinge einer Nadel *sollst du begehren*, o Pamphilos! (Übers. N. Walter).

Die angeführten Vergehen entsprechen inhaltlich unter Fehlen des neunten Gebots den Verboten der zweiten Dekalogtafel auffallenderweise nach der Abfolge von Ex 20,13–15 LXX („ehebrechen – stehlen – morden"), wobei in V 11 und 15 m.E. das ἐπιθυμεῖν des zehnten Gebots auch sprachlich aufgenommen wird, selbst wenn es sich hier um Vergehen handeln sollte, die nach K.W. NIEBUHR[74] zum Bestandteil der paränetischen Reihen gehören. In diesem Falle wären diese vom Dekalog beeinflusst. Wie im Aristeasbrief und bei Philo fassen für den Autor die Gebote der zweiten Tafel grundlegend zusammen, was als δικαιοσύνη unter den Menschen zu gelten

---

72  K.W. Niebuhr 230.
73  N. Walter 268 Anm 1–1.
74  K.W. Niebuhr 230.

hat. Festzuhalten bleibt hier zunächst, dass in dieser Sammlung die sozialen Gebote des Dekalogs als weisheitliches Ethos einem Heiden in den Mund gelegt werden. Damit ist die Geltung der ethischen Dekalogsätze für alle gerechten und frommen Menschen festgeschrieben.

## 1.7 Pseudo-Phokylides 3–8

Das moralische Lehrgedicht Pseudo-Phokylides[75], eine jüdische Sammlung weisheitlicher Sentenzen zur rechten Lebensweise, wird dem Spruchdichter Phokylides von Milet aus der Mitte des 6. Jh. v.Chr. pseudepigraphisch zugeschrieben. Auch diese Sammlung stammt wohl aus dem Judentum Alexandrias[76] und ist in der Zeit des 1. Jh. v. oder n.Chr.[77], wahrscheinlich am Anfang des 1. Jh. n.Chr.[78], verfasst worden. Sie zeichnet sich aus durch die Fülle der Rückgriffe auf biblische Texte in der Septuaginta-Fassung[79]. Als Schwerpunkttexte aus der Tora greift Pseudo-Phokylides ausschließlich Gebotsreihen des Pentateuchs auf[80]. Die Eröffnung und Grundlegung des Lehrgedichts lehnt sich deutlich erkennbar an die Reihe der sozialen Gebote des Dekalogs an[81], der dann im übrigen Werk nur noch selten anklingt[82].

| (3) Brich nicht in fremde Ehen ein, lass nicht Männerliebe aufkommen. | 6. Gebot LXX Kombination mit dem 6. Gebot auch in Lev 18,20.22; 20, 10.13 |
| --- | --- |

---

75  Text und Kommentar: P.W. van der Horst, The Sentences of Pseudo-Phokylides (1978) 88; Übers.: N. Walter, Pseudepigraphische jüdisch-hellenistische Dichtung (in JSHRZ IV 3) 1983, 197f.
76  P.W. van der Horst 81ff; N. Walter 193; K.W. Niebuhr 5 Anm. 3.
77  So G. Mayer 299.
78  So N. Walter und K.W. Niebuhr ebd.
79  Vgl. dazu bes. K.W. Niebuhr 9–11.
80  Dekalog; Lev 18.19; Dtn 27,15–26; dazu vgl. K.W. Niebuhr 15ff.
81  P.W. van der Horst 112; N. Walter 197; G. Mayer 299.
82  Vgl. K.W. Niebuhr 9–12; im Einzelnen zum Elterngebot 208.220–222; Tötungsverbot 184f; Diebstahlsverbot 18.37.135f; Begierdeverbot 37.

| | |
|---|---|
| (4) Zettele nicht (heimliche) Ränke an, beflecke die Hand nicht mit Blut(schuld). | 7. Gebot LXX; vgl.Lev 19,11.16 |
| (5) Bereichere dich nicht unrechtmäßig, sondern lebe von dem, was dir rechtens zukommt. | 8. Gebot |
| (6) Begnüge dich mit dem, was dein ist, und halte dich fern vom Eigentum anderer. | 10. Gebot |
| (7) Schwatze nicht Lügen daher, vielmehr rede in jeder Hinsicht wahrhaftig. | 9. Gebot; vgl. Lev 19,11 |
| (8) Vor allen Dingen ehre du Gott, sodann deine Eltern. | 1. Gebot 5. Gebot; vgl. auch Lev 19,3f zur Kombination |
| (12) Halte dich fern von falschem Zeugnis, erkenne dem Recht den Preis zu. | 9. Gebot; vgl. auch Lev 19,16 |
| (16) Schwöre keinen Meineid, weder unwissentlich noch vorsätzlich; (17) der unsterbliche Gott hasst (jeden), der meineidig geschworen hat. | Lev 19,12 3. Gebot |
| (18) Stiehl nicht Saatgut. Verflucht ist, wer es an sich rafft. (Übers. N. Walter) | 8. Gebot |

Hier ist die Reihenfolge der Septuaginta-Dekalogsätze in V 3–7 aufgenommen. V 8 fasst, wie wir es bei Philo schon sahen, Elterngebot und erstes Gebot zusammen und nimmt das Stichwort τιμᾶν des Elterngebots auf. Diese begriffliche Anspielung lässt hier gegen K.W. NIEBUHRs Meinung eher an das fünfte Gebot als an Aufnahme von Lev 19,3f denken, zumal dort vom *Fürchten* der Eltern die Rede ist und eine umfänglichere Reihe und andere Reihenfolge (fünftes, viertes, erstes und zweites Gebot) vorliegt. Auch in V 12.16–18 scheint die inhaltliche Bezugnahme in freier Formulierung auf das neunte, dritte und achte Gebot eindeutig zu sein. Die begründende Wendung

„Der unsterbliche Gott hasst jeden, der meineidig geschworen hat" (V 17)

steht in inhaltlicher Nähe zur Strafandrohung und Begründung im dritten Gebot

„denn JHWH wird den nicht ungestraft lassen, der seinen Namen missbraucht".

## V 12

„Halte dich fern von falschem Zeugnis"

hat im Unterschied zu V 7 das neunte Gebot wohl von der Zuhörerseite im Blick. Den Traditionszusammenhang mit der alexandrinischen Dekalogrezeption zeigen sowohl die Ausweitung des Ehebruchs auf Unzucht allgemein und Homosexualität im Besonderen (V 3) wie bei Sap 14,26 und Philo Decal 168 als auch die theologische Zuordnung von fünftem und erstem Gebot (V 8) wie bei Philo z.B. Decal 51.107; Her 171 an. K. BERGER[83] bleibt sehr vorsichtig in der Annahme eines direkten Dekalogbezugs. K.W. NIEBUHR[84] denkt sich als Quelle für den Eingang der Sentenzensammlung eine vorgegebene Auslegungstradition, in der Dekalog und Lev 19 bereits kombiniert aufgegriffen seien. In diesem Falle wäre aber eben in der vermuteten katechetischen Reihe der Dekalogbezug vorgegeben und damit die Bedeutung der Zehn Worte, wie sie in V 3–8 grundlegend aufgenommen sind, als elementarer Regeln zwischenmenschlichen Handelns im Verbund mit anderen Reihen der Tora gesichert.
Wenn nun diese große Eingangsmahnung im Geiste des Dekalogs dem milesischen Dichter Phokylides aus dem 6. Jh. v.Chr. pseudepigraphisch zugeschrieben wird, wie es im Dramatiker-Gnomologion eben auch mit den Begründern der Neuen Attischen Komödie Menander und Philemon aus dem 3. Jh. v.Chr. geschieht, lässt solches für den Verfasser die Anschauung einer universalen Bedeutung des Dekalogs über das Judentum hinaus erkennen, wie sie auch Philo bestimmt. Vor allem die sozialen Gebote des Dekalogs geben die Gestalt der Tora ab, die eben auch für die Heiden gültig ist. Meint der unbekannte jüdische Verfasser bei der Anwendung des Stilsmittels der Pseudepigraphie vielleicht, dass dem großen heidnischen Weisheitslehrer der Dekalog bzw. im Blick auf die ganze

---

83  K. Berger 374.
84  K.W. Niebuhr 19f.25f.

Sammlung die Werke der Tora ins Herz geschrieben seien, so wie es Paulus in Röm 2,14f weiß und dabei sicherlich an Philos Lehre vom νόμος φύσεως[85], von den göttlichen Ordnungen in der Natur, mit denen die Gebote der Tora inhaltlich identisch sind, anknüpft? So könnte es wohl gedacht sein, wenn die Sentenzensammlung mit der Überschrift beginnt:

(V 1f) Diese Ratschlüsse Gottes in frommen Satzungen tut kund Phokylides, weisester unter den Männern, als glückbringende Gaben.

Die Tora und in ihr vor allem grundlegend der Dekalog, auf den sich der Eingang der Sammlung in besonderer Weise bezieht, gilt allen Menschen als glückbringende Anleitung zur rechten Lebensweise (δικαιοσύνη 229). Sollte der Verfassser hier gar von Psalm 1 mit seiner Verherrlichung der Tora als glückbringender Ordnung zu solcher Aussage angeregt worden sein? Will er andeuten, dass allen Menschen, die den Geboten gehorsam sind, die Verheißung des Elterngebots

„auf dass es dir gut geht und du lange lebst ..."

gilt, wenn er sein Werk mit den Worten beschließt:

(229) Dies sind die Geheimnisse rechter Lebensweise, wenn ihr ihnen folgt,
(230) könnt ihr ein gutes Leben vollführen bis zur Schwelle des Greisenalters.[86]

## 1.8 Zusammenfassung

Es bleibt festzuhalten, dass in den katechismusartigen Reihen der alexandrinischen Überlieferung kaum direkte wörtliche Übernahmen aus dem Dekalog, wohl aber deutlich erkennbare Anspielungen auf das Zehnwort vom Sinai vorkommen, so dass die Kenntnis und Geltung des Dekalogs in der Septuaginta-Fassung und in ihrer Ab-

---

85  Z.B. Philo Op 3; Abr 275f.
86  Homerische Wendung, vgl. Ill XXII 60; Od XV 348, so der Hinweis N. Walters 216 Anm. zu 230.

folge der Gebote als grundlegende ethische Norm vorauszusetzen ist.

Beachtet man, dass es keine sicheren Spuren inneralttes-
tamentlicher Dekalogrezeption nach deren Blüte in der
deuteronomistisch geprägten exilisch-nachexilischen Bewegung, wie sie sich in den einzelnen Entstehungsstufen
und -schichten des Deuteronomiums niedergeschlagen
hat, gibt, dann darf man wohl sagen, dass der Dekalog als
eine Zusammenfassung aller Gebote der Tora in der jüdischen Welt Alexandrias wiederentdeckt[87] worden ist,
denn diese Funktion hat er bereits auf den letzten Redak-
tionsstufen des Deuteronomiums gehabt, wie vor allem
die Arbeiten N. LOHFINKs, G. BRAULIKs und E. OTTOs
herausgestellt haben[88].

---

87   So betont K. Berger 138, auch 258.

88   N. Lohfink, Das Hauptgebot. Eine Untersuchung literarischer
Einleitungsfragen zu Dtn 5–11 (AnBib 20) 1963; ders., Zur Dekalogfassung von Dtn 5: BZ NF 9 (1965) 17–32,= in: ders., Studien
zum Deuteronomium und zur deuteronomistischen Literatur I
(SBA 8) 1990,193–209; ders., Kennt das Alte Testament einen
Unterschied von „Gebot" und „Gesetz"?: JBTh 4 (1989) 63–89.
G. Braulik, Die Abfolge der Gesetze in Deuteronomium 12 – 26
und der Dekalog, in: N. Lohfink (Hg.), Das Deuteronomium.
Entstehung, Gestalt und Botschaft (BEThL 68) 1985, 252–272, =
in ders., Studien zur Theologie des Deuteronomiums (SBAT 2)
1988, 231–255; ders., Die dekalogische Redaktion der deuteronomischen Gesetze. Ihre Abhängigkeit von Lev 19 am Beispiel von
Deuteronomium 22,1–24,10–22 und 25,13–16, in: ders. (Hg.),
Bundesdokument und Gesetz. Studien zum Deuteronomium (HBS
4) 1995, 1–25, = ders., Studien zum Buch Deuteronomium (SBAT
24) 1997, 147–182.
E. Otto, Der Dekalog als Brennspiegel israelitischer Rechtsgeschichte, in: J. Hausmann / H.J. Zobel (Hg.), Alttestamentlicher
Glaube und Biblische Theologie. FS H.D. Preuss (1992) 59–68;
ders., Theologische Ethik des Alten Testaments (ThW 3,2) 1994,
193ff.198ff.202ff; ders., Von der Programmschrift einer Rechtsreform zum Verfassungsentwurf des Neuen Israel. Die Stellung des
Deuteronomiums in der Rechtsgeschichte Israels, in: G. Braulik
(Hg.), Bundesdokument und Gesetz. Studien zum Deuteronomium
(HBS 4) 1995, 93–104, 99ff; ders., „Das Deuteronomium krönt die
Arbeit der Propheten". Gesetz und Prophetie im Deuteronomium,
in: F. Diedrich / B. Willmes (Hg.), Ich bewirke das Heil und er-
schaffe das Unheil. FS L. Ruppert (fzb 88) 1998, 277–309, 296ff.

Bei der Dekalogrezeption des ägyptischen hellenistischen Judentums herrscht die Tendenz vor, die Geltung besonders der sozialen Gebote auf alle Menschen über die jüdische Gemeinde hinaus auszudehnen und auf deren Kongruenz mit den philosophisch fundierten allgemeinen ethischen Ordnungen ihrer Umwelt aufmerksam zu machen, um dem jüdischen Ethos das Befremdliche zu nehmen. Dem ägyptischen Judentum sind deshalb von der ersten Tafel das Gebot der Verehrung (des einen) Gottes und der Ehrung der Eltern wichtig, während ein Eingehen auf das genuin jüdische Sabbatgebot, durch das sich das Judentum von den Heiden unterschieden weiß, außer bei Philo, der es in seinen kursorischen Kommentaren nicht übergehen kann, und bei Aristobulos eigentlich fehlt. Dem dritten Gebot wird durch seine Interpretation als Meineidverbot der besondere Bezug auf den jüdischen JHWH-Namen genommen. Die Gebote der zweiten Tafel werden voll rezipiert. Eine Rezeption des Prologs, der später bei den Rabbinen als erstes Gebot zählt, fehlt völlig, wie auch eine Einstellung der Dekalogsätze in die biblisch vorgegebene Szene des Bundesschlusses am Sinai nicht erkennbar wird. So erscheint der Dekalog in dieser hellenistisch-jüdischen Rezeption alexandrinischer Theologie seiner heilsgeschichtlichen Grundlegung beraubt, und gilt der Gehorsam gegenüber den zehn Geboten nicht mehr als die Antwort Israels auf das von JHWH geschenkte Rettungs- und Erwählungsgeschehen, sondern eher als die jüdische Form allgemeiner Sittlichkeit, die ihre Begründung in sich selbst bzw. in der Vernunft des Menschen trägt und sich am Ethos ihrer Umwelt durchaus messen lassen kann, ja den Nichtjuden den Zugang zu Israel und seinen Bräuchen eröffnet und erleichtert. Es geht so in der alexandrinischen Tradition um eine Rezeption des Dekalogs in Israel, aber nicht allein für Israel, sondern für alle Menschen als eines allgemeinen Sittengesetzes. Der Dekalog wird zur Tora vor den Völkern und für die Völker.

An keiner Stelle außer vielleicht bei Philo scheint der Dekalog als literarische Urkunde des Pentateuchs direkt vorzuliegen. Die Texte zeichnen eher die Spuren einer katechismusartigen Verinnerlichung der Dekalogsätze,

die ihrerseits eine Dekalogkatechese zur Voraussetzung
hat. Der Sitz im Leben solcher Katechese, die den Dekalog als ethische Grundnorm verbindlich und bewusst
macht, wird im Blick auf die Unterschiedlichkeit der erwähnten Schriften nicht generell zu bestimmen sein. Man
darf auf keinen Fall allein davon ausgehen, wie K.
BERGER es besonders im Blick auf Philo möchte[89], dass
die Dekalogkatechese im hellenistischen Judentum im
Zusammenhang des Proselytenunterrichts als Anfangs-
unterricht für Heiden diente. Diese Möglichkeit ist zwar
durchaus denkbar, auch wenn mich K. BERGERs Argumentation nicht sonderlich überzeugt[90], aber es sind auch
andere Sitze im Leben denkbar.

Der Septuaginta-Zusatz vor Dtn 6,4 lässt an den Familienkatechumenat denken, ein Gedanke, der sich durch die
Textzuordnung im Papyrus Nash, in dem Dekalog und
Sch^ema gerade durch diesen Satz – aber nun in hebräischer Sprache – direkt miteinander verbunden werden[91],
bestätigt: Die Söhne lernen von den Vätern Dekalog und
Sch^ema als Grundbekenntnis jüdischen Glaubens.

Der Aristeasbrief lässt erkennen, dass die Begegnung mit
der nichtjüdischen Umwelt das Judentum konfessorisch-
apologetisch zu einer Begründung seiner Sitten und Gebräuche zwang, wobei der Dekalog als Elementarisierung
und Zusammenfassung der Tora diente.

„Wo Nichtjuden vor allem das Auffällige einzelner religiöser Bräuche ihrer jüdischen Nachbarn hervorhoben (Beschneidung, Sabbat,
Speisegesetze usw.), bemühten sich jüdische Denker, das Wesentliche in diesen Vorschriften hervorzuheben, die ‚Philosophie' hinter
den Einzelgesetzen herauszuarbeiten"[92].

Solche Philosophie fasste der Dekalog geeignet zusammen.

Andere Texte wie die Weisheit Salomos, das Gnomologion Pseudo-Menander/Philemon oder Pseudo-Phokylides verraten eine Ausrichtung auf die jüdische Leser-

---

89   K. Berger 138.261.272f.
90   Dazu s.o.1.5.
91   Dazu s.u. 5.
92   G. Stemberger 91.

schaft der Diaspora zur Stabilisierung ihrer Identität in einer heidnischen Umgebung. Es handelt sich sozusagen um eine erbauliche Apologetik in den Innenraum der Synagogengemeinde hinein, die möglicherweise ihren Sitz im Leben in der lehrhaften Unterweisung vor allem im Gottesdienst am Sabbat hatte[93].

Allen Intentionen der Dekalogrezeption im Bereich der alexandrinischen Judenschaft ist die Auffassung vom Dekalog als Tora in der Tora zu Eigen. Man muss freilich festhalten – und darin liegt die Bedeutung der Untersuchung K.W. NIEBUHRs –, dass der Dekalog in den katechismusartigen Reihen des hellenistischen Judentums nur in Kombination mit anderen Reihen und Schwerpunkttexten der Tora diese Funktion erfüllt und diese nicht nur aus der Tora Israels, sondern auch weiteren Quellen antiker weisheitlicher Ethik gespeist wurden.

2.    Der Dekalog im hellenistischen Judentum des palästinisch-syrischen Bereichs

2.1    Josephus Flavius

2.1.1. Antiquitates III 89–94[94]

Wie Philo hebt auch Josephus in der Darstellung der Sinaigesetzgebung bei der Zusammenfassung von Ex 19 und 20 die Besonderheit des auf zwei Tafeln nachträglich von Mose aufgezeichneten Dekalogs als unmittelbare Gottesoffenbarung hervor, wobei sich bei Josephus auch der t.t. δέκα λόγοι (90) findet.

(89) Nachdem er so gesprochen, führte er das Volk mit Weibern und Kindern heran, damit sie selbst von Gott vernähmen, was sie zu tun hätten, und damit nicht die Glaubhaftigkeit der Worte dadurch Schaden litte, dass sie nur von menschlicher Zunge verkündigt und so ihr Ansehen beeinträchtigt würde. (90) Und es drang die Stimme aus der Höhe zu aller Ohren, sodass jeder die einzelnen Gebote deutlich vernehmen konnte, die Moses auf zwei Tafeln aufgezeichnet hinterlassen hat. Doch ist es nicht notwendig (besser

---

93    Dazu vgl. auch u. 2.2.
94    Text: H.S.J. Thackerey, Josephus IV (Loeb Classical Library 242) (1930) 1967, 358ff. Übers.: H. Clementz, Des Flavius Josephus jüdische Altertümer, 1. Bd. (I–X), [7]1987, 152f.

übersetzt: nicht erlaubt), dass ich dieselben Wort für Wort wiedergebe, weshalb ich nur ihren Sinn hier darlegen will.

Josephus verzichtet also auf eine wörtliche Wiedergabe der Dekalogsätze im Wortlaut von Ex 20 und beschränkt sich auf die Offenlegung ihrer zentralen Bedeutung (δυνάμεις). Als Grund für solche Kurzfassung gibt er Arkandisziplin an:

„Diese offen nach dem Buchstaben zu sagen, ist uns nicht erlaubt".

Geheimdisziplin für den Dekalog ist sonst nirgendwo belegt[95]. Wahrscheinlich bezieht sich diese Bemerkung auf das im Dekalog mehrfach enthaltene Tetragramm[96], das Josephus vor einer heidnischen Leserschaft nicht zum Ausdruck bringen möchte.

(91) Das erste Gebot (λόγος) lehrt uns, dass nur *ein* Gott ist und dass er allein zu verehren sei.
Das zweite schreibt vor, dass man keines Tieres Bild anbeten darf.
Das dritte, dass man bei Gott nicht leichtfertig schwören darf.
Das vierte, dass man jeden siebten Tag heilig halten und an ihm von aller Arbeit ruhen soll.
(92) Das fünfte, dass man die Eltern ehren soll.
Das sechste, dasss man nicht töten soll.
Das siebte, dass man nicht ehebrechen soll.
Das achte, dass man nicht stehlen soll.
Das neunte, dass man kein falsch Zeugnis ablegen soll.
Das zehnte, dass man kein fremdes Eigentum begehren soll.
(Übers. H. Clementz)

Über die inhaltliche Verteilung der Dekalogsätze auf die beiden Tafeln macht Josephus keine Angaben. Er versteht die zehn Gebote als Inhalte einer Lehre, wenn er schreibt, „das erste Gebot lehrt (διδάσκει) uns" oder „das zweite Gebot mahnt (κελεύει) uns". Die Kurzfassung bringt Josephus nach der Reihenfolge des masoretischen Textes,

---

95   G. Stemberger 95.
96   So G. Stemberger ebd., während K. Berger 263 (vgl. auch 29) an ein den Mysterienkulten analoges Verständnis und Gehabe bei Josephus denkt, wie es auch bei Philo vorzuliegen scheint: Mose ist nach Philo Decal 18 Hierophant, und in den Mysterienkulten fallen auch die Worte des Hierophanten unter die Arkandisziplin.

dem er ja im Laufe seiner Darstellung folgt.

Das erste Gebot erscheint in seiner Formulierung, die an das Sch$^e$ma Jisrael in Dtn 6,4 anklingt, nun monotheistisch ausgerichtet: Es geht hier nicht mehr expressis verbis um die Exklusivität JHWHs für Israel. Solcher Monotheismus soll wohl dem Ein-Gott-Glauben der aufgeklärten und in der Form von Theokrasie denkenden hellenistischen Religiosiät entsprechen. An anderen Stellen weist Josephus, wiewohl er dort (z.B. cAp II 240ff) den polytheistischen Götterglauben auch lächerlich machen kann, darauf hin, dass die Götter, an die andere glauben, um ihres Gottesnamens willen nicht geschmäht werden dürfen (z.B. cAp II 237; Ant IV 207)[97].

Das zweite Gebot hält sich eng an den Dekalogtext und weicht aufgrund der vorangehenden monotheistischen Ausrichtung der Nachfrage aus, ob es um das Verbot des JHWH-Bildes oder allgemein einer theriomorphen Gottesabbildung geht. Josephus spricht hier nicht wie die Septuaginta von einem Götzenbild (εἴδωλον), sondern ohne implizite Wertung von einem Bild (εἰκών). Er will offenbar den nichtjüdischen Leser, der für seine Religiosität durchaus anthropomorphe Gottesbilder benötigt, nicht verletzten. Hingegen wehrt Josephus sich in cAp II 80 betont gegen den antijüdischen Vorwurf der Eselsanbetung.

Im dritten Gebot findet eine Reduktion auf das unnötige Schwören statt. Es geht Josephus nicht um die Entheiligung des Gottesnamens durch Meineid, sondern um den unnötigen Gebrauch des heiligen Namens. Sicherlich steht er damit der ursprünglichen Bedeutung des dritten Gebots nahe.

Die Wiedergabe des vierten Gebots erfasst dessen ursprüngliches Anliegen der völligen Arbeitsruhe, das Josephus in seinen Schriften immer wieder hervorhebt[98].

---

97 Wie Philo z.B. Mos II 205; Specleg I 53. Schriftgrund dazu ist wohl die LXX-Übersetzung von Ex 22,27 („Du sollst Gott nicht verächtlich machen"), wo LXX das hebräische אלהים pluralisch mit θεούς übersetzt.

98 Vgl. dazu H. Weiss, The Sabbath in the Writings of Josephus: JSJ 29 (1998) 368–390, bes. 365 mit Anm. 10; G. Schimanowski, Die Bedeutung des Sabbat bei Josephus, in: J.U. Kalms (Hg.), In-

Auffällig bleibt jedoch das Fehlen des Sabbatbegriffs und eines Hinweises, dass es sich bei dem siebten Tag um einen Sabbat „für JHWH" handelt, den es zu heiligen gilt, sowie irgendeiner Anspielung auf die zur Zeit des Josephus schon umfangreiche und eigentlich nicht mehr übergehbare Sabbat-Halaka. Dadurch gibt sich der Wechsel von sechs Arbeitstagen und dem siebten Ruhetag als soziale Wohltat für alle Menschen zu erkennen. Man darf zu diesem Verständnis wohl auf die Bemerkung in cAp II 282 hinweisen:

> „Es gibt keine Stadt, ob griechisch oder barbarisch, kein Volk, zu dem unsere Sitte des siebten Tages, an dem wir ruhen, nicht gelangt wäre"[99].

Aus cAp II 234 könnte man entnehmen, dass für Josephus der Sabbatbrauch Israels, „die Arbeit in einer festgelegten Ordnung niederzulegen", zu den jüdischen Vorschriften gehört, „die anderen keineswegs leicht werden", d.h. aber doch als schöpfungsgemäße allgemein-menschliche Ordnung gelten können[100].

Das zehnte Gebot wird auf das Begehren des Eigentums reduziert, wie es eigentlich auch dem ursprünglichen Anliegen der Dekalogfassung Ex 20,17a entspricht.

Damit zeigt Josephus einerseits in seiner Kurzfassung vor allem im zweiten und zehnten Gebot eine erstaunliche Nähe zum ursprünglichen Sinn des Dekalogs Ex 20,1–17. Auf der anderen Seite fällt die „Entjahwesierung" und „Entjudaisierung" der Gebote der ersten Tafel auf, wenn das erste Gebot den Monotheismus und das vierte den siebten Tag als soziale Wohltat herausstellt. Wie bei Philo ist auch auf die Wiedergabe des Prologs verzichtet und fehlt der Gedanke des Bundesschlusses am Sinai in der Anlehnung an den Erzählgang Ex 19 und 20. Der Dekalog wird so zur Lehre. Er enthält für Josephus nach die-

---

ternationales Josephus-Kolloquium Aarhus 1999 (MJSt 6) 2000, 97–121.

99   Vgl. weitere Hinweise zur Nachahmung der Sabbatruhe in der antiken nichtjüdischen Gesellschaft zur Zeit des Josephus bei E. Spier, Der Sabbat (1989) 29; G. Schimanowski 101 Anm. 23.113f.

100   So der Hinweis bei G. Schimanowski 113f.

ser Darstellung ein grundlegendes allgemeinmenschliches Ethos. Zu beachten bleibt ferner, dass Josephus im weiteren Verlauf der Wiedergabe der Sinaiereignisse auf das Referat aller weiteren Gesetze nach Ant III 94 vorerst verzichtet und anschließend ab 95ff die Kultstiftung vom Sinai breit ausführt. Für ihn bleibt der Dekalog also die Zusammenfassung der sozialen und juristischen Gebote vom Sinai[101].

## 2.1.2 Anklänge an den Dekalog in contra Apionem II 190–219

In seiner Verteidigungsschrift gegen antijüdische polemische Literatur[102] als Bild des Judentums für nichtjüdische Leser[103] aus der Zeit nach 93/94 n.Chr.[104] geht Josephus bei der Beschreibung des jüdischen Politeuma II 145–286 u.a.[105] in II 190–219 durch eine Epitome seiner Gesetze auf viele Gebote und Verbote der Tora als Gotteswillen ein und verrät dabei gelegentlich auch inhaltliche Annäherungen an Bestimmungen des Dekalogs, ohne dass freilich in der Gliederung ihre feste Abfolge erkennbar oder direkte Zitierungen aufweisbar[106] wären. Es ist sinnvoll, den Text seinem Inhalt nach in vier Abschnitten zu gliedern: Es geht in 190–198 um Bestimmungen zur Regulierung der Beziehungen des Menschen zu Gott, in 199–206 um solche zur Regulierung des Familienlebens, in 207–214 um die Ordnung allgemeiner Beziehungen zu den Mitgeschöpfen und in 215–219 um Strafbestimmun-

---

101  Bei der Darstellung der Ereignisse aus dem Deuteronomium holt er dieses in Ant IV 196–292 nach, erwähnt aber nicht noch einmal die Wiederholung des Dekalogs durch Mose.
102  Text: H.S.J. Thackeray, Josephus I (Loeb Classical Library 186) (1926) 1976, 368ff; dt. Übers.: H. Clementz, Flavius Josephus Kleinere Schriften, ²1995, 178ff.; auch in der für unseren Text grundlegenden neueren Untersuchung von C. Gerber, Ein Bild des Judentums für Nichtjuden von Flavius Josephus. Untersuchungen zu seiner Schrift Contra Apionem (AGAJU 40) 1997, 402ff.
103  Vgl. C. Gerber 89–91.
104  So zuletzt C. Gerber 64–66.
105  Zum Gesamtaufbau vgl. C. Gerber 70.122f.183–203.
106  Vgl. E. Kamlah, Frömmigkeit und Tugend. Die Gesetzesapologie des Josephus in cAp 2,145–295, in: Josephus-Studien. FS O. Michel (1974) 220–232, 221f; K.W. Niebuhr 39.

gen für die entsprechenden Vergehen[107]. Diese Aufteilung entspricht in den ersten drei Abschnitten merkwürdigerweise der Gliederung des Dekalogs nach der Septuaginta. Mögliche Anspielungen auf Dekalogsätze sind unregelmässig verteilt im Textganzen. Am Anfang lässt sich die Nähe zum ersten und zweiten Gebot nicht übersehen[108]:

(190) Welcher Art sind nun die Gebote und Verbote im Einzelnen? Vor allem sind sie einfach und fasslich. Das *erste* lehrt von Gott und zwar folgendermaßen: Gott ist alles, er ist vollkommen und selig, sich selbst und allen genügend; Anfang, Mitte und Ende von allem. Offenbar durch seine Werke und Gnaden, erkennbar wie alles andere, ist er doch nach Gestalt und Größe uns völlig unbekannt; (191) denn kein Stoff, und wäre es der kostbarste, ist wert, dass sein Bild daraus verfertigt werde, keine Kunst vermag etwas zu ersinnen, das ihm gliche; etwas ihm ähnliches auch nur zu erdenken oder zu vermuten, ist bei uns schon sündhaft. (192) Seine Werke schauen wir: Licht, Himmel, Erde, Sonne und Mond, die Gewässer, die stets sich erneuernden Tiergeschlechter und die fruchttragenden Gewächse. Dies hat Gott gemacht nicht mit Händen, nicht durch Arbeit, noch bedurfte er dazu einer fremden Beihilfe[109], sondern er wollte Gutes, und gut war es alsbald geschaffen. Diesem Gott müssen alle gehorchen, und in Tugendübung sollen sie ihn ehren; denn das ist der würdigste Gottesdienst.

Josephus nimmt hier ganz offensichtlich Bezug auf den ersten Schöpfungsbericht Gen 1,1 – 2,4a[110] und mit der

---

107  Vgl. ähnlich E. Kamlah 222; G. Vermes, A Summary of the Law by Flavius Josephus: NT 24 (1982) 289–303, 293; K.W. Niebuhr 30; C. Gerber 186.

108  So auch G. Vermes, Summary 293f; C. Gerber 272.310.316; M. Meiser, Frühjüdische und frühchristliche Apologetik, in: J.U. Kalms (Hg.), Internationales Josephus-Kolloquim Aarhus 1999 (MJS 6) 2000, 155–184, 160.

109  Hat Josephus hier an die Bedeutung des hebr. ברא als terminus technicus für analogieloses Schaffen ohne Nennung des Materials und ohne fremde Mithilfe im Schöpfungsbericht Gen 1,1 – 2,4a gedacht oder setzt er sich, worauf E. Kamlah (223 Anm. 14) 223 aufmerksam macht, mit Philo (Op 72–75) auseinander, der in Anschluss an Plato Timaios 41c.42e aus dem Plural („Lasst uns Menschen machen") in Gen 1,26 eine Mehrzahl von Demiurgen für die Menschenschöpfung folgerte?

110  So auch C. Gerber 272.316.

Bemerkung „und gut war es alsbald geschaffen" (192) auf das sich in jenem Bericht stereotyp wiederholende Urteil über die Qualität des Geschaffenen. Aber auch die Bezugnahme in Josephus' Gotteslehre auf das erste Gebot in monotheistischer Auslegung und auf das Bilderverbot, wie beides bereits aus Ant III 91 bekannt ist, fällt auf. Es geht um eine philosophische Interpretation des ersten Gebots vor dem Forum der Nichtjudenheit. „weil Gott nicht bildlich darstellbar ist, ist das Bilderverbot die logische Konsequenz, die auch für Nichtjuden einsichtig sein müsste". So gilt z.B. für Strabo (Geographica 16:2,35–36/761) „die jüdische Religion als vernünftig, insofern, aber auch nur insofern sie bildlos ist"[111]. Die Aussage *„das ihm gliche; etwas ihm ähnlich"* entspricht wohl dem hebräischen וכל־תמונה in Ex 20,4 par Dtn 5,8[112]. Darüber hinaus nimmt Josephus in diesem Abschnitt u.a. Bezug[113] auf die Dekalogkatechese des ersten und zweiten Gebots in Dtn 4,9ff[114] mit dem Hinweis auf die Nichtabbildbarkeit der Gestalt Gottes, weil dieser bei der Sinaitheophanie unsichtbar geblieben war: „eine Gestalt habt ihr nicht gesehen" Dtn 4,12.15. Ein Rückgriff auf diese Dekalogkatechese geschieht wohl auch in der Bemerkung „seine Werke schauen wir: Licht, Himmel, Erde, Sonne und Mond" (192). In Dtn 4,19 heißt es:

„Wenn du die Augen zum Himmel erhebst und das ganze Himmelsheer siehst, die Sonne, den Mond und die Sterne, dann lass dich nicht verführen. Du sollst dich nicht vor ihnen niederwerfen und ihnen nicht dienen".

Dass Josephus oder seine Vorlage den Dekalog mit im

---

111  M. Meiser 160.
112  So auch E. Kamlah 222.
113  Damit sind die „bemerkenswerten Berührungen" mit Hinweisen auf das jüdische Bilderverbot in der hellenistisch-ethnographischen Literatur, die wohl auf Hekataios von Abdera zurückgehen und auf die E. Kamlah 222f Anm.12 aufmerksam macht, nicht übersehen. Die Belege, die E. Kamlah anführt, stehen m.E. in der gleichen Tradition der Deutung des zweiten Gebots, die auf Dtn 4,9ff zurückgeht.
114  Dazu vgl. N. Lohfink, Das Hauptgebot (Anm. 88).

Blick hat, könnte auch die Einleitung „Das *erste* lehrt"
(190) verraten, denn die Zählung wird im Verlauf der
Darlegungen nicht mehr fortgesetzt. Hier scheint „das
*erste* (Gebot)" eine feststehende Bezeichnung zu sein.
Offensichtlich zählt dann Josephus den Prolog nicht als
erstes Gebot, wie es hingegen bei den Rabbinen der Fall
ist.
199–201 handelt über die Gesetze der Ehe. Wie in Sap
24,26; Philo Decal 168 und bei Pseudo-Phokylides 3 erscheint der Ehebruch repräsentativ für Unzucht aller Art,
wobei die Homosexualität wieder besonders hervorgehoben wird. Gegen Ende des Abschnitts scheint Josephus
u.a. auf das siebte Gebot und mit dem Stichwort „Begehren" auch auf das zehnte Gebot anzuspielen:

(201) Nur mit ihr (sc. der Ehefrau) darf er vertrauten Umgang pflegen; eines anderen Gattin begehren, ist Sünde. Wer dies tut, ferner
wer eine Jungfrau, die einem anderen verlobt ist, notzüchtigt oder
eine Ehefrau verführt, der verfällt unbedingt der Todesstrafe.

Bei der Aufzählung der todeswürdigen Verbrechen wiederholt Josephus in 215 die Bezugnahme:

(215) Für die meisten Vergehen nämlich bestimmte er die Todesstrafe, z.B. für Ehebruch, Mädchenschändung, den Versuch, mit
Männern widernatürliche Unzucht zu treiben, und für das Eingehen
auf einen solchen Versuch. Auch die Knechte stehen unter demsel-
ben unerbittlichen Gesetz.

Der Abschnitt 206 geht in der typischen Verbindung des
Zusammenhangs von Gottesehrung und Elternehrung,
wie sie bei Philo z.B. Decal 51.107; Her 171 und bei
Pseudo-Phokylides 8 begegnete, aber auch in der von
Philo her bekannten Verallgemeinerung des Gebots auf
die Unterordnung der Jungen unter die Alten auf das
fünfte Gebot ein:

(206) Die Verpflichtung, den Eltern mit Ehrfurcht zu begegnen,
stellt das Gesetz unmittelbar hinter die Pflichten gegen Gott: Wer
die Liebe, die er von ihnen empfing, nicht erwidert und irgend eine
Ausschreitung gegen sie begeht, der soll gesteinigt werden. Auch
sollen überhaupt die älteren Leute von den Jüngeren geehrt werden,
weil Gott das älteste Wesen ist.

Die traditionelle Zuordnung von erstem Gebot und Elterngebot macht hier wiederum den Dekalogbezug wahrscheinlich[115]. Möglicherweise spielt für die Begründung,
„weil Gott das älteste Wesen ist" die Gottesbezeichnung
„der Uralte der Tage" aus Dan 7,9.13.22 oder aber auch
der Text Ps 90,2 oder 102,26f eine Rolle. Auch unter der
Aufführung der Strafbestimmungen geht Josephus in 217
noch einmal auf die typische Verbindung des ersten bis
vierten Gebots mit dem fünften als Einheit ein. Offensichtlich steht er hier in einer festen Tradition[116].

(217) Misshandelt jemand seine Eltern oder begeht er einen Frevel
gegen Gott, so wird er, auch wenn die Tat nicht völlig zur Ausführung gekommen ist, augenblicklich hingerichtet. (Übers. H. Clementz)

In 208 führt Josephus Eigentumsdelikte an. Hier findet
sich der Satz „Nichts anderen Gehöriges soll einer anfas-
sen", der auf das zehnte und möglicherweise auch auf das
achte Gebot anspielen könnte[117].

2.1.3 Ergebnis
Josephus geht vom Dekalog im Wortlaut und in der Reihenfolge der Hebräischen Bibel aus und zeigt an manchen
Stellen eine erstaunliche Nähe zu seinem ursprünglichen
Verständnis. Wenn er in cAp II 206 das Gebot der Elternehrung unmittelbar hinter den Pflichten gegenüber
Gott platziert weiß, entspricht das entweder einer Deka-
logeinteilung mit dem ersten bis vierten Gebot als Teil
der Gottesehrung und dem fünften bis zehnten Gebot als
Teil der menschlichen Verpflichtungen untereinander
oder aber der Zählung Philos von zwei mal fünf Geboten,
bei der das Elterngebot auf der Tafel der Gottesverehrung
steht. Dafür könnte die in cAp II 217 mitgeteilte Sanktion
der Todesstrafe sprechen. Josephus interpretiert das Elterngebot und das Ehebruchsverbot ähnlich wie die alexandrinische Rezeption und schafft den Zugang zum De-

---

115  So auch E. Kamlah 221; G. Vermes, Summary 298; C. Gerber 272.
116  Vgl. E. Kamlah 221 Anm. 9.
117  So auch E. Kamlah 228.

kalog für nichtjüdische Leser, wie besonders die Interpretation des ersten und zweiten Gebots, aber auch die
Umgehung des Sabbatgebots in cAp II 190–192[118] und
die Vermeidung des t.t. „Sabbat" in Ant III 91 zeigen.
Auffällig bleibt in cAp II 190–219 die unbetonte Einbettung der wenigen Dekaloganspielungen in den Zusammenhang. So ist wohl mit E. KAMLAH[119], F.W. NIE
BUHR[120] und zuletzt C. GERBER[121] der Stoff, den Josephus
hier teilweise benutzt hat, auf einen gemeinsamen Fonds
frühjüdischer apologetischer Materialien zurückzuführen[122]. In diesem Fall wäre jedoch an der Heranziehung
des Dekalogs zusammen mit anderen Weisungen der
Tora in diesen älteren Materialsammlungen festzuhalten.
Die Wichtigkeit des Dekalogs als Norm bei Josephus erhellt ohne Zweifel aber schon Ant III 89–94.

## 2.2 Der Dekalog in Pseudo-Philos Liber Antiquitatum Biblicarum

In dieser in der hebräischen Urfassung nicht mehr erhaltenen lateinischen Schrift[123] vom Ende des 1. Jh. n.Chr.
aus dem palästinischen Raum[124] spielt der Dekalog eine
bedeutende Rolle. Er findet Aufnahme in den Texten
LAB 11,1–13; 25,7–13 und 44,6f. Hier ist er Inbegriff der
Tora vom Sinai schlechthin, so dass alle übrigen Weisungen nach dem Midrasch zur Sinaiperikope in 11,15 nur
noch pauschal genannt werden:

---

118   So auch die Feststellung von G. Vermes, Summary 292; C.
Gerber 292.
119   E. Kamlah 220 Anm. 3.
120   F.W. Niebuhr 41ff mit Anm. 146.
121   C. Gerber 108–116.215–217.
122   Auf einen solchen Fonds weisen schon die vielen Parallelen
zu Philo (bes. Hyp 7) und Pseudo-Phokylides in cAp 190–219 hin,
auf die E. Kamlah 228f und C. Gerber 108.211 mit Recht aufmerksam machen.
123   Lateinischer Text: G. Kisch, Pseudo-Philo's Liber Antiquitatum Biblicarum, 1949. Übers.: C. Dietzfelbinger, Pseudo-Philo:
Antiquitates Biblicae (JSHRZ II 2) 1975, 91ff.
124   C. Dietzfelbinger 95; vgl. so auch E. Reinmuth, Beobachtungen zum Verständnis des Gesetzes im Liber Antiquitatum Biblicarum (Pseudo-Philo): JSJ 20 (1989) 151–170, 151f.

„Und da sagte Gott ihm seine Rechtssatzungen und Urteile und behielt ihn bei sich vierzig Tage und vierzig Nächte".

Sehr knapp wird an dieser Stelle dann nur noch eine Anweisung zur Herstellung des Heiligtums, zu seiner Ausstattung und zur Priesterkleidung erwähnt[125].

*LAB 11,1–13* bietet einen Midrasch zur Sinaiüberlieferung Ex 19f. Hier wird die göttliche Gabe der Tora bzw. des Dekalogs grundlegend als „Licht für die Welt" vorgestellt, wobei sich die Qualifizierung der Tora als Licht mehrfach (z.B. 9,8; 15,6; 19,6; 23,10) in dieser Schrift findet. Diese Qualität der Tora wurzelt im Sein Gottes, der selbst „alles Licht" ist (12,9) und bei dem (wohl nach Jes 60,19 LXX) „das Licht beständig bleibt" (22,3). „Diese Formulierung macht deutlich, daß das Gesetz als Licht der Welt am Wesen Gottes partizipiert"[126]. In solcher Anteilhabe an der Ewigkeit Gottes (21,4; 28,4) eignet dem Gesetz, das hier in Gestalt des Dekalogs erscheint, selbst ewige Geltung. Der Dekalog und der Bundesschluss am Sinai gelten als Angebot des „Bundes mit den Söhnen der Menschen", in besonderer Weise „Israel zur Verherrlichung und zum Licht, den Gottlosen zur Strafe" (11,1). Mit der Lichtterminologie zeigt sich m.E. einerseits die Bedeutung des Dekalogs für die Menschheit im Allgemeinen an. Doch vor allem ist für Israel der Dekalog eine „Leuchte", wie es in 23,10 im Rückblick auf das Sinaigeschehen heißt: „Ich gab ihnen mein Gesetz und erleuchtete sie[127], damit sie es tun und leben und hochbetagt werden und nicht sterben". In der midraschartigen Nacherzählung 11,4f wird die Verkündigung des Dekalogs als „lex sempiterni testamenti filiis Israel" und „praecepta aeterna" von einer beispiellosen kosmischen Erschütterung eingeleitet, die sich bis in die himmlische Welt der Engel hinauf auswirkt, weil eben Gesetz und Kosmos miteinander verbunden sind. So kommen nach 32,8 die Schöpfungswerke Gottes aus dem ganzen Kos-

---

125  Vgl. ähnlich Josephus Ant III 94ff, der freilich dann die Kultstiftung vom Sinai inhaltlich doch sehr breit ausführt.
126  E. Reinmuth 153.
127  Zum Licht der Tora vgl. z.B. Ps 119;105; Spr 6,23.

mos zusammen, den „Herrn zu sehen, der mit seinen Söhnen den Bund schließt". Die Gesetzgebung Israels hat in Analogie zur Funktion der Weisheit in Spr 8,22–31 bzw. in deren Nachfolge einen schöpfungsordnenden Sinn, wie neben 32,7 vor allem der Rückblick auf das Sinaiereignis in 15,6 zeigt:

„Und ich führte sie vor den Berg Sinai und ich neigte die Himmel und stieg herab, um eine Leuchte für mein Volk anzuzünden und um der Schöpfung Grenzen zu setzen".

Die Tora vom Sinai besteht nach dem Midrasch Pseudo-Philos zu Ex 20 konkret im Dekalog. Als Dekalogtext bringt 11,6–13 eine freie Wiedergabe von Ex 20 katechetisch erweitert mit Begründungen besonders im Bereich der zweiten Tafel:

(6) Und damals redete Gott zu seinem Volk alle diese Worte und sprach: „Ich bin der Herr, dein Gott, der ich dich herausgeführt habe aus dem Land Ägyptens, aus dem Haus der Knechtschaft. Geschnitzte Götter sollst du dir nicht machen, und sollst nicht machen irgendein verabscheuenswertes Bild der Sonne und des Mondes oder irgendwelcher Zierden des Himmels und seines Heeres, und nicht sollst du ein Abbild irgendwelcher (Dinge) machen, die auf der Erde sind, noch derer, die schwimmen in den Wassern oder kriechen unten auf der Erde. Ich bin nämlich der Herr, dein Gott, ein Gott, der eifert und vergilt die Sünden der Schlafenden an den lebenden Söhnen der Gottlosen, wenn sie in den Wegen ihrer Eltern wandeln, bis ins vierte und dritte Geschlecht, der aber Barmherzigkeit tut in tausend Generationen denen, die mich lieben und meine Gebote bewahren.
(7) Nicht sollst du verwenden den Namen deines Gottes zu nichts, damit nicht meine Wege nichtig gemacht werden. Es wird nämlich Gott den verabscheuen, der seinen Namen in Nichtigkeit verwendet.
(8) Bewahre den Tag des Sabbats und heilige ihn. Sechs Tage lang tu (deine) Werke, am siebenten Tag aber ist der Sabbat des Herrn. Nicht sollst du an ihm irgendein Werk tun, du und dein ganzes Gesinde, außer dass ihr an ihm lobt den Herrn in der Gemeinde der Ältesten und verherrlicht den Starken am Sitz der Greise. In sechs Tagen nämlich hat der Herr gemacht den Himmel und die Erde und das Meer und alles, was in ihnen ist und auf dem ganzen Kreis (der Erde), und die unbewohnte Wüste und alles, was wirkt in der ganzen Ordnung des Himmels. Und Gott ruhte am siebenten Tag, und deswegen heiligte er den siebenten Tag, weil er ausruhte an ihm.

(9) Liebe deinen Vater und deine Mutter, und du sollst sie fürchten, und dann wird dein Licht aufsteigen. Und ich werde dem Himmel Befehl geben, und er wird dir seinen Regen gewähren, und die Erde wird ihre Frucht schnell bringen. Und du wirst viele Tage leben und wirst wohnen in deinem Land und du wirst nicht ohne Söhne sein, weil deine Nachkommenschaft, die darin wohnt, nicht enden wird.

(10) Du sollst nicht Hurerei treiben, weil deine Feinde nicht Hurerei getrieben haben gegen dich, sondern du zogst aus mit ausgereckter Hand.

(11) Du sollst nicht töten darum, weil deine Feinde nicht über dich geherrscht haben, dass sie dich töteten, sondern du sahst ihren Tod.

(12) Du sollst nicht ein falscher Zeuge gegen deinen Nächsten sein, indem du falsches Zeugnis sprichst, damit nicht deine Wächter falsches Zeugnis gegen dich sagen.

(13) Du sollst nicht begehren das Haus deines Nächsten, noch das, was er hat, damit nicht auch andere dein Land begehren."

Folgende Besonderheiten der Dekalogrezeption werden in diesem Midrasch erkennbar:

Die Abfolge der Gebote geschieht hier nach 11,10 in der durch die Septuaginta inauguierten Vorordnung des Ehebruchsverbots vor dem Tötungsverbot.

Das achte Gebot wird nicht aufgeführt. Wahrscheinlich hat der Verfasser es im zehnten Gebot einbegriffen gesehen; in 44,6 nennt er es freilich.

Das erste und das zweite Gebot sind wie in der Septuaginta zu einem, nämlich dem Fremdgötterverbot, zusammengefasst. Das Bilderverbot wird hier wie dort auf die Götzenbilder gedeutet. Das Verbot der Verehrung von Götzenbildern bildet neben dem der Vermischung mit Fremden für den Verfasser des Buches das Zentrum der Torabestimmungen[128], wie die anderen beiden Texte der Dekalogrezeption deutlich zeigen. Die in Ex 20,5 angesagte Heimsuchung der Väterschuld an der Familie bis in die vierte Generation wird hier wie auch in den Targumim zur Stelle und in rabbinischen Stellungnahmen durch die Bedingung „wenn sie in den Wegen der Eltern wandeln" eingeschränkt [129]. Zudem gibt es keine Genera-

---

128  Dazu s.u. Anm. 135.
129  Vgl. Ber 7a; Sanh 27b; Mekh RJ III 11 zu Ex 20,5; Mekh R.Schimon ben Jochai zu Ex 20,5; SifrNum § 112.

tionenabfolge mehr, die unter der Strafe leiden muss, sondern werden nur noch die „lebenden Söhne der Gottlosen" als Betroffene genannt.

Die einzelnen Dekalogsätze erfahren katechetische Erweiterungen, wie es später z.B. für das sechste bis zehnte Gebot in den Targumim Neofiti 1 und Pseudo-Jonathan zu beiden Dekalogtexten üblich ist[130]. Wird dort allerdings primär mit der Verpflichtung der Erwachsenen, Vorbild für die nachfolgende Generation zu sein, und erst dann mit den Straffolgen argumentiert, so geschieht dieses hier kausal oder final nach der Goldenen Regel. Die Straffolgen in den Targumim sind ebenfalls nach dieser Regel, jedoch in negativer Weise vom Talionsprinzip her, inhaltlich gestaltet.

Das Elterngebot V 9[131] erweitert der Verfasser in der Begründung über die biblische Textvorlage hinaus sehr umfangreich. Damit ist eine formale Parallele zur Hochschätzung des fünften Gebots in der alexandrinischen Tradition und bei Josephus gegeben.

Das Ehebruchsverbot V 10 wird wie in 25,10 als Verbot der Hurerei rezipiert. Dieses entspricht wiederum dem Trend der Rezeption im hellenistischen Judentum. 44,6 nimmt hingegen den Wortlaut des Dekalogs „Du sollst nicht ehebrechen" auf.

Das zehnte Gebot V 13 wird auf das Begehren des Hauses und aller Habe des Nächsten im Sinne von Ex 20,17a wie bei Josephus reduziert. Das Begehren der Frau des Nächsten hat der Verfasser hier wohl im sechsten Gebot enthalten gesehen. In 44,6 scheint der Verfasser sich am Wortlaut von Dtn 5,21 auszurichten; hier wird die Frau

---

130   Als Beispiel des in der Rezeption für die Gebote der zweiten Tafel angewendeten stereotypen homiletischen Schemas vgl. Targum Neofiti 1 zu Ex 20,13: „Mein Volk, Kinder Israels, ihr sollt keine Mörder sein oder ihre Kumpane oder mit Mördern Gemeinschaft halten. Und mörderische Leute soll man nicht in den Gemeinden Israels sehen, damit nicht eure Söhne nach euch aufstehen und lernen, in gleicher Weise mörderische Leute zu sein. Denn veranlasst durch die Sünde der Mörder geht das Schwert heraus (und) auf die Welt nieder.
131   „Liebe deinen Vater und deine Mutter"; in 44,6 wird hingegen der Dekalogwortlaut „Vater und Mutter ehren" übernommen.

vor dem Haus zusätzlich genannt. In 44,7 ist dann nur vom Begehren der fremden Frau die Rede.

Auffallend bleibt auch die Rezeption des Prologs. Sie ist nicht einfach nur durch die Textvorlage, nach der der Verfasser gestaltet, bedingt. Die Auslassung des achten Gebots und wesentlicher Elemente des zehnten Gebots zeigt, dass er durchaus verkürzend arbeiten konnte. Er folgt hier nicht der hellenistischen Tradition, den Dekalog als Urkunde eines allgemeinverbindlichen Ethos aus dem biblischen Kontext der Erwählungs- und Bundesgeschichte Israels herauszulösen. Denn in der Auslegung von Ex 19 und 20 wird der Prolog unter dem Leitwort „Gesetz des ewigen Bundes" (11,5) auch theologisch integriert. Der Verfasser des LAB bewahrt den exklusiven Israelbezug der Tora und des Dekalogs.

In *LAB 12,10* wird nachgetragen, dass Mose den Dekalog auf zwei Tafeln verschriftet hat. In 25,13 spricht der Verfasser in einmaliger Weise auch vom „Buch" des Gesetzes.

Im Sündenbekenntnis der Stämme vor Kenas nach dem Tode Josuas zu Beginn der Richterzeit *LAB 25,7–13* dienen unter anderem Einzelbestimmungen des Dekalogs als Teile eines Beichtspiegels todeswürdiger Verbrechen. Hier gibt es folgende Anspielungen: in V 9 zweimal auf das Götzenbilderverbot, sowie auf das Verbot der Verehrung fremder Götter; in V 10f auf das Ehebruchsverbot unter dem Aspekt der Hurerei sowie auf das Götzenbilderverbot; in V 13 auf das Sabbatgebot und wiederum auf das Verbot fremder Kulte. Beim Hinweis auf das Sabbatgebot werden die Sabbate entsprechend Ex 20,10 ausdrücklich als „Sabbate des Herrn" bezeichnet; der JHWH-Bezug des Sabbats bleibt hier wichtig. So wird deutlich, dass der Verfasser des LAB im ersten und zweiten Gebot des Dekalogs das Zentrum und Schwergewicht gesehen hat.

In *LAB 44,6–8*, ein Text, der im Zusammenhang mit der Überlieferung vom Götzendienst des Micha Ri 17 steht, erinnert Gott sein Volk an die Zustimmung zu jedem Einzelgebot des Dekalogs am Sinai und an den jeweiligen Bruch seines Versprechens. Auch hier hat der Dekalog wie in 27,7–13 die Funktion eines Beichtspiegels. Die einzelnen Dekalogbestimmungen interpretiert der Verfasser von seinem theologischen Ansatz her auf Abfall von JHWH durch Götzen- und Götzenbilderverehrung um[132], eine Deutung, die sicherlich an der Eröffnungszusage des Dekalogs „Ich bin JHWH, dein Gott" ihren Anhalt hat. Im ersten Abschnitt 44,6.7a erinnert der Verfasser an die göttliche Proklamation des Dekalogs am Sinai und an die Zustimmung Israels im Rahmen des Bundesgeschehens:

(6) Und damals ... als ich Erhabenes aufstellte auf dem Berg Sinai, zeigte ich mich den Söhnen Israel im Sturm und sagte, dass sie nicht Götzenbilder machen sollten, und sie stimmten zu, dass sie nicht Bilder von Götzen meißelten.
Und ich bestimmte für sie, dass sie meinen Namen nicht zu Nichtigem nehmen sollten, und sie erwählten dies, dass sie nicht meinen Namen zu Nichtigem nähmen.
Und ich befahl ihnen, dass sie den Tag des Sabbats bewahren sollten, und sie stimmten mir zu, damit sie sich heiligten.
Und ich sagte ihnen, dass sie Vater und Mutter ehren sollten, und sie versprachen, dass sie (es) tun würden.
Und ich bestimmte für sie, nicht zu stehlen, und sie stimmten zu.
Und ich befahl ihnen, keinen Mord zu begehen, und sie hielten es für erwünscht, dass sie (ihn) nicht begehen würden.
Und ich befahl ihnen, dass sie nicht ehebrechen sollten, und sie verweigerten es nicht.
Und ich bestimmte ihnen, dass sie nicht falsches Zeugnis sagen sollten
und dass sie nicht begehren sollten ein jeder die Gemahlin seines Nächsten, auch nicht das Haus und alles, was sein ist, und sie nahmen (es) an,
(7) dass sie nicht Götzenbilder machten und nicht Werke dieser Götter, die geboren sind aus der Verführung bei der Anrufung des Schnitzwerkes.

Diese Dekalogrezeption scheint sich an Dtn 5 anzulehnen, wie die Formulierung des zehnten Gebots mit der Vorordnung der Frau verrät. Sie hat überhaupt verglichen mit den anderen des Dekalogtexten des LAB den stärksten Textbezug durch die Aufnahme der Leitworte und bewahrt die Reihenfolge der Dekalogbestimmungen nach der Hebräischen Bibel mit Ausnahme des Diebstahlverbots, das im ersten Text LAB 11 fehlt und nun in einma-

---

132   K. Berger 266.

liger Weise an die Spitze der zweiten Tafel gestellt ist. Es handelt sich hier vielleicht um eine freie Aufnahme aus dem Gedächtnis. Erstes und zweites Gebot sind wiederum für LAB typisch als Götzenbilderverbot zusammengefasst. Nach der Erinnerung an Proklamation und Zustimmung folgt im zweiten Abschnitt 44,7b der Blick auf den Ungehorsam:

Aber die sterblichen Menschen machten nämlich diese (Götter), durch die alles verdorben worden ist, und das Feuer diente bei ihrer Schmelzarbeit. Die Kraft des Menschen hat sie hervorgebracht und Hände haben sie verfertigt und (menschlicher) Sinn hat sie erfunden
Und tatsächlich nahmen sie meinen Namen zu Nichtigem, und sie wollten meinen Namen den Schnitzwerken beilegen.
Und den Sabbattag, den sie annahmen, um ihn zu bewahren–Scheusale haben sie an ihm verfertigt.
Wegen (dem), was ich ihnen sagte, dass sie Vater und Mutter lieben sollten, entehrten sie mich, ihren Schöpfer.
Und weil ich ihnen sagte, dass sie nicht stehlen sollten, trieben sie in ihrem Sinn Diebstahl mit Schnitzwerken.
Und weil ich gesagt hatte, dass sie nicht erschlagen sollten, töteten sie (die), die sie verführten.
Und als ich ihnen befohlen hatte, nicht Ehebruch zu treiben, trieben sie Ehebruch mit ihrem Eifer.
Und weil sie (es) erwählt hatten, dass sie nicht falsches Zeugnis reden sollten, empfingen sie falsches Zeugnis von denen, die sie austilgten.
Und sie begehrten fremde Frauen.

Jede Verletzung einer Dekalogbestimmung wird ganz im Sinne deuteronomistischer Geschichtstheologie als Bruch des Hauptgebots interpretiert. Zukunft oder Untergang des Gottesvolkes entscheiden sich an der Stellung zum ersten Gebot. Dieses deuteronomistische Geschichtsbild steht im Hintergrund aller drei Rezeptionstexte Pseudo-Philos. Hier verkörpert der Dekalog die Tora schlechthin und hat im ersten Gebot sein tragendes Fundament.
Wo ist der Sitz im Leben einer so aufbereiteten und im ersten und zweiten Gebot fokussierten Dekalogkatechese als Vermittlung der Tora? K. BERGER vermutet ihn m.E. mit gutem Grund in der Proselytenkatechese. Als „lumen mundo" ist der Dekalog „das Gesetz", „durch welches die

neu hinzukommenden Proselyten erleuchtet" und bewahrt und gewarnt werden „vor dem Abfall vom Weg der Gerechtigkeit"[133]. Für solche Verortung spricht m.E. zunächst einmal die Lichtmetaphorik in 11,1, die nach der jüdischen Tradition in der Proselytentheologie eine Rolle spielt. So erinnert der Wortlaut von 11,1 „Ich werde der Welt Licht geben...und werde mein Volk verherrlichen" sehr stark an einen Satz in dem ursprünglichen Proselytendankgebet Lk 2,29–32[134]

„ ... denn meine Augen haben dein Heil gesehen, das du bereitet hast vor dem Angesicht aller Völker: ein Licht zur Offenbarung für die Völker und zur Verherrlichung deines Volkes Israel".

Zwar spricht der Eingangsteil 11,1 von der Öffnung des Dekalogs für die „Welt" und „die Söhne der Menschen" und von der dadurch geschehenden „Verherrlichung" Israels „über alle Völker". Aber er weiß zugleich von der Funktion „des ewigen Gesetzes" als Maßstab für das Gericht über die Völker:

(2)....Durch dieses werde ich den ganzen Kreis (der Erde) richten. Es wird nämlich dieses zum Zeugnis dienen. Wenn nämlich die Menschen sagen: „Wir haben dich nicht gekannt, und darum haben wir dir nicht gedient", (so) werde ich mich deswegen an ihnen rächen, weil sie mein Gesetz nicht erkannt haben. (Übers. C. Dietzfelbinger)

Pseudo-Philo spricht zwar in 11,1 in erstaunlicher und einmaliger Weise von einem Bundesschluss „mit den Söhnen der Menschen". Es lässt sich andererseits aber nun nicht übersehen, dass in allen anderen Texten der Dekalogrezeption exklusiv Israel in den Bund genommen wird und ihm aus dem Bund die besonderen Verpflichtungen des Dekaloggehorsams erwachsen. Es ist daran zu erinnern, dass das Götzenbilderverbot und das Verbot der Vermischung mit Fremdstämmigen das Zentralverbot in

---

133  K. Berger 264 und 265.
134  Dazu vgl. U. Kellermann, Jesus–das Licht der Völker: KuI 7 (1992) 10–27, s.noch Justin Dial 122.

den Antiquitates Biblicae schlechthin bilden[135] und in diesem Phänomen doch auch eine bestimmte Haltung Pseudo-Philos zu den Nicht-Juden, deren Hauptsünde nach seiner Anschauung im Götzenbilderdienst besteht[136], eingeschlossen ist. Man darf hier nicht ohne weiteres die Weite des Eingangstextes von LAB 11 mit der positiven Öffnung der Tora im Dekalog für die Völker und der Auffassung vom Dekalog als Naturgesetz in den Herzen der Menschen, wie es in der alexandrinischen Tradition und bei Josephus geschieht, gleichordnen. Die Weite des Dekalogs und seine Androhung als eines Gerichtssmaßstabs Gottes für die Nicht-Juden steht hier m.E. im Dienste einer Proselytentheologie, deren Grundsatz darin besteht, dass es außerhalb des jüdischen Glaubens mit seinem bilderlosen Monotheismus für die Menschheit kein Heil gibt. Der Dekalog ist so allen Menschen angeboten, die sich Israel anschließen wollen, und er wird zum Eingangstor der Proselyten in die Gemeinde Israels hinein. Sonst ist er als ewiges und kosmisch gegründetes Gesetz vor allem in der zweiten Tafel der Sicht Philos ähnlich im Sinne eines Naturgesetzes, das die Völker hätten erkennen können (11,2), in negativer Weise Gerichtsmaßstab Gottes. Diese negative Intention wird bei Philo und Josephus für den Dekalog so nicht herausgestellt. „Die Offenbarung des ewigen Gesetzes dient der Grenzziehung zwischen den Heiden und dem Volk Gottes. Die Gesetzgebung ermöglicht das Gericht, das im Grund von Ewigkeit her beschlossen ist"[137]. Doch darin erschöpft sich die Bedeutung des Dekalogs als Summe der Tora für den Verfasser nicht.

Die oben gezeigte Nähe zu den Targumim in der homiletischen Auslegung der zweiten Tafel lässt an den Synagogengottesdienst denken, in dem an jedem Sabbat der Dekalog zum Licht für Israel (11,1) wird. So rezipiert 11,8 das Sabbatgebot nicht nur fast vollständig, sondern weist der Text auch ausdrücklich auf den Sabbatgottesdienst mit Rückgriff auf Psalm 107,32 hin:

---

135  Vgl. C. Dietzfelbinger 97.130 Note i zu 6.
136  Vgl. dazu z.B. LAB 6,4; 12,2; 21,1; 24,1f.
137  E. Reinmuth 154.

„Nicht sollst du an ihm irgendein Werk tun..., außer dass ihr an ihm lobt den Herrn in der Gemeinde der Ältesten und verherrlicht den Starken am Sitz (lat. in cathedra) der Greise".

M.E. ist mit diesem Zitat auf die Syngagoge mit der Einrichtung der Bimah und die Struktur der Gottesdienstleitung durch Älteste angespielt. So könnte hier sogar ein versteckter Hinweis nicht nur auf eine Dekalogkatechese im Sabbatgottesdienst enthalten, sondern auch schon eine gewisse Funktion des Dekalogs im Gotteslob des Gebets angezeigt sein.[138].

Pseudo-Philos Liber Antiquitatum Biblicarum bleibt Kronzeuge dafür, dass auch im palästinisch-syrischen Bereich bei den Benutzern der Hebräischen Heiligen Schriften die hohe Einschätzung des Dekalogs vorhanden war, die im Raum des an der Septuaginta orientierten hellenistischen Judentums breiter bezeugt erscheint.

### 2.3  4.Makkabäer 2,1–13

In 4Makk[139], dem Werk eines hellenistischen Diasporaju-den[140], der möglicherweise in Alexandria, wahrscheinlich aber in Antiochia oder einer anderen Stadt Syriens oder Kleinasiens[141]gegen Ende des 1. Jh. n.Chr.[142] schrieb, hat der Text 2,1–13 für unsere Fragestellung Relevanz. Die Schrift will den Nachweis führen, dass die im Gehorsam gegenüber dem Gesetz sich übende fromme Urteilskraft souveräne Herrscherin über die Leidenschaften ist. Dass zu dem als Nachweis herangezogenen Material auch das zehnte Gebot des Dekalogs gehört, erstaunt in Anbetracht des starken Rückgriffs des Verfassers auf die Heiligen Schriften Israels[143] in diesem Buch nicht.

---

138  Dazu s.u. 5.4.
139  Text: A. Rahlfs, Septuaginta, 2Bde (1979) I 1159; Übers.: H.J. Klauck, 4. Makkabäerbuch (JSHRZ III 6) 1989, 642ff.
140  H.J. Klauck 666.
141  Zur Diskussion des Abfassungsorts vgl. H.J. Klauck 666f; K.D. Schunck, Art. Makkabäer / Makkabäerbücher, TRE 21 (1991) 736–745, 742.
142  Vgl. H.J. Klauck 668f; K.W. Niebuhr 216.
143  K.W. Niebuhr 216 Anm.234.

Als Beispielgeschichte dient in 2,2 die sexuelle Versuchung des Josef durch die Ehefrau des Potiphar aus Gen 39.

„Obwohl er als junger Mann in der Fülle seiner Kraft nach Geschlechtsverkehr verlangte, unterdrückte er doch durch die Urteilskraft die Wildheit der Leidenschaften".

Diese Urteilskraft – so bemerkt der Verfasser – „kontrolliert jegliche Begierde" (2,4). Und dazu zitiert er als Schriftbeweis in 2,5 verkürzt das zehnte Gebot wahrscheinlich auch mit einer Anspielung auf das sechste (nach LXX). Zu beachten bleibt, dass ein solches direktes Dekalogzitat in frühjüdischen Schriften äußerst selten begegnet.

(5) Es sagt ja das Gesetz: „Du sollst nicht begehren deines Nächsten Ehefrau, noch irgendetwas, was deinem Nächsten gehört". (6) Wo uns das Gesetz selbst dazu aufgefordert hat, nicht zu begehren, sollte es mir um so leichter fallen, euch davon zu überzeugen, dass die Urteilskraft die Begierden in den Griff bekommen kann. Nehmen wir als weiteres Beispiel die Leidenschaften, die der Gerechtigkeit hinderlich im Wege stehen. (8) In dem Augenblick, wo jemand seinen Lebenswandel am Gesetz ausrichtet, bezwingt er, auch wenn er habgierig gewesen sein mag, seinen eigenen Charakter: Er leiht den Bedürftigen, ohne Zinsen zu fordern, und lässt nach dem Ablauf der sieben Jahre die Schuldsumme gänzlich nach. (9) Und mag einer auch knauserig sein, lässt er sich doch vom Gesetz durch die Urteilskraft sein Verhalten diktieren. Er sammelt weder die letzten Früchte auf den abgeernteten Feldern, noch pflückt er die letzten Trauben an seinem Weinstock ab. Auch an den noch verbleibenden Sachverhalten ist dies abzulesen, dass die Urteilskraft die Leidenschaften im Griff hat. (10) Denn das Gesetz kontrolliert auch die Anhänglichkeit gegenüber den Eltern: Auch um ihretwillen verrät es die Tugend nicht. (11) Auch gegenüber der Liebe zur Gattin behauptet es sich: Beim Vorliegen einer ungebührlichen (παρανομίαν) Handlungsweise überführt es sie ... (Übers. H.J. Klauck)

Auffallenderweise bezeichnet der Verfasser das zehnte Gebot des Dekalogs in V.5 und V 6 als „das Gesetz" (νόμος). Diesen umfassenden Begriff benutzt er auch an den weiteren Stellen, an denen er andere Weisungen der

Tora in Blick hat[144], und in V 11 sicherlich in Anspielung
auf das Ehebruchverbot des Dekalogs, auch wenn es hier
nur darum geht, dass die gesetzlichen Vorschriften bei
Ehebruch und Ehebruchsverdacht rigoros angewendet
werden müssen[145], wie man auch bei V 10 vom Elterngebot nicht absehen kann, das jedoch im Einklang mit anderen Torabestimmungen einzuhalten, der Verfasser einschärft. Hier steht also eine Einzelweisung der Tora, so
eben auch besonders des Dekalogs, für die ganze Tora.
Das Begehrensverbot kann nun im hellenistischen Judentum auch die zweite Dekalogtafel zusammenfassen:
die Begierde bleibt die von all diesen Geboten anvisierte
und alle Verstöße gegen sie motivierende „Wurzelsünde"[146] wie es auch bei Philo z.B. in Specleg IV 84 der
Fall ist:

„Ein so großes und überragendes Übel ist also die Begierde oder
vielmehr, um es richtig zu bezeichnen, sie ist die Quelle aller Übel;
denn Raub, Plünderei und Nichtbezahlen von Schulden, Verleumdung und Beschimpfung, ferner Verführung, Ehebruch, Mord und
alle anderen Verbrechen gegen einzelne oder gegen den Staat, wider heilige oder profane Dinge, aus welch anderer (Quelle) fließen
sie? Denn die Leidenschaft, die mit vollem Recht als das Grundübel bezeichnet werden könnte, ist die Begierde"[147].

Gehört das 4. Makkabäerbuch in diese Auslegungstradition, dann stünde hier ein Dekalogsatz für den ganzen
Dekalog und der Dekalog mit der zweiten Tafel als
Grundgesetz jüdischer Ethik repräsentativ für die ganze
Tora. K.W. NIEBUHR stellt den Text 4Makk 2,4–16 als
ganzen „den katechismusartigen Gesetzeszusammenfassungen" bei Josephus (cAp 190–219) und Philo (Hyp
7,1–9) an die Seite[148] und weist so auf ältere katechetische Traditionen als Quelle hin. Aber die Zusammen-

---

144   V 8 Zinsverbot Ex 22,24; Lev 25,35–38; Dtn 23,20; Sabbatjahr nach Dtn 15,1f.9; V 9 Armenrest bei der Ähren- und Weinlese
Lev 19,9f.
145   Vgl. H.J. Klauck 697 Note a zu 11.
146   So H.J. Klauck 695 Note a zu 6.
147   Philo von Alexandria. Die Werke in deutscher Übersetzung,
Bd. 2, ²1962, 271f.
148   K.W. Niebuhr 221.

schau von Einzelweisung bzw. Dekalog und Tora, wie sie bei Philo, Josephus und auch in Pseudo-Philos LAB üblich ist, bleibt auch in diesem Fall bestehen; sie würde dann in die vorlaufende katechetische Tradition gehören. Festgehalten werden muss freilich für 4Makk, dass der Dekalog nur im Zusammenhang auch mit anderen Weisungen die Tora zusammenfasst.

## 2.4 Der Dekalog in der Apokalypse Abrahams

Die nur slawisch überlieferte Apokalypse Abrahams[149], nach der Zerstörung Jerusalems 70 n.Chr. abgefasst[150], blickt in der vierten Vision 24,1 – 25,8 innerhalb des Visionsteils 19 – 29 auf die Sünden des auserwählten Volkes, seine Gesetzlosigkeit „in den letzten Tagen" (24,2), und beginnt dabei nach dem apokalyptischen Prinzip der Entsprechung von Urzeit und Endzeit in 24,4 mit dem Rückblick auf das Leben der ersten Menschen, das verleitet „durch den hinterlistigen Feind" vom Vergehen des Mordes geprägt ist. Der Verfasser entfaltet anschließend in 24,5-8 die Übelstände in der Endzeit, „dem Zeitalter der verdorbenen Welt" (17,14):

(4) Ich sah ein Bild Adams und Eva, die mit ihm war, und mit ihnen den hinterlistigen Feind und den durch den Feind gesetzlos gewordenen Kain (und) den getöteten Abel, den Tod, der ihm von dem Gesetzlosen zuteil und an ihm verübt wurde. (5) Da sah ich die Unzucht und diejenigen, die sie begehren, und ihre (der Unzucht) Befleckung und ihrer (derer, die sie begehren) Eifersucht und das Feuer ihres Verderbens in den Untergründen der Erde. (6) Da sah ich den Diebstahl und diejenigen, die danach streben, und die Festsetzung ihrer (Vergeltung). (7) Da sah ich nackte Männer, Stirn an Stirn, und ihre Schmach und den Schaden, den sie mit ihren Freuden verursachen, und ihre Vergeltung. (8) Da sah ich die Begierde und in ihrer Hand das Haupt jeder Gesetzlosigkeit. (Übers. B. Philonenko-Sayar)

Zumindest V 5-8 setzt einen Katalog gesetzlosen Verhaltens voraus, den K.W. NIEBUHR mit Vorsicht der tra-

---

149 Übers. B. Philonenko-Sayar / M. Philonenko, Die Apokalypse Abrahams (SHRZ V 5) 1982, 446–448.
150 So B. u. M. Philonenko 419; K.W. Niebuhr 198 mit Hinweis auf Kapitel 27.

ditionellen Zusammenstellung katechetischer Reihen zu-
ordnet[151]. Vor ihm haben K. BERGER[152] und M. PHI-
LONENKO[153] m.E. zu Recht darauf hingewiesen, dass die
Reihe von Vergehen in V 4–8 auf einen Lasterkatalog
zurückgreift, „der auf dem Dekalog beruht" (M.
PHILONENKO). Solche Orientierung am Dekalog könnte
sich dann in Kapitel 25 noch fortsetzen. Es geht nun in V
4 um Mord, in V 5 um Unzucht, der typisch hellenistisch-
jüdischen Ausweitung des Ehebruchs in der Rezeption
des Dekalogs. V 6 handelt von Diebstahl, V 7 von Homosexualität, wiederum ein Topos der hellenistischen Rezeption des Ehebruchsverbots. Oder sollte diese bereits
dem Begierdeverbot zugeordnet sein? Von der Begierde,
die aber als Motiv auch schon in V 5 anklingt, spricht V
8. Sie wird wie bei Philo und ähnlich in 4Makk 2 als
„Haupt jeder Gesetzlosigkeit" verstanden. In Kap. 25
folgt eine ausführliche Beschreibung der Sünde des Göt-
zenbilderdienstes, womit ein Bezug zum ersten und
zweiten Gebot gegeben wäre. Die Reihenfolge der Laster
entspricht zunächst der zweiten Tafel des Dekalogs in der
Hebräischen Bibel: sechstes, siebtes, achtes, zehntes Gebot. Die Beschränkung der theologischen Tafel auf die
beiden ersten Gebote ist wiederum im hellenistischen Judentum nicht unüblich. Man könnte im Übrigen das
fünfte Gebot der Elternehrung neben dem ersten und
zweiten Gebot als Hintergrund der haggadischen Legende
über die Abkehr Abrahams vom Götzendienst im ersten
Teil des Buches Kap. 1–9 sehen. Dort stellt der Verfasser
das fürsorgliche Verhältnis des Abraham zu seinem Vater
Thares heraus, dessen Krönung im Kampf Abrahams,
seinen Vater zum wahren Glauben zu führen (26,2), besteht. Hier erscheinen wiederum in typisch hellenistischer
Weise jüdischer Dekalogrezeption nunmehr aber hagga-
disch Elterngebot und Hauptgebot miteinander verknüpft.
So bezeugt auch die Abraham-Apokalypse im Spiegel
schlimmer Vergehen die Grundbedeutung des Dekalogs
als Grundgesetz toragemäßen Handelns.

---

151   K.W. Niebuhr 200f; vgl. zuvor schon ähnlich K. Berger 272.
152   K. Berger ebd.
153   M. Philonenko 446 Anm. zu 24,4–8.

## 2.5 Ergebnis

Die Wertung des Dekalogs als Tora in der Tora oder Zusammenfassung der Tora bleibt im Frühjudentum nicht
nur auf die hellenistisch-jüdische Frömmigkeit alexandrinischer Tradition beschränkt, sondern sie hat parallel
auch Platz gegriffen in der hellenistisch-jüdischen Frömmigkeit des palästinischen und syrischen Raums, wie
ebenfalls G. STEMBERGER[134] in seinem Überblick besonders betont. Sie scheint ein Phänomen der hellenistisch
ausgerichteten Strömung im Frühjudentum überhaupt zu
sein.

## 3. Der Dekalog der Samaritaner als Kompendium samaritanischer Lehre

### 3.1 Die Ergänzung des Dekalogs durch das Garizim-Gebot

Im Pentateuch der Samaritaner[155] ist dem Dekalog Ex
20,1–17 par Dtn 5,6–21 (bzw. 18) aus ideologischen
Gründen des Schriftbeweises für die kultische Priorität
des Garizim ein Gebot zugeschaltet, das sich auf die Heiligkeit dieses Berges bezieht und die Installation eines
Heiligtums durch Errichtung von Dekalogstelen und eines
Brandopferaltars vorsieht. Die Anordnung setzt sich aus
Versen und Textteilen anderer Stellen der Tora zusammen[156]:

Ex 20,17
Du sollst nicht nach dem Haus eines anderen verlangen. Du sollst
nicht nach der Frau eines anderen verlangen, nach seinem Sklaven
oder seiner Sklavin, seinem Rind oder seinem Esel oder nach irgend etwas, das dem anderen gehört.

---

154   G. Stemberger 94f.
155   Text: A. von Gall, Der hebräische Pentateuch der Samaritaner (1918) 1966, 157ff; vgl. zuletzt A. Tal, The Samaritan Pentateuch edited according to MS 6 (C) of the Shekem Synagogue
(Text and Studies in the Hebrew Language and Related Subjects 8)
The Chaim Rosenberg School for Jewish Studies, Tel Aviv 1994.
156   Übers. und Hinweise auf die Textentlehnungen nach J. Zangenberg, SAMAREIA. Antike Quellen zur Geschichte und Kultur
der Samaritaner in deutscher Übersetzung (TANZ 15) 1990, 183f.

Ex 13,11a
Jahwe wird dich in das Land der Kanaaniter bringen,
Dtn 11,29a
in das du jetzt einmarschierst, um es in Besitz zu nehmen.
Dtn 27,2b–3a
Du sollst große Steine aufrichten, sie mit Kalk bestreichen (3) und
den ganzen Text dieser Weisung darauf schreiben.
Dtn 27,4–7
(4) Wenn ihr über den Jordan zieht, sollt ihr diese Steine, die zu
errichten ich euch heute befehle, auf dem Berg Garizim[157] aufrichten. Mit Kalk sollst du sie bestreichen. (5) Dort sollst du JHWH,
deinem Gott, einen Altar bauen, einen Altar aus Steinen. Du darfst
nicht mit Eisenwerkzeug daran arbeiten. (6) Aus unbehauenen
Steinen sollst du den Altar JHWHs, deines Gottes, bauen, und auf
ihm sollst du Brandopfertiere für JHWH, deinen Gott, verbrennen.
(7) Dort sollst du Heilsopfertiere schlachten und verzehren und vor
JHWH, deinem Gott, feiern
[redaktionelle Einfügung]
auf dem Berg
Dtn 11,30
jenseits des Jordan, hinter der Straße im Westen, im Gebiet der
Kanaaniter, die in der Araba wohnen, gegenüber Gilgal bei der
Orakel-Eiche gegenüber Sichem. (Übers. J. Zangenberg)

Die beiden Textrezensionen des Dekalogs sind einander
angeglichen[158]. Eine sichere Datierung des Zusatzes gelingt bisher nicht. Er muss spätestens um 200 n.Chr. vorhanden gewesen sein, da er bereits in der Hexapla des
Origenes überliefert wird[159]. Die Vermutungen eines
historischen Haftpunktes für die Dekalogerweiterung
konzentrieren sich auf die Verwüstungen des Garizim
durch Johannes Hyrkan 129/128 v.Chr.[160] (Jos Ant XIII

---

157  An der Ursprungsstelle lesen die Samaritaner ebenfalls „Garizim" und bewahren wohl damit den ursprünglichen Text, während
die masoretische Überlieferung aus polemischen Gründen hier
„Ebal", den Berg des Fluches (vgl. Dtn 11,29) korrigierend einge-
setzt hat; vgl. F. Dexinger, Das Garizimgebot im Dekalog der Samaritaner, in: G. Braulik (Hg.), Studien zum Pentateuch. FS W.
Kornfeld (1977) 111–133, 127; J. Zangenberg 184.
158  K. Berger 271; J. Zangenberg 184.
159  J. Zangenberg 184; vgl. auch F. Dexinger, Garizimgebot 132.
160  J. Zangenberg ebd.; zuletzt mit Anlehnung an F. Dexinger,
Garizimgebot 132, M. Böhm, Die Samaritaner in neutestamentli-
cher Zeit: Mitteilungen und Beiträge 15/16 Forschungsstelle Ju-

256), „die das Verhältnis zwischen beiden Gruppen radikal verschlechterten"[161]. Freilich räumt F. DEXINGER zuletzt ein höheres Alter als möglich ein:

„An sich könnte die Interpolation auch bereits früher erfolgt sein, um gleichsam einen konzentrierten 'Schriftbeweis' für die Legitimität des Garizimkultes zu haben. In proto-samaritanischen Gruppen mag – etwa im Gottesdienst – eine Textzusammenstellung in Gebrauch gewesen sein, die unsere Interpolation enthielt und auch in den biblischen Text selbst übernommen wurde"[162].

Wichtig für das Verständnis der Dekalogerweiterung bleibt zu beachten, dass die Samaritaner keinen neuen Dekalogtext geschaffen, sondern diesen aus kanonischen Toratexten aufgefüllt und damit allein schon der Bedeutung des Dekalogs Ausdruck verliehen haben. Diese zeigt sich dann vor allem in der Anweisung zu einer öffentlichen Aufstellung von Dekalogtafeln im Bereich des Heiligtums an, die im Frühjudentum analogielos bleibt. Die Gebotszählung wird sich bei den Samaritanern trotz der Erweiterung an die Zehn-Zahl gehalten haben. Dazu gibt es in der Forschung verschiedene Erklärungen. E. TOV[163] und J. ZANGENBERG[164] halten dafür, dass die Samaritaner den Prolog (das erste Gebot nach der rabbinischen Rezeption) als Einleitung zum Dekalog angesehen haben. Sie rechnen aber auch mit der Möglichkeit, für die sich zuletzt[165] M. BÖHM[166] entscheidet, dass das neunte und zehnte Gebot zu einem einzigen zusammengefasst wor-

---

dentum. Theol. Fak. Leipzig (1999) 22–50, 37. Beide halten jedoch auch einen Streit zwischen Diasporajuden und Diasporasamaritanern in Alexandria um die exklusive Legitimität des jeweiligen Heiligtums zwischen 180–145 v.Chr., von dem Josephus Ant XIII 74–79, berichtet, als Anknüpfungspunkt für möglich.
161  M. Böhm 37.
162  F. Dexinger, Der Ursprung der Samaritaner im Spiegel der frühen Quellen (1991), in: F. Dexinger / R. Pummer (Hg.), Die Samaritaner (WdF 604) 1992, 67–140, 136f.
163  E. Tov, Der Text der Hebräischen Bibel (1992) dt. 1997, 77 Anm. 66.
164  J. Zangenberg 184.
165  Vgl. schon J. Bowman, Samaritan Documents (1977) 11f.
166  M. Böhm 36 Anm. 55.

den sind, da sie im Samaritanischen Pentateuch synde-
tisch (ולא) und nicht wie im masoretischen Dekalog
asyndetisch (לא לא) als zwei Gebote aneinandergereiht
sind. In jedem Fall wird durch diese Dekalogerweiterung
das Garizimgebot der Tora Dtn 27,4–7 als zehntes Gebot
und damit die Kultstiftung für den Garizim als unmittelbare Gottesoffenbarung auf dem Sinai bekenntnismäßig
festgeschrieben. Solche direkt von Gott gebotene deutliche Abkehr vom Zion[167] ist in keiner anderen palästinischen Texttradition bekannt. Hier „suchte eine religiöse
Gruppe einen zentralen Artikel ihres Credos mit Offenba-
rungsautorität zu versehen"[168]. Der Ort dieser Ergänzung
gibt zu erkennen, dass die Samaritaner den Dekalog als
eine besondere Urkunde und Fundament ihres Glaubens
gewertet haben.

3.2 Die Fortschreibung des samaritanischen Exodus-De-
    kalogs

Über die eigentliche Ergänzung hinaus hat der Dekalog
der Samaritaner Ex 20 weitere Fortschreibungen erfahren,
die ebenfalls seine Wertung erkennen lassen. Nach der
Mitteilung Ex 20,18.19a über die Reaktion des Volkes
auf die Dekalogoffenbarung finden sich in der Textüberlieferung Fortschreibungen: (Ex 20,19a MT) Dtn 5,24–
27; (Ex 20,19b.20f MT) Dtn 5,28.29; 18,18–22; 5,30f (Ex
20,22ff MT)[169]. Da der Zusatz Dtn 18,18–22 im fortgeschriebenen samaritanischen Dekalog zwischen Dtn 5,28f
und Dtn 5,30f hineingebaut erscheint, dürfte er redakti-
onsgeschichtlich eine Fortschreibung in der Fortschrei-

---

167  Vgl. auch die Änderung der futurischen Wendung über das
„Heiligtum, das Gott Israel offenbaren wird" (Dtn 12,5.11.21 u.ö.)
durch Setzung in das Präteritum, worauf F. Dexinger, Ursprung
136f, und J. Zangenberg 185 hinweisen. Bevor überhaupt jemand
an die Tempelgründung in Jerusalem denken konnte, hatte sich
Gott nach samaritanischem Glauben schon für den Garizim entschieden.
168  F. Dexinger, Garizimgebot 133; Ursprung 137.
169  Dazu s. H.G. Kippenberg, Garizim und Synagoge (RVV 30)
1971, 310–313; F. Dexinger, Der „Prophet wie Mose" in Qumran
und bei den Samaritanern, in: Mélanges bibliques et orientaux en
l'honneur de Mathias Delcor (AOAT 215) 1985, 97–111, 103f.

bung, eine sekundäre Ergänzung sein[170]. So bleibt unter den hinzugefügten Texten Dtn 18,18–22 besonders gewichtig. Es ist einerseits ein Text, der nicht nur bei den Samaritanern eschatologisch auf die Erscheinung eines Propheten wie Mose gedeutet wurde, aber in der samaritanischen Eschatologie zumindest später die zentrale Rolle schlechthin spielt[171]. Zum anderen könnte durch seine Einfügung in die samaritanische Dekalogfortschreibung die kanonische Nicht-Akzeptierbarkeit der sog. Schriftpropheten für die Gemeinde auf dem Garizim zum Ausdruck gebracht sein: ihnen fehlt die Mosaität. Ein kanonisch geltender Prophet müsste in der Gewichtigkeit ein Prophet wie Mose sein, und die Qualität seiner Worte müsste sich an der des Torapropheten Mose messen lassen können[172]. „Die Samaritaner haben demnach in den Dekaloggeboten ein höchst wichtiges Kompendium des Gesetzes gesehen"[173]. Man hat wohl den Dekalog als Summe samaritanischen Glaubens gewertet und deshalb als fortschreibungsbedürftig erkannt. Im samaritanischen Exodusdekalog liegt somit „ein alter Katechismus"[174] oder „ein ethisches und systematisches Kompendium samaritanischer Lehre"[175] vor[176].

---

170  So mit Recht H.G. Kippenberg 312; F. Dexinger, Prophet 104.

171  Zur Gestalt des Propheten wie Mose als eines eschatologischen Offenbarers bei den Samaritanern vgl. z.B. H.G. Kippenberg 276ff.306ff; F. Dexinger, Prophet 97–111; ders. Der Taheb, Ein „messianischer" Heilsbringer der Samaritaner, 1986.

172  Vgl. H.G. Kippenberg 312; R. Pummer, Einführung in den Stand der Samaritanerforschung, in: F. Dexinger / R. Pummer (Hg.), Die Samaritaner (WdF 604) 1992, 1–66, 16; M. Böhm 38. Kritisch dagegen F. Dexinger, Prophet 110.

173  K. Berger 271.

174  H.G. Kippenberg 312.

175  K. Berger 272.

176  Solche Wertung unterstreicht eine spätere samaritanische Stimme zum Dekalog: nach dem Memar Marqah (J. MacDonald, Memar Marqa, 2Bde [BZAW 84] 1963) gehören die Sätze des Dekalogs „zu den zehn besten Dingen" (II 73), sind sie „Segnungen des Himmels" (II 203) und „Autograph Gottes"( II 220, ähnlich 225f); dazu s. K. Berger 272.

4. Zur Rezeption vorsamaritanischer Dekalogfortschreibungen in Qumrantexten

Zuletzt hat M. Böhm[177] in Rückgriff auf die Arbeiten F.
Dexingers[178] auf Parallelen zur samaritanischen Dekalogfortschreibung in Qumrantexten hingewiesen, die Indiz dafür sind, „daß solche aus anderen Stellen des Pentateuchs abgeschriebene Erweiterungen im 2./1. Jh.
v.Chr. nicht nur von den Samaritanern vorgenommen
wurden"[179]. Genannt werden dazu herkömmlich die
Texte 4Q paleo Ex m (4Q22); 4Q 158 fr. 6. 7–8 und 4Q
Test 175, 1–8 mit Zusätzen im Anschluss an Ex 20,17–
22, die „z.T. mit den Dekalogexpansionen im SP parallel
laufen"[180].
Der Text *4Q Test 175,1–8*[181] gehört zu einer nicht-
samaritanischen Sammlung eschatologisch gedeuteter
Schriftworte aus der Zeit Ende 2. Jh. v.Chr[182]. In Bruch-
stücken erhalten zitiert und paraphrasiert er Dtn 5,28f und
18,18f mit einer rekonstruierbaren Einleitung, die dem
Text Ex 20,21b im samaritanischen Pentateuch ohne Anhalt am MT, wiederholt ebenfalls ohne Anhalt am MT im
samaritanischen Text Ex 20,22, entspricht:

„Und es sprach ... (sc. JHWH) zu Mose folgendermaßen".

Diese Übereinstimmung in der Einführung der Zitaten-
kombination kann zufällig sein, mag aber auch auf einem
Traditionszusammenhang beruhen, wie F. Dexinger[183]
angesichts der gleichen Textnachträge zum samaritanischen Pentateuch betont. Ob 4Q Test 175,1–8 in diesem
Fall direkt auf einen fortgeschriebenen Pentateuchtext

---

177   M. Böhm 37f.
178   Vgl. F. Dexinger, Garizimgebot 127–130; Prophet 102–109.
179   M. Böhm 37.
180   M. Böhm 38.
181   Text J.M. Allegro, DJD V 57–60; F. García Martínez / E.J.C.
Tigchelaar, The Dead Sea Scrolls. Study Edition, Bd.1 (1997) 354–
357; Übers.: J. Maier, Die Qumran-Essener: Der Text vom Toten
Meer. Bd. II: Die Texte der Höhle 4 (UTB 1863) 1995, 107f.
182   F. Dexinger, Prophet 104; J. Maier 107.
183   F. Dexinger, Prophet 105f.

oder auf eine thematisch bestimmte Testimoniensammlung, die ihrerseits einen solchen Pentateuchtext aufgreift,
zurückgeht, ist nicht zu klären. Die auffallende Parallelität der Fortschreibung lässt in jedem Fall an eine gemeinsame Tradition[184] bzw. an einen vorsamaritanischen gemeinsamen Texttyp denken, in dem der Dekalog schon
fortgeschrieben war. Möglicherweise ging es nicht erst in
der Testimoniensammlung, sondern in diesem Text bereits bei der Kombination von Ex 20 mit Dtn 5,28f und
18,18f um die Amtsfunktion des Tora-Propheten wie
Mose[185].

In den gleichen Traditionszusammenhang gehört wohl
der Text *4Q 158 fr 6*[186]. Nach der allgemein üblichen Rekonstruktion des nur in wenigen Worten erhaltenen Anfangs Z. 1 und 2[187] muss hier auf Ex 20,19-22 (rekon-
struiert) ähnlich dem Samaritanischen Pentateuch mit re-
daktioneller Überleitung („die Stimme meiner Rede" Z.
6) der Textblock Dtn 5,28b.29 und 18,18.22 gefolgt sein.
F. DEXINGER[188] rechnet in Anlehnung an J. STRUG-
NELL[189] sogar damit, dass in Z. 1, von der nur noch ein
אתה („du") existiert, wie in der samaritanischen Dekalogfortschreibung auf Ex 20,19a der Text Dtn 5,27, der ebenfalls ein אתה enthält, gefolgt sein könnte. Das Fragment
stellt in jedem Fall keinen spezifisch samaritanischen
Text dar[190]. Es begründet wiederum angebunden an Ex
20 die einzigartige prophetische Tora-Autorität des Propheten wie Mose[191]. Die Übereinstimmung mit der samaritanischen Dekalogfortschreibung lässt hier ebenfalls mit
einer vorsamaritanischen, gemeinsamen Überlieferung
rechnen[192].

---

184  So J. Maier 107.
185  Vgl. J. Maier 107.
186  Text: J.M. Allegro, DJD V 3 ; Übers.: J. Maier 60.
187  J.M. Allegro, DJD V 3; J. Maier 60: F. Garcia Martínez /
E.J.C. Tigchelaar 305.
188  F. Dexinger, Prophet 108.
189  RdQ 7 (1969–1971) 171.
190  Zu der Auseinandersetzung um diese Frage vgl. F. Dexinger,
Prophet 108.
191  J. Maier 60 Anm. 3.
192  F. Dexinger, Prophet 107.

War die Dekaloganbindung in den beiden zuvor behandelten Texten nur hypothetisch zu erschließen, so ist sie in *4Q 158 fr 7–8*[193], einer von 4Q 158 fr 6 wohl zu unterscheidenden Handschrift[194], erkennbar vorgegeben. Diese Fragmente aus dem 1. Jh. v.Chr.[195] greifen bruchstückhaft die Texte Ex 20,12 ... Ex 20,16f + Dtn 5,30.31 + Ex 20,22–26 und Ex 21,1.3.4.6.8.10 auf:

1    deinen (Vater) und deine Mutter ... (Ex 20,12)
2    (gegen) deinen (Nächsten) als Falschzeuge. Du darfst nicht begehren die Frau (deines N)ächsten ... (Ex 20,16f)
3    Da sprach JHWH zu Mose: Geh, sage ihnen: Kehrt eu(ch um) (zu euren Zelten) ... (Dtn 5,30, z.T. 5,20f)
4    ... und die Gesetze, die du sie lehren sollst, damit sie sie ausführen im Lande, welches ... (Dtn 5,31)
5    Da kehrte das Volk um, ein jeder zu seinen Zelten, und Mose stellte sich hin vor (JHWH) ...
6    habt gesehen, dass ich vom Himmel mit euch gesprochen. Nicht dürft i(hr) anfertigen ... (Ex 20,22f)

Das zehnte Gebot wird hier übrigens wie in Dtn 5,20f mit der Vorordnung der Frau zitiert. Die Teilfolge Dtn 5,30f / Ex 20,22ff findet sich ebenso im samaritanischen Pentateuch. Im Unterschied zu diesem umfasst die Expansion hier jedoch nur Dtn 5,30f; für die Möglichkeit, dass auch Dtn 18,18–22 gefolgt sein könnte, findet sich selbst bei der Annahme einer Textverkürzung kein Freiraum auf dem Fragment[196]. Das Fehlen dieses traditionellen Textes der samaritanischen Dekalogfortschreibung lässt damit rechnen, dass sich hier eine sehr alte, vorsamaritanische Tradition spiegelt.

In der fragmentarischen Exodusrolle *4Q22 palaeo Exodus m* (Ex 6,25 – 37,16), aus der Zeit von ca. 100–25 v.Chr. in althebräischer Schrift geschrieben, hat *Kol XXI* wohl den Text Ex 20,18–19a wiedergegeben[197]. Nach den

---

193    Text: J.M. Allegro, DJD V 3f; F. García Martínez / E.J.C. Tigchelaar 306f; Übers.: J. Maier 61.
194    F. Dexinger, Prophet 107.
195    F. Dexinger ebd.
196    Vgl. dazu die Überlegungen F. Dexingers, Prophet 106f.
197    Text und Kommentar zuletzt P.W. Skehan / E. Ulrich / J.E. Sanderson, DJD IX 53ff (hier 101).

Vorabeiten P.W. SKEHANs[198] und seiner Textausgabe in DJD IX enthielt möglicherweise die Kolumne wie die samaritanische Dekalogfortschreibung auch die Textexpansion Dtn 5,24[199]. Der Text würde so in unsere Untersuchungsreihe gehören. Die hypothetische Textmenge bleibt jedoch so dürftig, dass m.E. keine besonderen Schlüsse in Blick auf Dekalogfortschreibung gezogen werden können.

Die in Qumran überlieferten Fragmente von Dekalogfortschreibungen enthalten keine spezifischen Merkmale der Bewegung; sie dürften einen vorsamaritanischen Typ von Dekalogexpansion spiegeln, der auch bei den Samaritanern rezipiert wurde. Eine Näherbestimmung der religiösen Gruppierung, die hinter diesen Dekalogfortschreibungen stehen könnte, lässt sich kaum treffen. Auch für sie wird wie für die samaritanische Gemeinde der Dekalog einen zusammenfassenden Grundtext der Tora und eine Art Glaubensbekenntnis auf der Basis der Tora verkörpern. Die angeführten Texte aus der Höhle 4 von Qumran zeigen zumindest, dass Dekalogfortschreibungen als Zeichen besonderer Hochschätzung der Zehn Gebote innerhalb des nachexilischen Judentums nicht nur in der Gemeinde auf dem Garizim üblich waren.

5.  Die Verbindung von Dekalog und Sch[e]ma Jisrael als katechismusartige Hervorhebungen der wesentlichen Elemente des frühjüdischen Glaubens.

5.1  Der Papyrus Nash

Der Papyrus Nash[200] aus dem ägyptischen Judentum wahrscheinlich des 2. oder 1. vorchristlichen Jahrhunderts[201] bringt den hebräischen Dekalog auf der Grundlage von Ex 20,2–17, wie die Ausführung des Sabbatgebots verrät, mit fünf kleinen Einschlägen aus Dtn 5. Mit

---

198  Dazu vgl. die Auflistung in DJD IX 53.
199  Vgl. P.W. Skehan, Exodus in the Samaritan Recension from Qumran: JBL 74 (1955) 182–187, 187; zuletzt DJD IX 101; vgl. auch F. Dexinger, Prophet 108 Anm. 52.
200  Text z.B. bei E. Würthwein; Der Text des Alten Testaments, [5]1988, 146f.
201  Dazu vgl. G. Stemberger 97; E. Tov 99.

ihm wird das Sch^ema Jisrael aus Dtn 6,4 verbunden durch
eine Überleitung, die sich nicht in der masoretischen
Überlieferung, wohl aber in der Septuaginta von Dtn 6
unmittelbar vor V 4 findet:

„Und dieses sind die Gebote und Gesetze, die Mose den Kindern
Israel befahl in der Wüste, als sie aus dem Land Ägypten herauszo-
gen".

In der Abfolge der Gebote zeigt der hebräische Papyrus
die Septuaginta-Ordnung von Dtn 5: „ehebrechen – töten
– stehlen". So bietet er einen „unierten Text"[202]. Wo ist
sein Sitz im Leben zu suchen? F. HORST[203] setzt litur-
gisch-katechetische Gründe für diesen „Unionskatechis-
mus" voraus. Nach K. BERGER[204], der auf R.H.
CHARLES[205] zurückgreift, diente diese Zusammenstellung
von Dekalog und Sch^ema möglicherweise „ursprünglich
eine(r) katechismusartige(n) Hervorhebung der wesentlichen Elemente des jüdischen Glaubens". Der Papyrus
selbst verrät diese Funktion durch die Einschaltung des in
der Septuaginta erhaltenen Verbindungssatzes Dtn 6,4.
Danach steht der Dekalog hier repräsentativ für die ganze
Mosetora vom Sinai. Gelegentlich hat man nun den Text
als Inhalt von Tefillin gedeutet, wogegen freilich die zu
große Faltung des Blattes sprechen würde, die nicht in die
zeitüblichen Kapseln passt, wie sie z.B. in Qumran gefunden wurden[206]. G. STEMBERGER greift die Vermutung
J.T. MILIKs [207] auf, dass der Papyrus für eine Mezuza,
deren Blätter eine größere Faltung aufweisen, bestimmt
gewesen sein könnte[208].

---

202   F. Horst, RGG³ II, 70.
203   Ebd.
204   K. Berger 266f.
205   R.H. Charles, The Decalogue (1923) 15: „Nash was possibly
a Service Book or a Catechisme".
206   So der Hinweis G. Stembergers 98 Anm. 25 auf DJD VI 35.
207   DJD VI 39.
208   Hinweis G. Stembergers 98 auf 4 Q 149 (DJD IV 80f) aus
dem 2. oder 1. Jh. v.Chr., freilich nur mit dem Dekalog in einer
Mischung aus Dtn 5,11–16 / Ex 20,7–12 und auf 4Q 151 (DJD VI
82f) mit Dtn 5,1 – 6,9 und 10,12 – 11,12. Aus Qumran sind auch
Mezuzot mit anderen Texten (Dtn 6; 11; Ex 13) bekannt; vgl. G.

## 5.2 Der Dekalog in den Qumran-Phylakterien

Die Verbindung von Dekalog und Sch<sup>e</sup>ma wie auch der Dekalogtext allein findet sich ebenfalls in den bisher veröffentlichten Tefillin und Mezuzot von Qumran[209]:

a) Tefillin

| 1Q 13 | DJD I 72–76 | Dtn 5,1 – 6,4f; Texte aus Dtn 11 und Ex 13 |
|---|---|---|
| 4Q 128 | DJD VI 48–51 | Dtn 5,1 – 6,3; 10,12 – 11,17; Rücks. Dtn 11,18–21; Ex 12,43 – 13,7 ohne Sch<sup>e</sup>ma |
| 4Q 129 | DJD VI 51–53 | Dtn 5,1 – 6,5; Rücks. 13,9–16 |
| 4Q 134–136 | DJD VI 85–63 | Dtn 5,1 – 6,7; 10,12 –11,21; Ex 12,43 – 13,14 |
| 4Q 137–138 | DJD VI 64–69 | Dtn 5,1 – 6,3; 10,12 – 11,12 ohne Sch<sup>e</sup>ma |
| 4Q 139–141 | DJD VI 70–74 | Dtn 5,7 – 6,5; 10,12 – 11,21; Ex 12,44 – 13,10; Dtn 32 |
| 4Q 142 | DJD VI 74–75 | Dtn 5,1–16(.21); Rücks. 6,(4.)7–9 |
| 8Q 3 | DJD III 149–157 | Dtn 5,1–14 (+ Ex 20,11) ; 6,1–5 und zahlreiche weitere Fragmente aus Ex 12;13; Dtn 10;11 |
| XQ phyl 1–4 | (Yadin) | Dtn 5,1 – 6,9 ; 10,12–19 ; Ex 12,43 – 13,16 |

b) Mezuzot mit Dekalogtext

| 4Q 149 | DJD VI 80f | Dtn 5,11–16; Ex 20,7–12 |
|---|---|---|
| 4Q 151 | DJD VI 82f | Dtn 5,1 – 6,9; 10,12 – 11,12 |

Die Texte sind paläographisch zwischen dem 2. Jh. v. und dem 1. Jh. n.Chr. einzuordnen. Sie stimmen in der Regel

---

Stemberger ebd. mit Verweis auf DJD III 158–161.
209 Textzusammenstellung nach G. Stemberger 95f.98. Zu den Texten vgl. M. Baillet, Nouveaux Phylactères de Qumran (XQ Phyl 1–4): RdQ 7 (1969–71) 403–415; K.G. Kuhn, Phylakterien aus Höhle 4 von Qumran (1957) 5–31; H. Schneider, Der Dekalog in der Phylakterien von Qumran: BZ NF 3 (1959) 18–31; G. Stemberger 95–97; E. Tov 99; Y. Yadin, Tefillin from Qumran (X Q Phyl 1–4), 1969; G. Vermes, Pre-Mishnaic Jewish Worship and the Phylacteries from the Dead Sea: VT 9 (1959) 65–72.

(noch) nicht überein mit der späteren rabbinischen Norm für Gebetsriemen und Türkapseln[210]. Die in den Tefillin und Mezuzot enthaltenen Texte weichen oft vom masoretischen Wortlaut ab und sind deshalb wahrscheinlich aus dem Gedächtnis niedergeschrieben[211]. Auch wenn einige Tefillin aus Qumran den Dekalog nicht enthalten, ist mit der Fülle der Textfunde die Wichtigkeit des Dekalogs im Zusammenhang mit dem Sch°ma als grundlegende Zusammenfassung des Glaubens belegt.

## 5.3  Zu den samaritanischen Dekaloginschriften

In diesen Zusammenhang gehören letztlich auch die samaritanischen Dekaloginschriften, auf die J.T. MILIK bereits bei der Herausgabe des Textes 4Q 149 hingewiesen hat[212]: Diese Mezuza belege einen Brauch, den man samaritanisch nennen könne. Die ältesten Dekaloginschriften stammen zwar erst aus dem 3. oder 4. Jh. n.Chr. und enthalten oft den Dekalog in verkürzter Form der ersten oder der zweiten Tafel, kennen aber auch seine Ergänzung durch das Garizimgebot[213].

G. STEMBERGER[214] weist besonders auf die freilich erst späte Inschrift von Kefar-Bilo[215] hin, die das Elterngebot auslässt, aber an den Anfang der Gebote das ברשית ברא aus Gen 1,1 stellt. Dieses erinnere an die samaritanische Tradition, auch die „zehn Schöpfungsworte" in Inschriften wiederzugeben. In Kefar-Bilo läge nun eine Kombination beider Traditionen vor, ähnlich wie die Inschrift von Nablus Gen 1,1 mit Ex 3,6 verbindet[216]. Schöpfungsworte und das Geschehen der Dekaloggabe am Sinai

---

210  Gebetsriemen: Ex 13,1–10.11–16; Dtn 6,4–9; 11,13–21; Türkapseln: Dtn 6,4–9; 11,13–21. Im Orient sind später gelegentlich auch der Dekalog und andere Texte zugelassen; s. G. Stemberger 95.

211  E. Tov 99 mit Hinweis auf Meg 18b „Tefillin und Mezuzot dürfen ohne Vorlage geschrieben werden".

212  J.T. Milik, DJD VI 39.

213  F. Dexinger, Garizimgebot 112ff mit 11 solcher Inschriften; vgl. auch H.G. Kippenberg 153f.

214  G. Stemberger 98.

215  Dazu s. J. Bowman 14f.

216  Dazu s. J. Bowman 1–3.

werden hier miteinander verbunden. Damit könnte der Dekalog hier wie bei Philo als Schöpfungsordnung qualifiziert sein[217].

Man darf davon ausgehen, dass die samaritanischen Dekaloginschriften eine der jüdischen Mezuza analoge Erscheinung[218] und somit keine Besonderheit samaritanischer Frömmigkeit darstellen, sondern wie 4Q 149 und der Papyrus Nash zeigen, eine alte gemeinjüdische Tradition repräsentieren, den Dekalog als Mezuza-Text zu verwenden. Wenn jüdische und samaritanische Traditionen zu Dtn 6,9 („Du sollst sie auf die Türpfosten deines Hauses und deiner Stadttore schreiben") hier übereinstimmen, müsste der Brauch noch bis in die Zeit vor der endgültigen Spaltung zwischen Juden und Samaritanern zurückgehen[219], und greift dieser wohl auf eine ebenso alte Deutung von Dtn 6,6–9 zurück:

(V 6) Diese Worte, auf die ich dich heute verpflichte, sollen auf deinem Herzen geschrieben stehen. (V 7) Du sollst sie deinen Söhnen wiederholen. Du sollst von ihnen reden, wenn du zu Hause sitzst und wenn du auf der Straße gehst und wenn du dich schlafen legst und wenn du aufstehst.

Man hat offensichtlich die Wendung „diese Worte" wie in Papyrus Nash und Septuaginta Dtn 6,4 auf den Dekalog bezogen[220], der als einzige Gesetzessammlung in Dtn 5 dem Sch<sup>e</sup>ma vorausgeht[221]. So sah man die Forderung von Dtn 6,6 erfüllt durch Auswendiglernen des Dekalogs und seine Rezitation morgens, mittags und abends. H. SCHNEIDER[222] datiert dieses Verständnis von Dtn 6,6–9 und den Ursprung des daraus abgeleiteten Brauchs noch in die Exilszeit, wofür es freilich keine sicheren Anhalts-

---

217  So J. Bowman 15.
218  F. Dexinger, Garizimgebot 122f; G. Stemberger 98.
219  G. Stemberger 99; vgl. F. Dexinger, Garizimgebot 123.
220  K.G. Kuhn 28; H. Schneider 23; G. Vermes, The Decalogue and the Minim, in: M. Black / G. Fohrer (Hg.), In Memoriam Paul Kahle (BZAW 103) 1968, 232–240, 232.
221  So schon notiert in Sifre Dtn § 34 u. 35.
222  H. Schneider 22.

punkte gibt[223].

### 5.4 Der Dekalog im frühjüdischen Morgengebet und im Gottesdienst der Synagoge

Die Verbindung von Dekalog und Sch$^e$ma in den Tefillin und Mezuzot bleibt nicht denkbar ohne entsprechende Gebets- und Rezitationspraxis. Dafür gibt es Hinweise in rabbinischen Texten. So wissen die Mischna Tamid IV 3 (Ende) V 1, die Parallele im Jerusalemer Talmud jBer I 5 (3c) und der babylonische Talmudtraktat Ber 11b vom Morgengebet der diensthabenden Priester im Tempel zu berichten: „Sie lasen die Zehn Gebote / Sch$^e$ma...". Nach Ber 12a war diese Rezitation von Dekalog und Sch$^e$ma am Morgen auch außerhalb des Tempels in den Synagogen üblich: „Auch in der Provinz wollte man es lesen". Hier ist vor allem an den Sabbatgottesdienst zu denken. In den Synagogen der Samaritaner rezitierte man den Dekalog im Morgengottesdienst am zweiten und letzten Sabbat des Monats, wobei die Exodusfassung am zweiten und die Deuteronomiumfassung am letzten üblich wurde. An den anderen Sabbaten las man einen Kataf, d.i. ein Digest, des Dekalogs[224]. K. BERGER [225]und G. STEM-BERGER[226] machen auf ein hellenistisch-jüdisches Gebet für den Sabbatgottesdienst der Synagoge in den Apostolischen Konstitutionen 7,36 aufmerksam, das einen Rückschluss ebenfalls auf diesen Brauch zulässt:

„Herr, Allmächtiger, du hast den Kosmos geschaffen und den Sabbattag zum Gedenken daran hervorgehoben ... Du hast ihnen ein Gesetz gegeben, zehn Worte geäußert von deiner Stimme und eingraviert von deiner Hand. Du hast ihnen geboten, den Sabbat zu halten...".

So darf man damit rechnen, dass vor der Zerstörung des Tempels der Dekalog im täglichen Morgengebet des Pa-

---

223   So auch G. Stemberger 99.
224   J. Bowman 13.25–27.
225   K. Berger 272.
226   G. Stemberger 100 in Anlehnung an die Rekonstruktion von D.A. Fiensy, Prayers Alleged to be Jewish. An Examination of the Constitutiones Apostolorum (1985) 201.

lästina-Judentums und, wie es der Papyrus Nash wahrscheinlich macht, der Diaspora Ägyptens, sowie in den Gottesdiensten der Synagoge vor allem am Sabbatmorgen seinen festen Platz[227] in Verbindung mit dem Sch^ema hatte, was wiederum seine besondere Bedeutung unter den Texten der Tora erhellt. Vor allem aber ist diese Frömmigkeitspraxis belegt aus ihrer Ablehnung durch die Rabbinen in Texten der amoräischen Zeit. So verrät Sifre Dtn § 35 Polemik gegen den Dekalog in den Tefillin, die G. STEMBERGER[228] bündig zusammenfasst:

„aus der Tatsache, daß dem Dekalog keine anderen Gebote vorangehen, ist nicht abzuleiten, daß er in die Tefillin aufzunehmen ist; ebensowenig wird das Argument akzeptiert, daß das Fehlen des Dekalogs im täglichen Gebet noch nicht einschließt, daß er auch nicht in die Tefillin gehört".

Sifre Dtn § 34 argumentiert in gleicher Weise mit dem gewichtigen Ergebnis, dass der Dekalog nicht täglich rezitiert werden muss[229]. Den hier erkennbaren Streit um den Dekalog belegen rabbinische Stimmen auch direkt. In jBer I 5 (3c)[230] wird unter anderem vorgeführt, dass der Dekalog sinngemäß im Sch^ema enthalten sei. Solches führt dann R. Mathena und R. Sch^emuel ben Nachman zu der logischen Folgerung:

„Richtig wäre es, wenn man alltäglich (im Morgengebet) die zehn Gebote rezitieren würde. Warum werden sie dennoch nicht zitiert?".

Die Antwort lautet:

„Wegen der eventuellen Behauptung der Minim, damit diese nicht sagen: Nur die zehn Gebote allein wurden Moses am Sinai gegeben",

---

227 So auch G. Vermes, Worship 68f.
228 G. Stemberger ebd.
229 Vgl. die Übers. von H. Bietenhard, Sifre Deuteronomium (Judaica et Christiana 8) 1984, 90ff.
230 Übers.: C. Horowitz, Der Jerusalemer Talmud in deutscher Übersetzung. Bd.1 (1975) 29f.

d.h. eben nicht die ganze Tora. Solche Polemik gegen die Minim findet sich auch am Ende von Sifre Deuteronomium § 2 in der Handschrift Vatikan 32 zum Text Dtn 1,1 („Es verkündigte Mose an ganz Israel"):

„Hat denn Mose nur Zehn Worte prophezeit?"[231]

Vor allem weist Ber 12a auf diese Auseinandersetzung hin im Zusammenhang mit dem Versuch babylonischer Rabbinen berühmter Diasporahochschulen im 3./4. Jh. n.Chr., den Dekalog im Morgengebet vor dem Sch$^e$ma wiedereinzuführen. In diesem Talmudtraktat ist zunächst im Rückblick vom Morgengebet der Priester im Tempel die Rede: Sie

lasen das Zehngebot, das ‚Sch$^e$ma - w$^e$haja-wajjomer', ‚Wahr und feststehend', den Tempeldienstsegen und den Priestersegen. R. J$^e$huda sagte im Namen Sch$^e$muels (gest. 254): Auch in der Provinz (d.h. außerhalb Jerusalems) wollte man es (sc. den Dekalog bei dem Sch$^e$ma) lesen, wegen der Rederei der Minäer aber nahm man davon Abstand. Desgleichen wird gelehrt: R. Nathan sagte: In der Provinz wollte man es ebenfalls lesen, wegen der Rederei der Minäer aber nahm man davon Abstand. Rabba b.bar Chana (um 280) wollte es in Sura einführen, da sprach Rabbi Chisda (gest. um 309) zu ihm: Längst hat man wegen der Rederei der Minäer davon Abstand genommen. Amemar (um 400) wollte es in Nehardea einführen, da sprach R. Aschi (gest. 427) zu ihm: Längst hat man wegen der Rederei der Minäer davon Abstand genommen. (Übers. L. Goldschmidt[232])

In den geschichtlichen Zusammenhang der Abschaffung des Dekalogs beim Sch$^e$ma im Morgengebet, nach G. VERMES[233] am Ende des 1. Jh. n.Chr., gehört wohl auch der Tatbestand, dass die Tefillin-Texte nun von den rabbinischen Autoritäten genau festgelegt werden[234] und deshalb vielleicht auch schon die jüngsten Tefillin von

---

231   Vgl. H. Bietenhard 13.
232   Der Babylonische Talmud, Bd. 1, 49f.
233   G. Vermes, Worship 69; Decalogue 232.
234   Dazu s.o. Anm. 210; vgl. ferner die Reduktion der Gebetskapseln und entsprechend des Textes von fünf auf vier in den Tefillin nach Kel XVIII 8; Men III 7; Sanh XI 3, so G. Vermes, Decalogue 232 Anm.1; jedoch kritisch dazu G. Stemberger 99.

Qumran den Dekalog nicht (mehr) enthalten[235]. Aus dem
Streit der Rabbinen und den Versuchen der Wiederein-
führung der Dekalogrezitation in babylonischen Synagogen muss man schließen, dass die Zitation des Dekalogs
mit dem Sch[e]ma beim Morgengebet sich großer Popula-
rität erfreute. Leider gibt es keine Hinweise, die uns die
erwähnten Minim mit ihrer Behauptung oder eher Frömmigkeitspraxis der Torasuffienz des Dekalogs identifizie-
ren helfen. Der Ausdruck תרעומת in Ber 12a lässt nicht
genau erkennen, um was es sich handelt[236]. Er kann die
Bedeutungen „Gemurmel, Klage, Streit" haben[237]. Sind
die Abweichler von der pharisäisch-rabbinisch geprägten
Einheitslinie nach 70 n.Chr. die Judenchristen[238], die
dann nicht wie in der 12. Beraka des Achtzehngebets von
den Minim als Nozrim unterschieden wären[239]? Sind es
hellenistische Juden[240], wie sie uns in der alexandrinischen oder palästinisch-syrischen Dekalogrezeption begegnen? Sind es die Samaritaner[241] mit ihrer beispiellosen Hochschätzung und speziellen Erweiterung des Dekalogs? Diese hätten dann vielleicht „ihren Zusatz zum
Dekalog weitergemurmelt und auf diese Weise das Gebet
der anderen in Unordnung gebracht"[242]. Nur werden die
Samaritaner schon in der Mischna in der den Rabbinen
eigenen Sprachschöpfung ausschließlich als Kutim bezeichnet[243]. In jedem Fall scheinen die Rabbinen mit der

---

235 G. Stemberger 96 mit Hinweis auf 4Q 130–137, ferner Mur 4
(DJD II 80–85).
236 Vgl. F. Dexinger, Garizimgebot 123.
237 Vgl. M. Jastrow, A Dictionary of the Targumim, the Talmud
Babli and Yerushalmi, and the Midrashic Literature (1903) 1701.
238 So schon Raschi in seinem Kommentar zu Ber 12 nach dem
Hinweis bei F. Dexinger, Garizimgebot 123; vgl. ferner V. Goldschmidt, Der babylonische Talmud, Bd. 1, 49 Anm. 484; G. Vermes, Worship 69 Anm. 4.
239 Vgl. aber auch den Hinweis bei G. Vermes, Decalogue 237.
240 G. Vermes, Decalogue 239.
241 So N. Gaster, The Samaritans, Their History, Doctrines and
Literature (1925) 75.
242 So die Vermutung von F. Dexinger, Garizimgebot 123, zu
der der terminus תרעומת aus Ber 12a stimmig wäre.
243 Vgl. J. Jeremias, Jerusalem zur Zeit Jesu, [3]1969, 391 Anm.
25; ThWNT VII 89.

Entfernung des Dekalogs aus dem Morgengebet und mit
der Abwertung seiner Bedeutung auf die Gleichheit aller
Mizwot der Tora auf innerjüdische Entwicklungen und
Gebräuche zu reagieren[244]. Sie waren aber auch wohl innerhalb des Systems ihrer Offenbarungstheologie dazu
genötigt, wie G. STEMBERGER[245] andeutet. Bei einer
qualitativen Abstufung der göttlichen Offenbarung zwischen Dekalog, Tora, Propheten und Psalmen wäre auch
die innerrabbinische Berufung auf die mündliche Tora in
Abgrenzung von den Sadduzäern abgewertet worden.

## 6. Schlussfolgerungen

Der Überblick sollte belegen, dass im Frühjudentum
alexandrinischer Prägung wie des palästinisch-syrischen
Raums einschließlich der Samaritaner viele Gruppen und
Richtungen den Dekalog als Zusammenfassung der Tora
und Grundnorm jüdischen Glaubens und Handelns gewertet haben und man in sehr unterschiedlicher Weise bei
ihnen von Dekalogkatechese und auch von deren Nieder-
schlag in der Gebetspraxis sprechen kann:
Es ist mit Dekalogkatechese und -paränese im Rahmen
der Unterweisung durch die und in der Synagoge zur
Stärkung der jüdischen Identität in einer hellenistisch-
heidnischen Umwelt zu rechnen.
Es lässt sich die Verwendung des Dekalogs in der Information über toragemäßes Leben an die nichtjüdische
Umgebung als weiterer Sitz im Leben denken. Die Dekalogkatechese wird so sicherlich in der hellenistisch orientierten Judenschaft grundlegender Bestandteil des Proselytenunterrichts gewesen sein, wie besonders K.
BERGER[246] betont.
Man muss ferner davon ausgehen, dass der Dekalog bei
dieser Wertung als Tora in der Tora sehr früh auch zusammen mit anderen Weisungen und Reihen der Tora
neben ethischem Stoff hellenistischer Popularphilosophie

---

244 Zur Frage ihres Erfolgs vgl. z.B. die Ausführungen bei G.
Vermes, Worship 70f, und G. Stemberger 101ff.
245 G. Stemberger 101.
246 K. Berger z.B. 138.264f.270.

als Material in feste katechismusartige Weisungsreihen des Frühjudentums eingeflossen ist, wie es vor allem K.W. NIEBUHR herausgestellt hat.

In den Tefillin und Mezuzot der vorrabinischen Zeit hat der Dekalog wohl aufgrund seiner hervorragenden Bedeutung innerhalb der Tora im Verbund mit dem Sch<sup>e</sup>ma seinen festen Platz als Gebetstext gefunden. Und schließlich gehört die gleiche Textkombination zum Morgengebet in Tempel und Synagoge sowie in den Morgengottesdienst am Sabbat, bis dem durch das Einschreiten der Rabbinen um des Gewichts der ganzen Tora willen nach der Zerstörung Jerusalems und nach der Gründung der pharisäisch-rabbinisch geprägten Einheitssynagoge generell ein Ende gesetzt wurde.

Die Breite dieser Ausführungen darf jedoch nicht darüber hinwegtäuschen, dass gemessen an der bekannten Textfülle aus frühjüdischer Zeit solche Stimmen, die den Dekalog besonders hoch einschätzen, zahlenmäßig minimal bleiben. Außer bei Philo, Josephus und in Pseudo-Philos Liber Antiquitatum Biblicarum wird zudem der Dekalog eigentlich nie thematisch abgehandelt. Auf der anderen Seite weisen seine frühe Verwendung in den Tefillin und Mezuzot sowie seine Rezitationen im Gottesdienst sowohl im Tempel als auch in der Synagoge auf seine weite Hochschätzung und Verbreitung als eines besonderen Textes der Tora, der dem Sch<sup>e</sup>ma Jisrael äquivalent ist, in der Volksfrömmigkeit hin. Dass diese Wertung jedoch vom Mainstream des theologischen Denkens im Frühjudentum getragen worden sein könnte, bleibt angesichts des quantitativen Befundes zu bezweifeln. Man muss bei einem Gesamturteil ja auch alle die an gleichen ethischen Fragen orientierten Schriften und Texte im Blick haben, in denen keine ausdrückliche Rezeption des Dekalogs stattgefunden hat. Aus der Fülle des Textmaterials[247] seien zum Schluss exemplarisch einige Textbereiche genannt.

In dem griechisch fortgeschriebenen *Danielbuch* geht es

---

247 Es wurden zu dieser Frage alle bisher erschienenen Textbände von JSHRZ durchgesehen. Vgl auch den Hinweis bei K.W. Niebuhr 61 Anm. 217.

in vielen Kapiteln (Dan 3 – 6; 11,36–39; Bel et Draco
Dan 14 LXX) um die Frage der alleinigen Verehrung des
Gottes Israels als des wahren und einzigen Gottes, sowie
um Polemik gegen die Götzenbilder und den aufkom-
menden Herrscherkult. An keiner Stelle jedoch wird eine
ausdrückliche Bezugnahme auf die beiden ersten Gebote
des Dekalogs erkennbar, an denen dem hellenistisch geprägten Diasporajudentum nun doch sehr lag. Daniel und
Susanna Dan 14 LXX stellt die Verbrechen des Ehebruchs, des falschen Zeugnisses und des Begehrens er-
zählerisch dar, ohne die entsprechenden Dekaloggebote
zu zitieren oder erkennbar auf sie anzuspielen[248].
Bezugnahmen auf die zweite Tafel des Dekalogs könnte
man auch in dem Block weisheitlicher Lehren *Sirach 2 –
23*, die das Leben des Einzelnen, vor allem in Familie und
Ehe, betreffen[249], erwarten, zumal hier auch einige Kurzreihen mit dekalogentsprechenden Fällen vorkommen:
z.B. 5,14 – 6,3 „Lügen – Stehlen – Begehren"; 7,26–28
„Ehebruch – Elternehrung"; 9,1–9 und 23,16–28 „Ehebruch – Begehren der Frau des Nächsten"; 20,24–26
„Lügen – Stehlen". Keine der inhaltlich dekalognahen
Reihen ist an der Dekalogabfolge und am Wortlaut der
Zehn Gebote orientiert. Das gilt auch für die sonst noch
erwähnten Einzelfälle, die inhaltliche Entsprechungen
zum Dekalog haben: Elternehrung (3,1–16; 23,14); Tö-
tung (9,13); Begehren der fremden Frau (26,9; 41,20).
Die Kenntnis der Gebote (der Tora) dient der Erziehung
zum Leben (19,19), da diese Gebote und Gesetze des Lebens sind (17,11; 45,5). Doch die Begründung der Sittlichkeit bilden im Sirachbuch eher die weisheitliche Erkenntnis und Lebenserfahrung in der Welt als Schöpfung,
sowie die rationale Einsicht in den Nutzen ethischen
Handelns[250] als der Dekalog oder die Tora, wiewohl der
Siracide Weisheit und Sinai-Tora des Mose als Lehre des

---

248   Vgl. G. Mayer 291–293.
249   Vgl. G. Sauer, Jesus Sirach (Ben Sira) (JSHRZ III 1 )1981,
494.
250   Vgl. O. Kaiser, Die Begründung der Sittlichkeit im Buche
Jesus Sirach: ZThK 55 (1958) 51–63., = ders., Der Mensch unter
dem Schicksal (BZAW 161) 1985, 110–121.

Lebens in eins setzt[251].

Aus der Fülle der bisher veröffentlichten *Qumranschriften* repräsentieren die Phylakterien- und Mezuzotexte eher allgemeine jüdische Gebräuche zur Zeit des zweiten Tempels als besondere Eigenarten der Qumranbewegung[252]. Wenn der Text 4Q 22 palaeo Ex m Kol. 21 wirklich Dtn 5,24 hinter Ex 20,19a gelesen hat, belegt dieses eher eine Tendenz der Dekalogerweiterung in vorsamaritanischer Zeit, und gehört diese alte Exodusabschrift wohl doch in den Bibliotheksbestand von Qumran. Natürlich kann man schon aufgrund dessen mit Zustimmung in der Qumranbewegung zu solchen Dekalogverknüpfungen und –erweiterungen rechnen. Aber das würde nur die Anteilhabe von Qumran an den Grundstrukturen allgemeiner frühjüdischer Frömmigkeit anzeigen. Als direkte Dekaloganspielung ist mir nur in CD X 16 die wörtliche Übernahme aus Dtn 5,12 („Halte den Sabbattag, um ihn zu heiligen") im Rahmen der Sabbat-Halaka der Damaskusschrift (CD X 14–XI 17) bekannt. Angesichts der großen Zahl von ausdrücklichen Torabezügen der Halaka Qumrans verschwindet dieser kurze Dekalogsatz unter den sehr vielen Texten von Torarezeption. Auch die Textüberlieferung in Qumran zu Ex 20,1–17 oder Dtn 5,6–21 außerhalb der Phylakterien- und Mezuzotexte zeigt sich schmal und eher unauffällig[253].

Erwarten könnte man Dekalogbezüge auch in den jüdischen oder jüdisch überarbeiteten *Sibyllen*[254], wenn nach dem Aristeasbrief und der jüdisch-hellenistischen Tradition überhaupt der Dekalog die zu den Gojim hingekehrte Seite der ganzen Tora ist. So mahnt die jüdische Sibylle die Menschen der griechisch-römischen Zivilisation an vielen Stellen zur Abkehr von Verbrechen, die auch im Dekalog begegnen: 2,256–258 (Mord, Diebstahl, Betrug,

---

251  Z.B Sir 17,11ff; 24,23; 45,5, dazu vgl. O. Kaiser 56, auch 114.
252  So auch G. Vermes, Worship 71.
253  Vgl. 1Q 2 fr.4: Ex 20,5f; 4Q 11 fr.21: Ex 19,24 – 20,2; 4Q 22 fr.20: Ex 19,23 – 20,1; 4Q 37: Dtn 5,1–11 (Kol. 1) und Dtn 5,13–15 (Kol. 2); 4Q 41: Dtn 5,6–14 (Kol. 3); Dtn 5,14–21 (Kol.4); 4Q 42 fr.6.7: Dtn 5,8f; 4Q 158 fr.7.8: Ex 20,12–17.
254  Vgl. dazu auch G. Mayer 307f.

Gier nach der Habe anderer ... Ehebruch ... Götzenanbetung); 3,29–40 (Anbetung von Tieren und Götzenbilder,
Lüge, Ehebruch, Götzendienst, Betrug); 3,235–247 (Hab-
gier, ungerechte Maße, Diebstahl, Unterdrückung des
Armen); 3,379f (Mord, Streit, Diebstahl); 3,586–600
(Täuschung, Götzenbilderdienst, Nicht-Ehrung des einen,
wahren Gottes und der Eltern, Ehebruch, Homosexualität); 3,760–765 (keine Verehrung des einen, wahren
Gottes, Ehebruch, Homosexualiät, Vernachläsigung der
Kinder, Kindermord); 4,24–34 (keine Verehrung des einen, wahren Gottes, Mord, Verkauf gestohlenen Gutes,
Ehebruch bzw. Verlangen nach der fremden Frau; Homosexualität); 5,166f (Ehebruch und Homosexualiät); 5,430f
(Ehebruch, Homosexualität, Mord; Krieg). Angeprangert
wird immer wieder die Anbetung und Verehrung von Tieren (5,279. 354–360; fr 3,27–31), von Götzenbildern
(3,58f. 277–279.554; 4,5–9; 5,80–85), sowie der Götzendienst überhaupt (3,548–550), d.h. in jüdischer Sicht die
Sünde der Heiden schlechthin, von der sich abzukehren
die jüdische Sibylle die Völker ruft. Es ist keine Frage,
dass inhaltliche Parallelen zur hellenistisch-jüdischen
Dekalogrezeption in diesen Reihungen vorliegen wie die
starke Betonung der Inhalte des ersten und zweiten Gebots, die Ausweitung des Ehebruchs auf Homosexualität
und die betonte Zuordnung von Gottes- und Elternehrung
(3,593f). Sib 3,255–259 weiß, dass das Gesetz, von Gott
auf zwei Tafeln geschrieben, dem Mose direkt vom
Himmel her am Sinai gegeben wurde. Aber die beiden
Tafeln werden hier nicht traditionsgemäß mit dem Dekalog verbunden, und an keiner Stelle stimmt die Folge der
Laster und Tugenden genau mit der Reihenfolge der Dekalogsätze überein. Diese Reihungen sind wohl eher aus
allgemeinem an der Tora insgesamt orientierten paränetischen Überlieferungsgut geschöpft[255].
In der von J. BECKER rekonstruierten mutmaßlich jüdi-

---

255  So auch grundlegend K.W. Niebuhr 169–185. Vgl. dagegen
die Meinung bei M. Hengel / A. Schwemer, Paulus zwischen Damaskus und Antiochien (1998) 112, im Blick auf solche ethischen
Reihen, dass die Sibylle „dabei vor allem an den Dekalog denken"
mag.

schen Grundschrift der *Testamente der Zwölf Patriar-chen*[256] aus dem Bereich des hellenistischen Judentums Palästinas gibt es in den vielen paränetischen Reihen des Werkes, die „eine Tendenz zur umfassenden Darstellung eines guten bzw. bösen Lebenswandels" zeigen[257], weder ein direktes Zitat eines Dekalogsatzes noch eindeutige Anspielungen auf Dekalogformulierungen[258], obwohl die Sammlung die Treue zum „Gesetz Gottes" bzw. „des Herrn"[259] und zu seinen „Geboten"[260] anmahnt, TestAss 2,10 auch von den Tafeln der Gebote spricht und in der Gesamtschrift eine große Fülle von inhaltlichen Parallelen zu einzelnen Dekalogsätzen anliegt. In den katechismusartigen Reihungen, die paränetische Aktualisierung der Tora darstellen, finden sich inhaltliche Gleichheiten mit Dekalogbestimmungen, aber diese erscheinen zwischen anderen Lastern und Tugenden verstreut und nie in der Reihenfolge der Zehnworte[261]. Vor allem wäre hier auf die Unschuldsbeteuerung TestIss 7,2–6 mit Analogien zum siebten, zehnten, neunten, achten und ersten Gebot und TestAss 2,1–10 mit solchen zum achten, dritten und siebten Gebot hinzuweisen. Der Dekalog kann für solche toraorientierten Reihen kaum als besondere Norm neben den übrigen Torabestimmungen gedient haben[262]. Für den Verfasser der Patriarchentestamente scheinen die Dekalogbestimmungen innerhalb der Tora keinen herausra-

---

256 Zuletzt J. Becker, Die Testamente der zwölf Patriarchen (JSHRZ III 1) 1974.

257 K.W. Niebuhr 157.

258 Vgl. K.W. Niebuhr 61 Anm. 217.73–166 und den Überblick bei G. Mayer 304–307.

259 Vgl. TestRub 6,8; TestLev 13,2f; 14,6; TestJud 18,3; TestIss 5,1; TestSeb 10.2; TestDan 5,1; TestNapht 2,6; 3,2; 8,10; TestGad 3,1f; TestAss 2,6; 5,4; TestJos 5,5.

260 TestLev 14,7; TestJud 13,7; 14,6; 23,5; TestSeb 5,1; TestDan 5,1; TestNapht 8,7–10; TestAss 2,10; 6,1; TestJos 18,1; 19,11; TestBenj 10,4.

261 Vgl. TestRub 3,3–7: neuntes, achtes und zehntes Gebot; TestLev 14,5–8: siebtes Gebot; TestJud 21,6–9: achtes Gebot; TestNapht 3,1–5: zehntes, erstes und zweites Gebot; TestGad 3,1–3 und 5,1–8: neuntes Gebot; TestAss 4,3: siebtes Gebot; TJos 4,5f: siebtes Gebot; 5,1: siebtes und sechstes Gebot.

262 Vgl. K.W. Niebuhr 164.

genden besonderen Wert zu haben.

Das Dekalogschweigen in der Fülle der frühjüdischen
Literatur bleibt auffällig. Es gibt Anlass zu der Vermutung, dass der Protest der Rabbinen gegen den Dekalog in
Verbindung mit dem Sch<sup>e</sup>ma beim jüdischen Morgengebet nicht nur in der Überbewertung des Dekalogs als
Summe der Tora durch die Minim und in der Furcht der
Rabbinen vor einer Abwertung der mündlichen Tora bei
einer Aufwertung des Dekalogs ihren Grund hat, sondern
sehr viel tiefer in einer frühjüdischen Tradition wurzelt,
die bis in das spätnachexilische Schrifttum der Hebräischen Bibel zurückreicht. Dabei muss man schon sehen,
dass die Motive und Ziele in der hellenistisch-jüdischen
Torarezeption einerseits und in der Torarezeption der
Rabbinen während der tannaitischen und amoräischen
Zeit andererseits unterschiedlich ausgerichtet sind. Es
geht dem hellenistischen Diasporajudentum bei der Wertschätzung des Dekalogs aus pädagogischen Gründen um
eine Elementarisierung und Zusammenfassung, nicht aber
um eine Abwertung der anderen Torabestimmungen für
Juden und am Judentum interessierte Nichtjuden, wie vor
allem der Aristeasbrief, Philo und Josephus zeigen. Es
geht dem Rabbinat bei der Gleichschätzung des Dekalogs
mit allen anderen Weisungen um die *ganze* Tora, von der
nichts aufgegeben werden darf. Für das Rabbinat bleibt
dessen Sonderstatus „kein inhaltlicher, sondern ein auto-
ritativer, indem er im Unterschied zu anderen Gesetzen
von Gott selber[263] gesprochen wurde"[264]. Und darin
stimmt das Rabbinat mit der Dekalogrezeption des
hellenistischen Diasporajudentums überein.

---

263  Nach allgemeiner rabbinischer Anschauung freilich nur die
beiden ersten Gebote.
264  F. Dexinger, Dekalog 92.

# Stellenregister (Auswahl)

## Altes Testament

### Exodus

| | |
|---|---|
| 19ff | 71 A 47 |
| 19,17 | 89 |
| 19,19 | 89 |
| 20,1–17 | 61–95.97 |
| 20,1–17$^{\text{lll}}$ | 203–207 |
| 20,2–17$^{\text{LXX}}$ | 150–155 |
| 20,1 | 93 |
| 20,2 | 94f.100 |
| 20,3 | 67–71.100 |
| 20,4 | 62–64.72–75 |
| 20,7 | 64.83 |
| 20,8–11 | 65.83f.87 |
| 20,8–11$^{\text{LXX}}$ | 78–80 |
| 20,12 | 65 |
| 20,13 | 65f.83 |
| 20,15 | 83 |
| 20,16 | 83.86f |
| 20,17 | 82.83.87.103 |
| 20,18 | 89 |
| 20,19 | 88–90.93 |
| 20,20 | 89 |
| 20,21 | 90 |
| 21,12 | 81 A 85 |
| 21,15.17 | 81 A 85 |
| 21,16 | 81 A 85 |
| 22,19 | 70.81 A 85 |
| 23,1.7 | 81 A 85 |
| 23,12 | 81 A 85 |
| 34,12 | 81 A 85 |
| 34,14 | 81 A 85 |

### Leviticus

| | |
|---|---|
| 18,5 | 134 |
| 19,18 | 97.137 |

### Deuteronomium

| | |
|---|---|
| 5,4f.22 | 82.93 |
| 5,6–21 | 61–95.97 |
| 5,6–21$^{\text{LXX}}$ | 78–80.149–150.152–155 |
| 5,6f | 100 |
| 5,12–15 | 77.83f.87 |
| 5,16 | 77 |
| 5,17–19 | 117 |
| 5,20 | 86f |
| 5,21 | 87.103 |
| 5,23–27(33) | 89f.93 |
| 6,4f | 110 |

### 1 Könige

| | |
|---|---|
| 18,21 | 70 |

### 2 Könige

| | |
|---|---|
| 1,6 | 70 |

### Jeremia

| | |
|---|---|
| 7,9 | 81f.100 |

### Hosea

| | |
|---|---|
| 4,1 | 81f |
| 4,2 | 81f.100 |

| | | | |
|---|---|---|---|
| 13,4 | 69 | 5,22 | 33f |
| | | 5,23f | 33.53f.54 |
| Micha | | 17,23 | 54 |

2,2            81f

Sapientia Salomonis
(Weisheit Salomos)

Sacharja

| | | 1,1 | 113 A 47 |
|---|---|---|---|
| 5,3f | 81f | 1,1–15 | 48 |
| | | 4,1 | 48.113 A 47 |
| Psalmen | | 5,6 | 113 A 47 |
| | | 5,13 | 48f.113 A 47 |
| 81,10f | 101 | 5,14 | 48f |
| | | 6,12–15 | 27 |
| Sprüche (Proverbien) | | 8,5–7 | 46f.48 |
| | | 8,6.7 | 47 |
| 1,7 | 45 | 8,7 | 32f.50.51.54. |
| 1,23–33 | 29 | | 113 A 47 |
| 4,4 | 134 | 8,13 | 50 |
| 24,17f | 6 | 10 | 46 |
| 25,21f | 6 | 14,22–31 | 158–160 |
| | | 14,24–27 | 101 |

2 Chronik

Sirach

| | | 2,6–10 | 10f |
|---|---|---|---|
| 19,5–11 | 86 | 27,6f | 12f |
| | | 28,1 | 18f |
| | | 28,2–7 | 14 |

# Antik-jüdische Literatur

a) Apokryphen

b) Pseudepigraphen

4 Makkabäer

Aristeasbrief

| | | 121–124 | 113 A 47 |
|---|---|---|---|
| 1,1 | 34 | 121–125 | 34.41 |
| 1,1–6 | 113 A 47 | 128–171 | 155–158 |
| 1,2–6 | 52.53.55 | 131–171 | 34.42 |
| 1,2–4 | 34 | 168 | 113 A 47 |
| 1,10f | 54f | 187–292 | 34.43 |
| 1,19 | 33 | | |

Pseudo-Menander, Philemon

| | | | |
|---|---|---|---|
| 1,15–19 | 51.55 | | |
| 1,18 | 33 | 8–15 | 101 |
| 2,1–13 | 198–201 | 9–15 | 170–172 |
| 2,5 | 103 | | |
| 2,21–23 | 53 | | |
| 5,22–24 | 113 A 47 | | |

Pseudo-Philo, Liber
Antiquitatum Biblicarum

| | |
|---|---|
| 11,1–13 | 189–193 |
| 11,6–13 | 108 |
| 11,15 | 109 |
| 25,7–13 | 193 |
| 26,9–13 | 108 |
| 44,6 8 | 193–195 |
| 44,6–10 | 108f |

Pseudo-Phokylides

| | |
|---|---|
| 3–7 | 107 |
| 3–8 | 172–175 |

Sibyllinen

| | |
|---|---|
| 4,31–33 | 101 |

Testament Abrahams A

| | |
|---|---|
| 10 | 101 |

Testament Issachars

| | |
|---|---|
| 7,2–6 | 102 |

Apokalypse Abrahams

| | |
|---|---|
| 24,5–8 | 101 |

c) Qumran

| | |
|---|---|
| 4Q 158 fr 6 | 209 |
| 4Q 158 fr 7–8 | 209f |
| 4Q Test 175,1–8 | 208f |

d) Fragmententargum

| | |
|---|---|
| zu Gen 38,26 | 19 |

e) Aristobul

| | |
|---|---|
| fr 5 § 12 | 160f |

f) Philo

– De Decalogo

| | |
|---|---|
| 18 | 104 |
| 50 | 105 |
| 154–173 | 163–168 |
| 154 | 104f |
| 175 | 104 |

– De Specialibus Legibus

| | |
|---|---|
| 1,1 | 105 |

g) Josephus

– Antiquitates

| | |
|---|---|
| 3,89–93 | 106 |
| 3,89–94 | 179–183 |

– Contra Apionem

| | |
|---|---|
| II 190–219 | 183–188 |

h) Rabbinische Literatur

| | |
|---|---|
| Sota 1,7par | 19 |
| yBQ 8,10(7) | 14f |
| bBer 28b [Bar.] | 132 |
| bShab 151b | 14f |
| bBB 10b | 132 |
| SifDev 13,18 | 14f |

# Neues Testament

## Matthäus

| | |
|---|---|
| 4,23 | 128 |
| 5,1f | 2f |
| 5,3–12 | 3f |
| 5,4–9 | 129 |
| 5,13–16 | 4 |
| 5,17–19 | 4 |
| 5,20 | 126 |
| 5,21–30 | 126 |
| 5,21–48 | 4 |
| 5,21f | 4f.115 |
| 5,21 | 117 |
| 5,27f | 5.115 |
| 5,27 | 117 |
| 5,29f | 5 |
| 5,38–42 | 5f |
| 5,43–47 | 6 |
| 5,43–48 | 130 |
| 5,45 | 6 |
| 5,47 | 126 |
| 5,48 | 126.129 |
| 6,1–8 | 6f |
| 6,7f | 7f |
| 6,9 | 124 |
| 6,14f | 13–16 |
| 6,16–18 | 6f |
| 6,19–21 | 8f |
| 6,22f | 9 |
| 6,24 | 9f |
| 6,25–34 | 22–28 |
| 7,1–5 | 16–22 |
| 7,6 | 10 |
| 7,7–11 | 10f |
| 7,12 | 11.129f |
| 7,13f | 12 |
| 7,15–20 | 12f |
| 7,24–27 | 3 |
| 7,28f | 2f |
| 9,35 | 128 |
| 13,44–46 | 28 |
| 15,4 | 116.120 |
| 18,23b–34 | 21 |
| 18,35 | 15f |
| 22,40 | 130 |

## Markus

| | |
|---|---|
| 6,12 | 16 |
| 7,10 | 116.136 |
| 8,27 | 131 |
| 8,34 | 133f |
| 8,35 | 133.136 |
| 10,17–22 | 131.134 |
| 10,17 | 134 |
| 10,19 | 115.116.121. 136 |
| 10,23–27 | 131 |
| 11,25 | 131 |
| 10,28–31 | 131f |
| 10,28 | 134 |
| 10,30 | 132.134.136 |
| 12,31 | 99 |

## Lukas

| | |
|---|---|
| 11,2 | 124 |
| 11,4 | 16 |
| 12,22–32 | 22–28 |
| 13,14 | 119 |

## Römer

| | |
|---|---|
| 1,16 | 144.146 |
| 1,17 | 144 |
| 2,21f | 115.117f. 121.140 |
| 5,5–8 | 139 |
| 5,10f | 139 |
| 7,7 | 115.117 |
| 8,4 | 144 |
| 8,32 | 139 |
| 12,1 | 139.144 |
| 12,2 | 139.145 |
| 12,9–21 | 137f.142 |
| 12,9 | 137–139 |
| 12,10 | 137 |
| 12,13 | 145 |
| 12,16 | 137 |
| 12,17 | 145 |
| 12,18 | 145 |
| 12,21 | 138.145 |
| 13,1–7 | 140f |

| | |
|---|---|
| 13,8–10 | 136.138.141. |
| | 144 |
| 13,9 | 99.115.117. |
| | 120.136.141 |

2 Korinther

| | |
|---|---|
| 5,17–21 | 139 |

Galater

| | |
|---|---|
| 5,6 | 145 |
| 5,14 | 99 |
| 6,2 | 146 |

Epheser

| | |
|---|---|
| 6,2f | 115.116.120 |

Jakobus

| | |
|---|---|
| 2,11 | 115.117f.120. |
| | 140 |

Apostolische Väter

Didache

| | |
|---|---|
| 1,2–3a | 122 A 70 |
| 2,2f | 122 A 70 |

1 Clemens

| | |
|---|---|
| 57,3 | 29 |

Kirchenväter

Aristides, Apologie

| | |
|---|---|
| 15,2–5 | 122 A 70 |

Justin,
Dialogus cum Tryphone

| | |
|---|---|
| 93,2 | 122 A 70 |

Clemens Alexandrinus,
Stromata

| | |
|---|---|
| II,22,136 | 29 |

Euseb

– Historia ecclesiae

| | |
|---|---|
| IV,22,8 | 29 |

– Praeparatio Evangelica

| | |
|---|---|
| XIII 12,11f | 160f |

Pagane Literatur

Aristoteles,
Ethica Nicomachia

| | |
|---|---|
| II,4 | 39 |
| II,9 | 60 |
| III,9–V,15 | 38 |

Epigrammata sepulcralia

| | |
|---|---|
| 143 | 49 |

Isocrates

| | |
|---|---|
| orat. 4,84,7 | 49 A 54 |
| orat. 8,94,4 | 49 A 54 |

Plato

– Philebos

| | |
|---|---|
| 208d,5 | 49 A 54 |

– Politeia

352ff            36
427ff            36

– Protagoras

329B ff          37

Plinius d.J., Epistulae

X 96             122

Stobaeus, Anthologium

2,7,5ab          39 A 28
2,7,5b2          42 A 34
2,7,5b8          40
2,7,10,8ff       39 A 28

Springer-Kremser, Marianne, Prof. Dr. med., Fachärztin für Psychiatrie und Neurologie, o. Univ. Prof., Lehranalytikerin (IPA, WPV), Vorstand der Klinik für Tiefenpsychologie und Psychotherapie der Medizinischen Universität Wien.
marianne.springer-kremser@meduniwien.ac.at

Stangier, Ulrich, Prof. Dr. phil., lehrt Klinisch-psychologische Intervention am Institut für Psychologie, Universität Jena.
Ulrich.Stangier@uni-jena.de

Stassen, Hans, PD Dr. phil., Forschungsabteilung der Psychiatrische Universitätsklinik Zürich.
k454910@bli.unizh.ch

Tzavaras, Nicolas, Prof. Dr. med., Arzt für Neurologie und Psychiatrie, Lehranalytiker, ordentliches Mitglied der Griechischen und Deutschen Psychoanalytischen Vereinigung, Leiter der Psychiatrischen Universitätsklinik Dimokritos der Universität Thrazien, Griechenland.
tzav3jax@otenet.gr

*Wenn Sie weiterlesen möchten ...*

Stavros Mentzos
## Depression und Manie
Psychodynamik und Therapie affektiver Störungen

Depressive Psychosen und die Manien gelten als endogene Erkrankungen, von körperlichen Veränderungen verursachte Leiden der Seele, die darum auch – relativ erfolgreich – mit Psychopharmaka behandelt werden können. Dagegen kann aber auch nicht übersehen werden, daß es sehr häufig schwerwiegende Trennungserlebnisse sind, Verluste, Kränkungen oder Enttäuschungen, die solche Krankheitsmanifestationen auslösen. Und zuvor schon bestehende innerseelische Konflikte, spezifische Abwehrmechanismen und Charakterstrukturen, psychogene Faktoren also, prägen die Symptomatik mit. Stavros Mentzos erschließt die zirkulare Kausalität dieser Faktoren in seinem integrativen psychosomatischen Modell. Die ausführlichen Behandlungsberichte verdeutlichen seinen therapeutischen Zugang – und seine vielfachen, erstaunlichen Behandlungserfolge.

Kurt Eberhard / Gudrun Eberhard
## Typologie und Therapie der depressiven Verstimmungen

Es deutet alles darauf hin, dass sich unter dem Begriff *Depression* sehr unterschiedliche Störungsformen angesammelt haben, die erst nach ihren Eigenheiten und Gesetzmäßigkeiten erkannt werden müssen, bevor man nach den Ursachen und Therapiemöglichkeiten fragt. Kurt und Gudrun Eberhard haben sich diese Aufgabe gestellt. Auf der Basis langjähriger therapeutischer Erfahrungen, wissenschaftlicher Forschungsergebnisse und der Analyse psychographischer Romane haben sie systematisch die verschiedenen Ausprägungen der depressiven Verstimmungen untersucht. In ihrer Typologie werden die verschiedenen Faktoren der Entstehung deutlich, die Merkmale für eine exakte Indikationsstellung und die psychodynamischen Verlaufstypen.
Dazu werden praktische, typspezifische Therapievorschläge unterbreitet, die sich in der Praxis der Berliner Arbeitsgemeinschaft für Sozialberatung und Psychotherapie bereits gut bewährt haben.